杭历代刻书藏书

杭州市余杭区图书馆 编

浙江古籍出版社

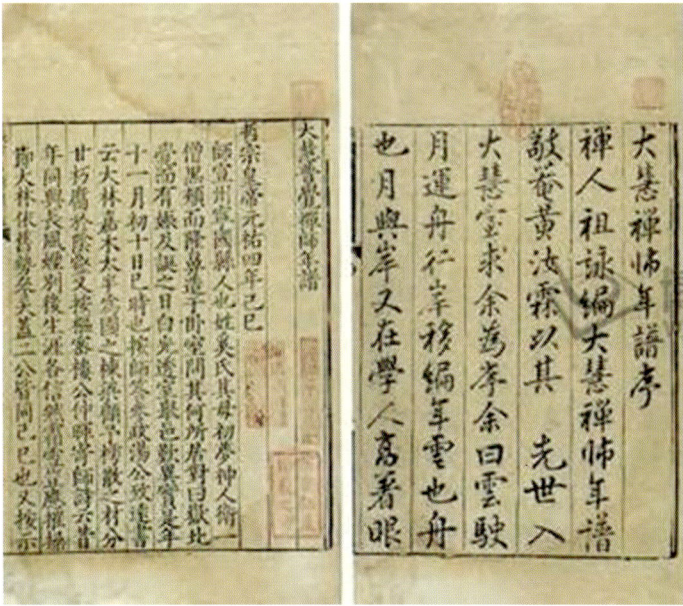

宋·径山寺刻本《径山大慧禅师年谱》

中国国家图书馆藏

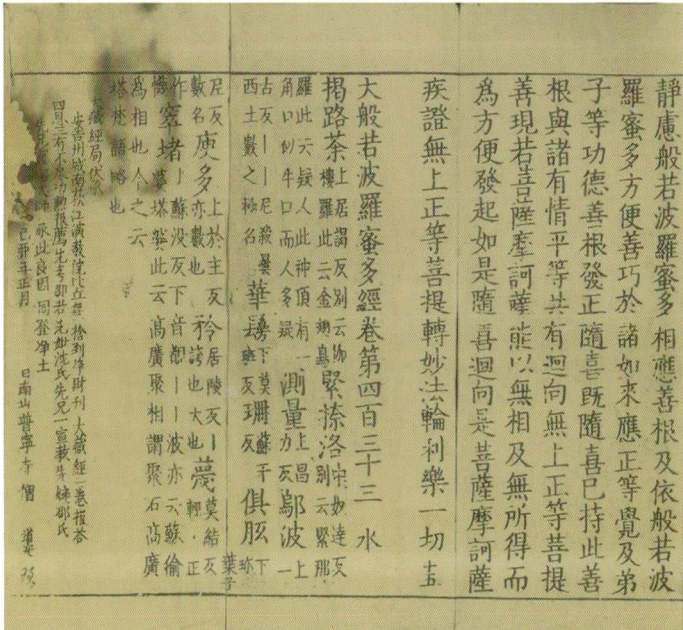

元·普宁藏《大般若波罗蜜多经》六百卷

杭州路余杭县南山大普宁寺刻本

北京师范大学图书馆藏

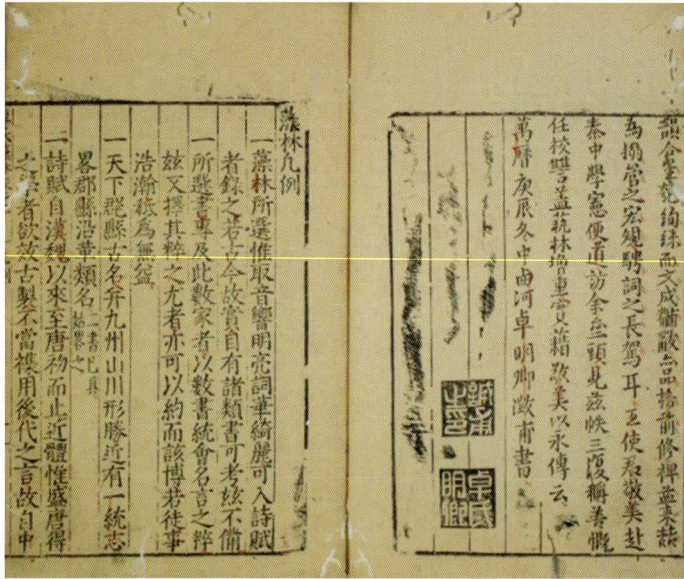

明·《卓氏藻林》八卷

万历塘栖卓明卿刻本　美国普林斯顿大学东亚图书馆藏

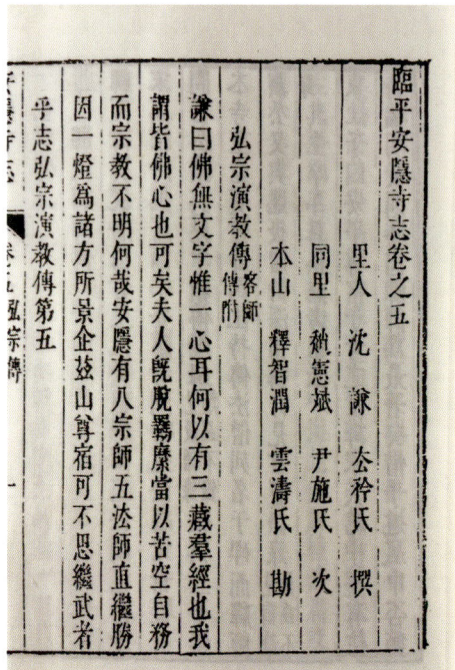

明·沈谦《临平安隐寺志》十卷

明末刻本　南京图书馆藏

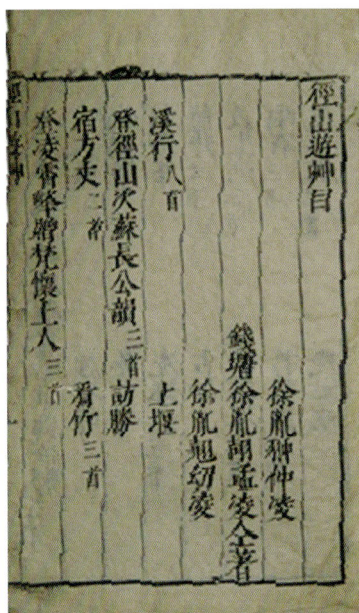

《径山游草》一卷　明·钱塘徐胤翀撰
明万历刻本　美国哈佛大学哈佛燕京图书馆藏
《四库全书总目》《中国古籍善本书目》未著录

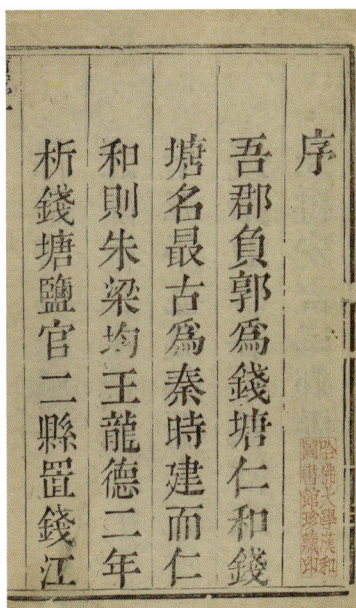

清·康熙《仁和县志》
康熙刻本　美国哈佛大学汉和图书馆藏

明·卓发之《漉篱集》

明末塘栖卓氏传经堂刻本　中国国家图书馆藏

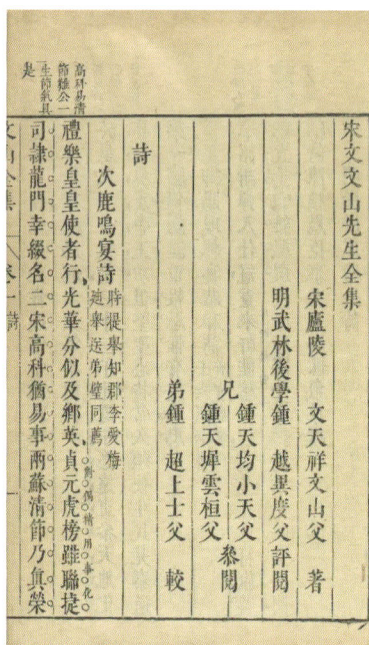

宋·文天祥《宋文文山先生全集》二十一卷

明崇祯二年（1629）博陆锺越刻本　浙江图书馆藏

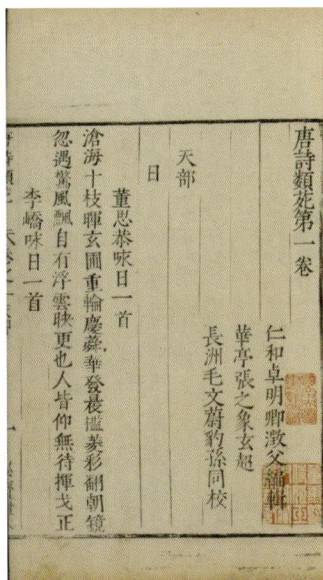

明《唐诗类苑》一百卷塘栖卓氏崧斋活字印本
湖南图书馆藏　第一批《国家珍贵古籍名录》著录

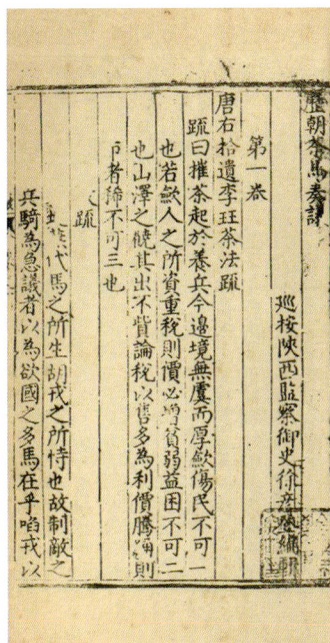

明塘栖徐彦登《历朝茶马奏议》五卷
明万历二十一年（1593）刻本　南京大学图书馆藏　国内孤本

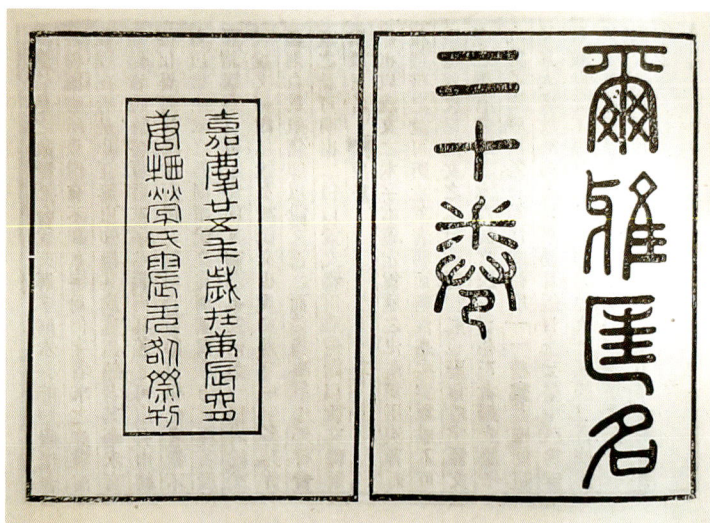

严元照《尔雅匡名》二十卷

嘉庆二十五年（1820）塘栖劳氏丹铅精舍刻本

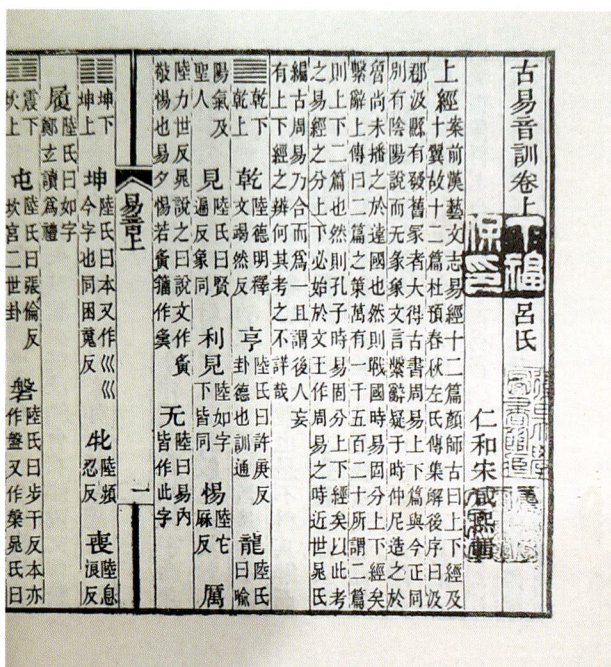

《古易音训》二卷

嘉庆七年（1802）塘栖宋咸熙刻本

左：

小謨觴館詩集注卷一

錢唐孫元培仝姪長熙纂輯

樓煩集　辛丑迄丁未

企喻歌二首

和西崔眞手南也寧明羌山西周
之　何立　史拍　武雍正志　王會圖
北齊似之詩斗景朝外東三年通戰國屬
郊書好似銅瓦史記入河改爲府領縣四
間神鴻最　杜夜西　瀨　夜刺明史孝宗紀四
角武路歌傳詩塞白要亦太古宗部紀　宏
詩鴻巳多如飛龍賞休弦偏關　賦及三說文解字渟
巳雪使泥筍肋　射關　賦頭火治城十三年　水出武金
開孤律　金偶蘇軾諷謳　偏靻三奇新置　大同
月飛　口能說嵌指泄懷　其山　川郡　意是　武
口說那復計東　指泄酒　舊詩人生送淡公詩
心歌勒　星歌自那　飛那復生計東　處

右：

結一廬遺文卷上

仁和朱學勤

歲出歲入總數考　道光二十
九年戶部奏冊其時勤用及京兵等餉不與
名目不同茲無體例不復悉記　較之其例須支銀數焉

直隸省

額徵地丁雜稅二百六十二萬八千九百四十六兩四錢六分三釐

一給辦運鉛斤並馬乾等八萬四千八百八十六兩三錢九分

一給文職俸工武職俸餉並驛站工料等二百四萬七千八百八十五兩五錢四分一釐

《小谟觞馆诗集注》
清　临平孙元培刻本

《结一庐遗文》二卷
清末塘栖朱氏刻本　浙江图书馆藏

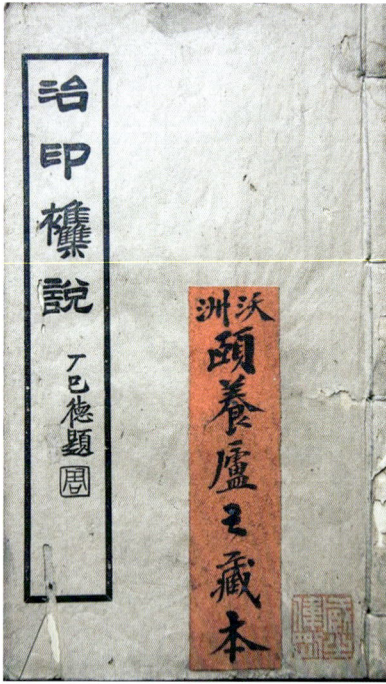

余杭王世《治印杂说》 民国排印本

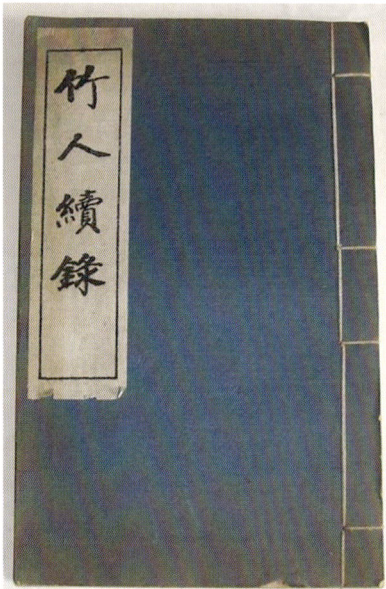

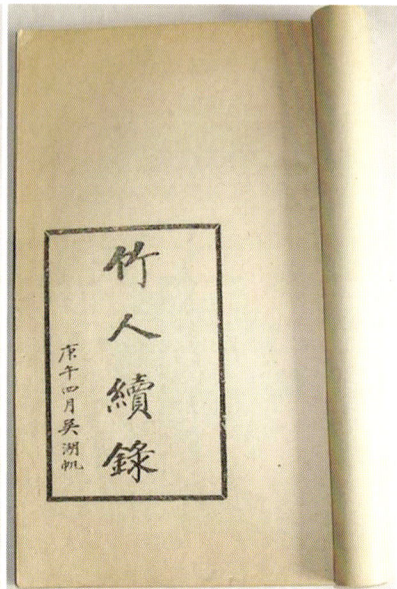

余杭褚德彝《竹人续录》 民国排印本

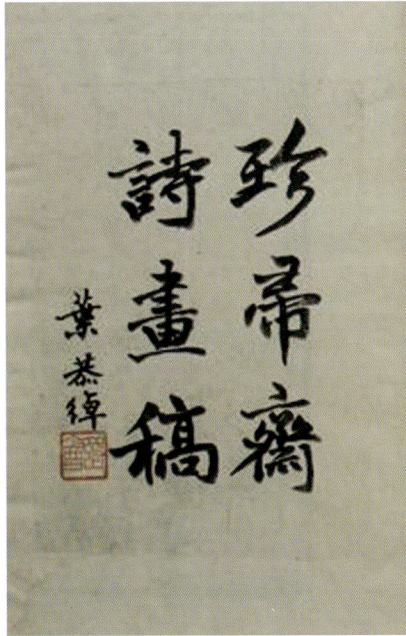

亭址姚虞琴《珍帚斋诗画稿》

民国珂罗版印本

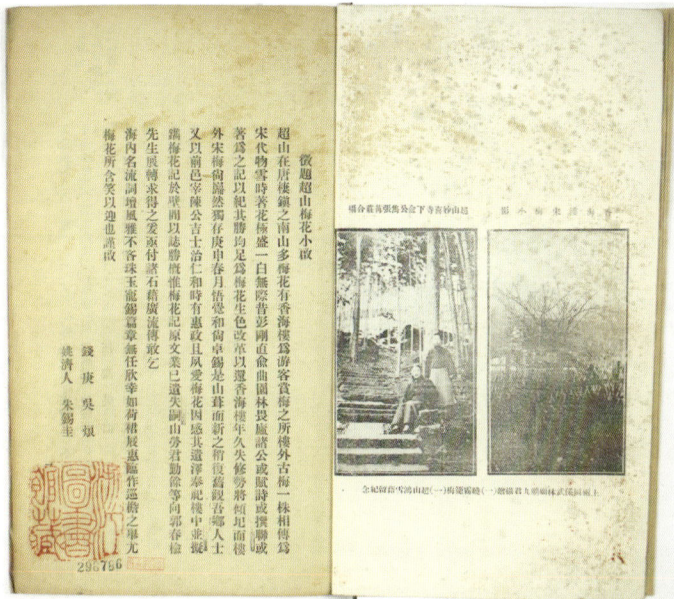

《超山梅花小启》

民国塘栖铅印本　浙江图书馆藏

《朱氏族谱》塘栖朱氏精抄本　余杭区图书馆藏

朱氏族譜引　　德清蔡升元方麓氏撰

余見故家舊於論其譜間其云世則憮然不知嗚呼
此譜族不譜之巽也且射顙瞀知報本人靈於物不
知祖宗之所自出支派之所由分親疏之所以別昭
穆之所以序射瀨之不如此令翁姑丈與余至威兼
稱鳳好歲朝寺旦杯酒往還每道及先世譜牒南渡
以來散失其考命慶懷表弟乾樓鎮一支現在奉祀
者為始祖器其遠而詳其近修輯成帖以嗣以續如屬余欽余
展卷細閱歷世十數歷年百數以嗣以續如視諸
其子姓之賢可知矣余喬居甌誼樂其克繼前徽而

《栖里景物略》清代抄本　中山大学图书馆藏

棲里景物略序

夫唐西隸仁和之一市廛耳何足云誌然觀其山川之秀毓人
物之委蛇而舟航絡繹商賈填踐布潮至燧稟山積其地多
原田宜穀宜蠶多池沼可魚可芡實東南之一巨區而省會之
一門戶也設其一絲不育即有機杼其空之嘆一穀不登能無
山荒飢饉之憂是又不特能卜三关之盛衰六可以辦江南之
隆替矣且采風問佑之士日過不遑每一詢及吾誼父老洳焉
以對是以武林俞墩伯先生作唐西行以刺之橫潭張半庵者
隱君子也書富五車胸雅二酉著述連雲秘不傳世及見俞子

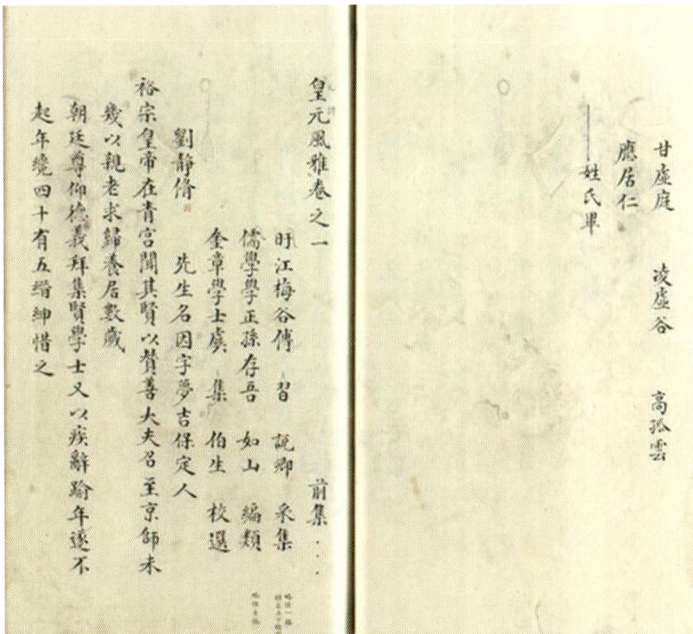

甘虛庭　凌虛谷
廑居仁　　高孤雲
姓氏畢

皇元風雅卷之一　　　前集……

時江梅谷傅　習　說鄉　采集
儒學學正餘存吾　如山　編類
金章學士虞　集　伯生　校選
劉靜脩　詩
先生名因字夢吉保定人
裕宗皇帝在青宮聞其賢以贊善大夫名召至京師未
幾以親老求歸養居數載
朝廷尊仰德義群集賢學士又以疾辭瘝年遂不
起年縫四十有五縉紳惜之

清·《皇元风雅》十二卷
咸丰八年（1858）塘栖劳氏抄校本　台北故宫博物院藏

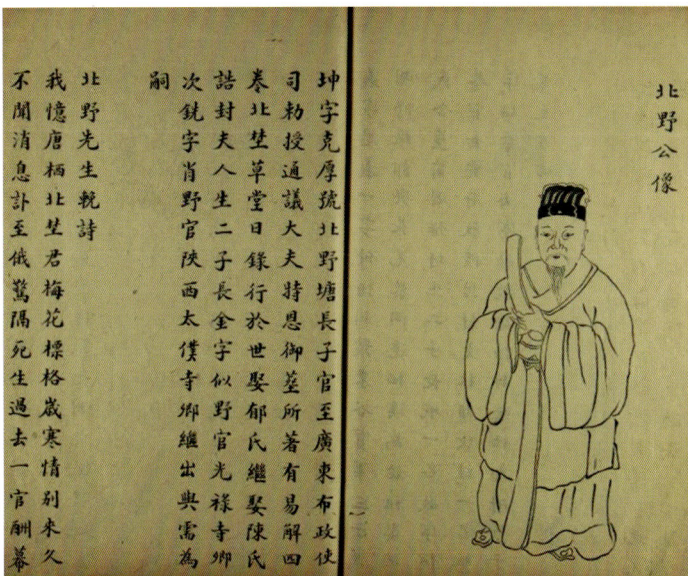

北野公像

坤字克厚號北野塘長子官至廣東布政使
司勒授通議大夫特恩御葬所著有易解四
卷北坣草堂日錄行於世娶郁氏繼娶陳氏
誥封夫人生二子長金字似野官先祿寺卿
次銳字肖野官陝西太僕寺卿繼出典需為
嗣

北野先生輓詩
我憶庽栖北坣君梅花標格歲寒情別來久
不聞消息訃至俄驚隔兩死生過去一官酬番

塘栖《栖溪吕氏族谱》
乾隆年间手抄本　浙江图书馆藏

西溪叢語卷上

宋剡川姚寬撰

周易遯卦肥遯無不利肥字古作𦜹與古蜚字相似即
今之飛字後世遂改爲肥字九師道訓云遁而能飛吉
執大焉張平子思玄賦云欲飛遁以保名註引易上九
樂遯無不利謂去而遷也曹子建七啓云飛遯離俗程
氏易傳引漸上九鴻漸于陸爲鴻漸于逵以小狐汔濟
汔當爲訖豈未辨證此耶
論語云觚不觚觚哉觚哉太平御覽引此注云孔子曰
削觚而志有所念觚不時成故曰觚哉觚哉觚哉小器耳

明刻本《西溪丛语》 塘栖劳氏旧藏

欽定四庫全書

石林詞

宋 葉夢得 撰

賀新郎 或刻李玉

睡起流鶯語掩蒼苔房櫳向晚亂紅無數吹盡殘花無
人見惟有垂楊自舞漸暝靄初回輕暑寶扇重尋明月
影暗塵侵上有藥鶯女驚舊恨邊如許　江南夢斷橫
江渚浪黏天葡萄漲綠半空煙雨無限樓前滄波意誰

履齋遺稿

奏議卷之一

宋特進左丞相金陵郡公吳潛撰

奏論都城火災乞修省以消變異　紹定四年

臣一介踈賤假守嘉興蒙恩召置即省於故事當對方齋心服形思所以告陛

下者迺九月丙戌之鬱攸挺災自宗廟百司以至萬姓之廬舍自典章文告以

至公私之貨財等罹燼蕩為瓦礫行人迷往來之路飛鳥無棲宿之林死者

焦灼生者暴露臣不勝悲傷痛悼竊以為當言之事孰大於此敢陳愚慮仰瀆

淵聰臣聞天人之際應若影響災異之至斷不虛生且陛下自甲申履位越一

歲而山陽之變作又一歲而昫盱之變作又一歲而穆椿之警與逆全之變作又

而江西福建之冠與台城飄沒之變作又一歲而蘇秀震凌之變作又一歲

一歲而西蜀之兵三衢之冠與今日回祿之變作愈變愈異日迫日危故太室

燃則變於無宗桃矣都城燃則變於無政事矣御史臺燃則變於無紀綱矣秘

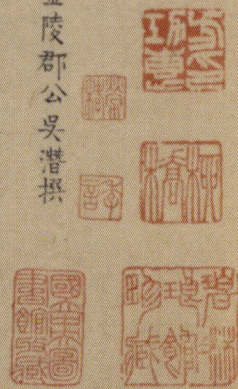

塘栖劳格抄本《履斋遗稿》

誠不輕見之書也文瑞樓書目有鐵崖賦一卷其

即是本歟 乙亥季夏八日梅雨初晴晚起復翁記

東維子集不載所作古賦世所傳者僅有麗則遺音中三十二首及鐵崖文集中土圭蓮花

漏記里鼓車三首而已此本計賦五十首俱遺音所載者益後八從青雲梯錄出以補其未

備觀後錄朱子新跋自見初藏桐鄉金氏後歸吳縣黃氏錢唐何夢華主簿曾傳其副

又重編爲二卷改名鐵崖賦稿以紫薇垣爲上卷首篇會通可爲末軍天儀爲下卷首進善旌爲末復

删去姑蘇臺賦第一首玩鞭亭賦一首此存四十八首次序移易非復元本之舊今學經室外集提要

所載鐵崖賦稿二卷即何氏重編本也頃從高叔荃借得何氏元本始知何氏於諸賦中字句多

竄改不僅移易次第而已爰命工依元本影錄一本凡何氏所竄改悉爲標出使可識別使不見此本

不幾以何氏重編者爲定本耶 道光癸卯五月廿一日李言識

此本每賦題下悉照賦字版心僅書鐵崖二字只賦字以及賦稿上下等字俱係何氏所加傭書人誤依

補入又賦中字句又多從何氏竄塗乙以復其舊是日又識

此本雖係影寫顏多訛誤項倩力之小史映郎用元本逐字比校一過改正數十字然元本亦有

譌字惜不得青雲梯校之二十五日夏至季言又識

塘栖劳氏抄本《铁崖赋稿》 劳格跋

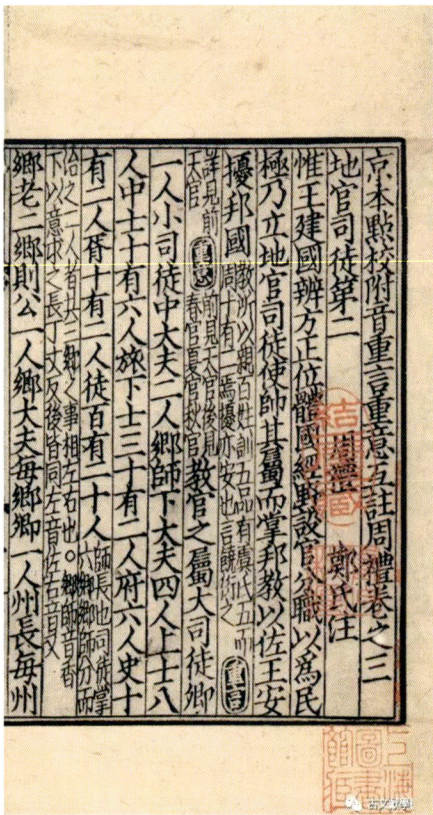

京本點校附音重言重意互註周禮卷之三
地官司徒第二

惟王建國辨方正位體國經野設官分職以爲民極乃立地官司徒使帥其屬而掌邦教以佐王安擾邦國

鄭氏注

教官之屬大司徒卿一人小司徒中大夫二人鄉師下大夫四人上士八人中士十有六人旅下士三十有二人府六人史十有二人胥十有二人徒百有二十人

鄉老二鄉則公一人鄉大夫每鄉卿一人州長每州

宋刻本《京本点校附音重言重意互注周礼》 塘栖朱氏结一庐旧藏 上海图书馆藏 （第二批《国家珍贵古籍名录》著录）

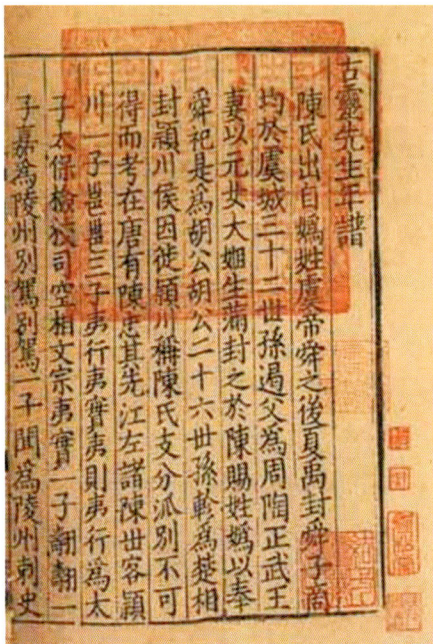

古靈先生年譜

陳氏出自媯姓虞帝舜之後夏禹封舜子商均於虞城三十二世孫遏父爲周陶正武王妻以元女大姬生滿封之於陳賜姓媯以奉舜祀其後胡公二十六世孫轅爲楚相封頴川侯因徙頴川稱陳氏支分派別不可得而考在唐有陳京江左諸陳世容川一子崐崏三子勇行弃資弃實弃則弃行爲太子太傅檢公空相文宗事實一子朝一子喜爲陵州別駕弃實一子聞爲陵州刺史

宋刻本《古灵先生集》 塘栖朱氏结一庐旧藏 上海图书馆藏

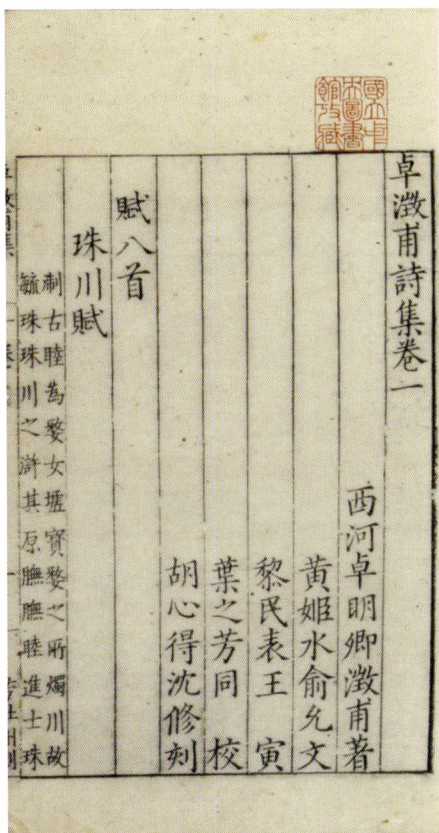

明刻本《卓澂甫诗集》 塘栖朱氏结一庐旧藏

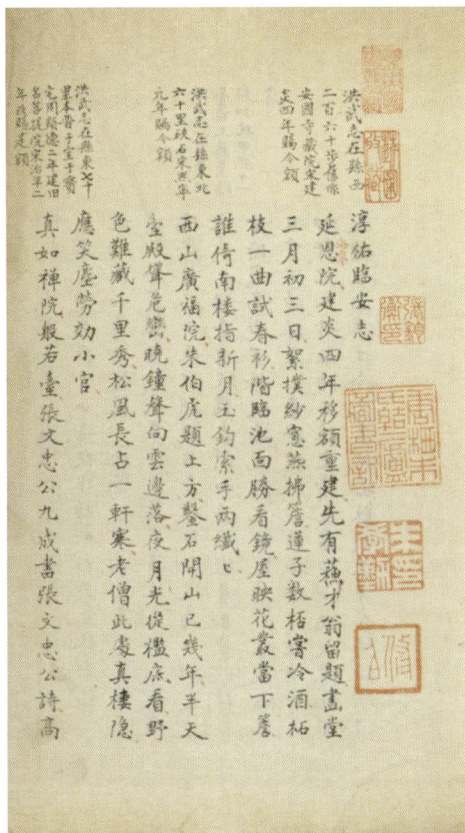

旧抄本《淳祐临安志》 塘栖朱氏结一庐旧藏

塘栖劳氏丹铅精舍藏书印

塘栖朱氏结一庐藏书印

百一山房　清临平孙均藏印

仁和劳幼农藏印　余杭区博物馆藏

杭县县修志馆关防　余杭区档案馆藏

杭县县教育会章　余杭区图书馆藏

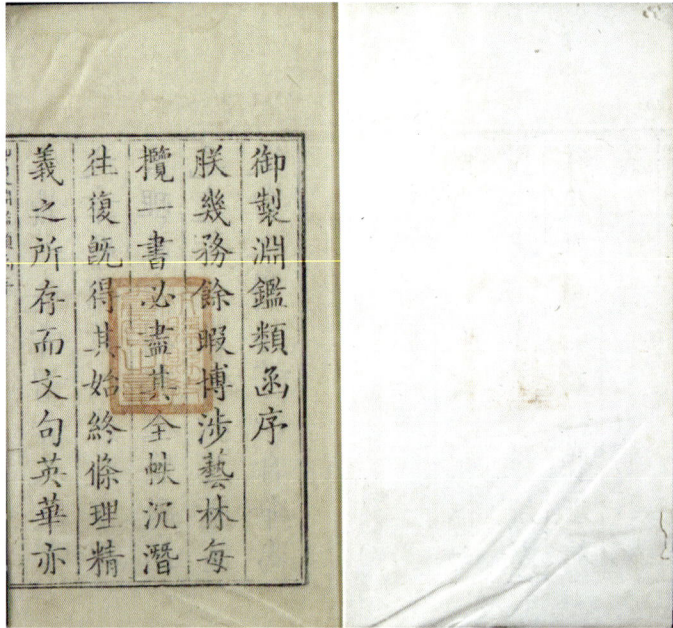

康熙内府刻本　《渊鉴类函》四百五十卷目录四卷
列入第一批《国家古籍珍贵名录》　余杭区图书馆藏

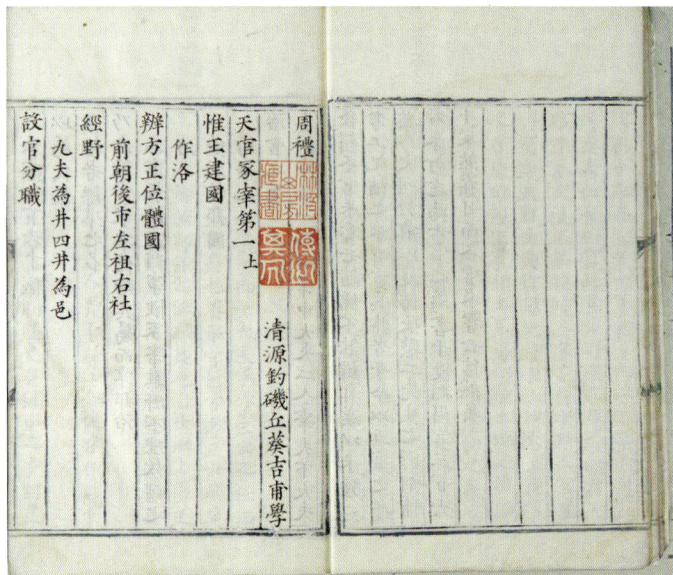

明抄本《周礼补亡》六卷
《中国古籍善本书目》著录、列入第二批《浙江省珍贵古籍名录》、第六批《国
家珍贵古籍名录》　余杭区图书馆藏

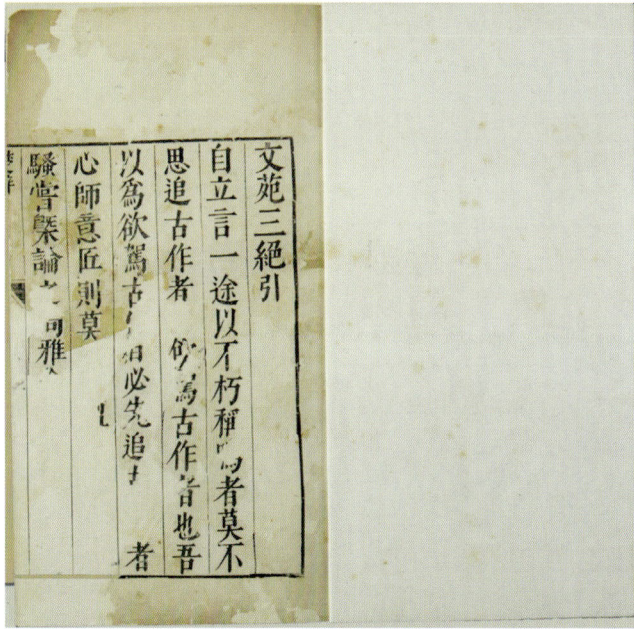

明万历刻本《文苑三绝》

《中国古籍善本书目》著录　列入第二批《浙江省珍贵古籍名录》

余杭区图书馆藏

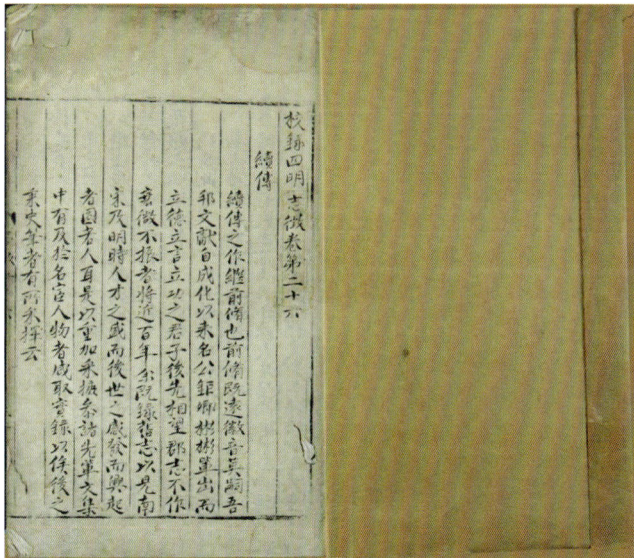

明抄本《校录四明志征》

列入第二批《浙江省古籍珍贵名录》　余杭区图书馆藏

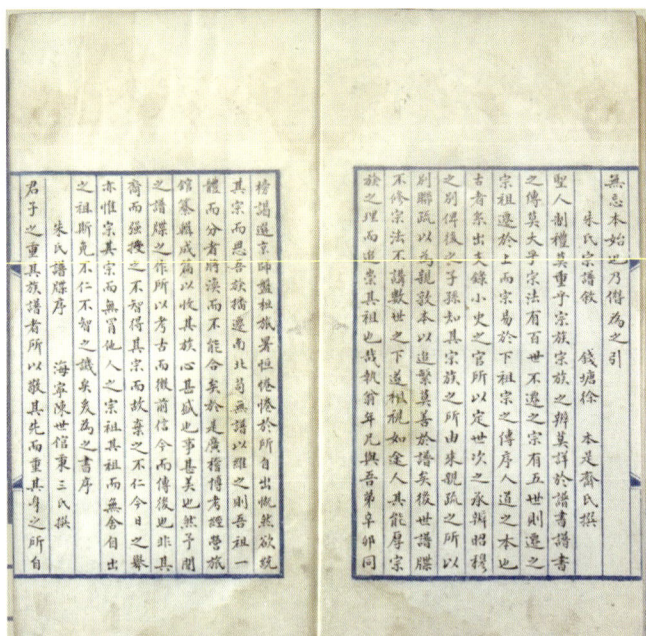

清同治十年（1871）塘栖朱氏抄本《塘栖朱氏族谱》不分卷
列入第二批《浙江省珍贵古籍名录》　余杭区图书馆藏

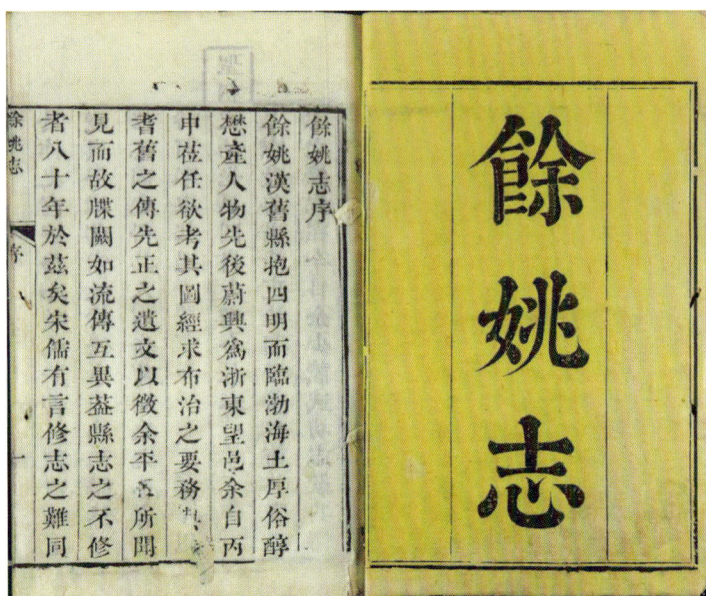

清乾隆刻本《［乾隆］餘姚志》四十卷
列入第二批《浙江省古籍珍贵名录》　余杭区图书馆藏

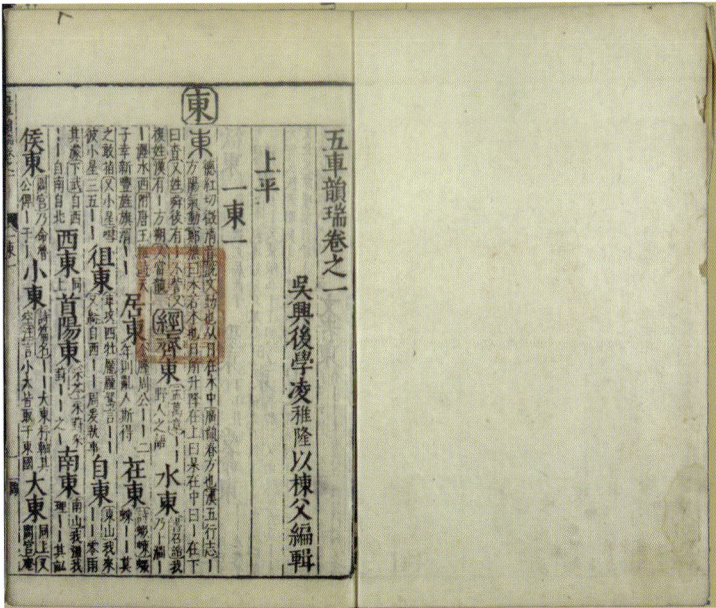

明刻本《五车韵瑞》一百六十卷

《中国古籍善本书目》著录　余杭区图书馆藏

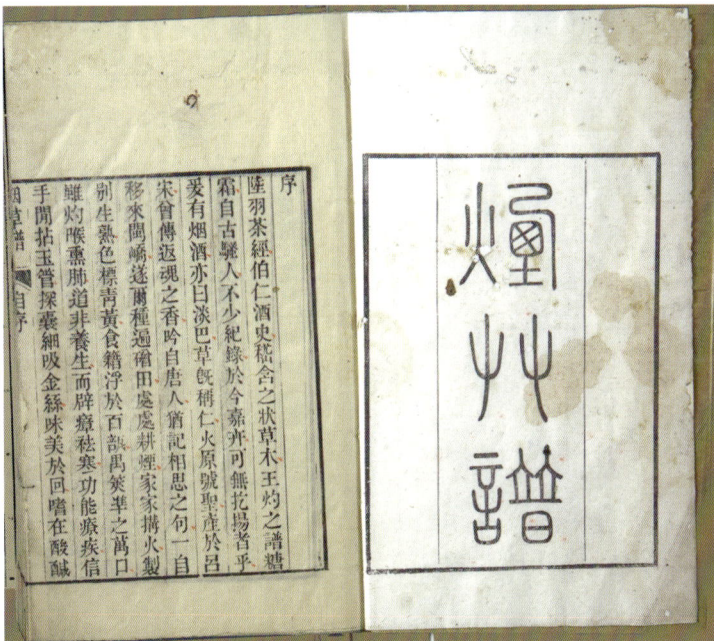

清嘉庆刻本《烟草谱》

《中国古籍善本书目》著录　余杭区图书馆藏

余杭县图书馆（20 世纪 80 年代）

余杭区图书馆外景（2020 年）

杭州书房·余杭区图书馆智慧城市分馆　临平图书馆（2020 年）

杭州书房·余杭区图书馆智慧城市分馆　临平图书馆（2020 年）

余杭区政府 24 小时自助图书馆（2020 年）

余杭区图书馆承办余杭区庆祝新中国成立 70 周年"幸福余杭 礼赞祖国——我们都是讲述人"活动（2019 年）

序

褚树青

今年十月，中国首届"悦读宋韵节"启动。在国家图书馆、上海图书馆、南京图书馆及民间藏书家的共同支持下，二十件宋刻本精彩亮相浙江图书馆。其中，大多为两宋时期的浙江刻本，如被学术界称作"无上神品"的廖莹中刻《昌黎先生集》，以及湖州府学刻本《论语集说》，绍兴府刻宋元明递修本《论衡》等，一时杭城轰动，观者如云。

"书之贵者，宋刻也"，早在明代，就有"一页宋版一两金"的说法。无论是从技术还是艺术成就上，两宋雕版印刷都是中国图书发展史上的第一次高峰。短短的三天展览，冷冷的版本学被大众热读热解，纷纷称之为"宋本省亲"，"悦读宋韵节"活动也因此达到高潮。

浙江图书馆举办宋刻本展览并非无的放矢。两宋雕版印刷的重镇就是浙江，而谈到浙刻本，更绕不开杭州。杭州（浙刻本）是当时中国三大刻书中心之一，另外两地分别是四川成都（蜀刻本）和福建建阳（闽刻本）。北宋叶梦得曾云"今天下印书，以杭州为上，蜀本次之，福建最下"。此语一直被版本学家、文献学家引用，以此证明浙刻本之不俗，而从目前存世的浙刻本来看，叶梦得此话确非过誉之词。当然，回杭省亲的不仅仅是浙刻浙印，亦有被浙江藏书家收藏的宋刻精品，如杭州著名藏书家、八千卷楼主人丁丙所藏的《医说》。因此，各家媒体在报道此次展览时都用上了浙刻宋版"回杭省亲"的标题，时隔八百多年，宋代浙刻本重回西子湖畔，确乎令人激动。

鉴于此次展览的热潮，不少学者提出应加强对浙江文献学的研究，希望在原有的研究基础上有更多学术突破，以丰富文化浙江的内涵。恰逢其时，杭州余杭几位青年才俊费数年之功，编辑完成《余杭历代刻书藏书》，使此次"宋韵悦读节"锦上添花。

余杭是世界文化遗产"良渚文化"的发祥地，在历史上，是先有余杭，再有杭州。余杭不但是民风淳朴，生活富庶的江南水乡，亦是耕读传家的诗礼之区，是杭嘉湖文化圈的重要组成部分。余杭的藏书刻书历史悠久，在两宋浙江刻印书历史中，即有余杭的出版记录，更有近年来出现的，与雷峰塔所藏佛经刊刻时间大抵相同的余杭五常法昌院刻印《佛说观世音经》。当然，这一切还有待于学者的深入研究与周密论证。尤其值得关注的是，始于明代的《径山藏》（又称《嘉兴藏》），就是在余杭径山刊刻和收藏的。而更早一些时期的元代《普宁藏》，也因刊刻于余杭大普宁寺而得名，二者都是我国佛教史上的重要经典，也是目前我国古籍收藏中的珍本善本。同时，余杭历来是人才荟萃之地，出版历史悠久，故世人寻书藏书、读书校书之风甚盛。明清两代，余杭涌现出数十座藏书楼，尤以劳氏丹铅精舍和朱氏结一庐为最，藏书家劳权、劳格、朱学勤藏书、研究兼备，成为在中国藏书史上拥有极高地位的学者。

《余杭历代刻书藏书》是学者第一次对余杭藏书刻书进行完整梳理。从余杭历代的藏书刻书到当代的公共图书馆和余杭民间私人藏书，将余杭区域内雕版印刷的历史与藏书文化的历史融为一体，并对余杭历史上藏书家所藏书目的流转过程、保存现状，藏书楼的发展变迁予以详细介绍，弥补了该地区藏书刻书系统性研究的空白，是对杭州和浙江藏书文化、印刷文化研究的一个有力补充。

特别值得称道的是，本书编辑者余杭图书馆罗素洁馆长及民间地方文献研究者虞铭等几位青年学者，是出于对乡邦文化的热爱，投入巨大精力，勾陈发微，系统整理，终成正果。这将为余杭地方文化的发展提供最为有力的文献基础。我们有理由期待，未来的余杭历史研究及地方文化发展，会更加丰富多彩。

是为序。

2021 年 10 月

（作者为浙江图书馆馆长、浙江省古籍保护中心主任）

序 二

顾志兴

　　日前，塘栖虞铭持《余杭历代刻书藏书》书稿过访，邀我写序，我很高兴地接受了他的这个嘱托，缘因我本是杭县乔司人，桑梓之地有关文化建设的事，我义无反顾，爽快地允承了。

　　书名"余杭"，实际上涵盖了以前的仁和、钱塘、余杭三县的藏书史事。余杭建县已历 2000 多年了，文化素称发达。南宋吴自牧《梦粱录》卷十三言钱塘、仁和《两赤县市镇》，共列了 15 个著名的市镇，汤村（今乔司）和临平都在其中，为首都临安（今杭州）的商贸繁荣、文化发达地区，吴自牧称"今诸市镇盖固南渡以来，杭为行都二百余年，户口蕃盛，商贾买卖十倍于昔，往来辐辏，非他郡比也"。我以为此说是符合实际的。及至元末明初，京杭大运河改道。至明代中叶，塘栖崛起为新兴大镇，文化更为发达，其特征之一就是藏书楼和版刻业的兴起。

　　我曾说浙江为藏书之乡，都会城市如杭、越、甬、嘉、湖之地，而浙江的山村水乡，以"诗礼传家""耕读世家"，代有藏书人家，即指今之余杭区域所属塘栖、临平诸市镇皆在其中。其影响所及，不言当时，即是今日，凡言及藏书故实，明代之卓氏传经堂、清代之劳氏丹铅精舍、朱氏结一庐，尚使人为之眉飞色舞，流播浙省及至全国。

　　据我所知，自宋至清，公私刊刻《大藏经》仅有 10 多次，以其卷帙浩瀚，梓刻不易也。然元明两代经余杭区范围内瓶窑南山普宁寺与明代余杭县所属径山寺各刊。尤其是径山寺所刻，在大藏经中有独特的地位，价值特高，实证余杭和钱塘之地的经济和文化实力已经相当发达。

本书中第 1 章为雕版与活字印刷，第 2、3、4 章叙述古今藏书家，而第 5 章则是余杭图书馆之公藏，突出重点以古籍为主。我十分欣赏第 6 章的内容，主要叙述历史上余杭一地，散落在国内外原余杭的藏书，虽仅是个目录，但耗时精力不少，我以为价值颇高。第 3、4 两章以较多的篇幅详细介绍了有全国影响的塘栖清代劳氏丹铅精舍和朱氏结一庐藏书。当然从体例上来说，也可以放在第 2 章中做重点介绍，现在安排特色专章，亦非不可。

我一直有一个观点，地方文献得有地方人士参与，甚至组织其项目。可以举两个例子，一是说 20 世纪 80 年代江西铅山有研究辛弃疾的"鹅湖之会"的会议，与会有不少专家学者。参加会议的学者中有一位普通的当地文化馆干部，他发言指出专家所写的论文中的线路有误，专家学者撰文多依据方志或笔记，但因不熟地情，而文化馆干部是当地人，指出应如何如何才对，给与会人以深刻的启发。二，是关于"浙东唐诗之路"，这个问题现在为学者所认同，据我所知这个问题的提出，最初是新昌县供销社的一位购销员竺先生，20 世纪 90 年代初他曾来找过我，自我介绍，主要从事毛竹的收购，跑遍了新昌嵊县一带的山山水水，他爱读唐诗，无意中发现所经之路，有不少是唐人作诗之地，萌生了浙东唐诗之路的想法，他请教了很多人，都有同感，我听他说的很有道理，所以对他说这是个好题目，应去请教唐诗研究的大专家北京中华书局傅璇琮先生，傅先生是能给他帮助的。2013 年夏，傅璇琮先生邀我参加宁波一个会，与竺先生不期而遇，傅先生说我给两位介绍一下，我说不必了。说起往事，三人抚掌而笑。此时浙东唐诗之路已得到了学界的普遍认同。我以为竺先生的首议之功不应忘却，我所以提出上面的两个故事，旨在说明搞地方文献、熟稔地情的当地学者具有独特的优势。

虞铭出生于塘栖，自幼熟悉地情，兼有较高的文学修养，擅长诗词，对藏书刻书深有研究，其所作《塘栖艺文志》，可以说明他对文史研究功力，所以编纂《余杭历代刻书藏书》可谓游刃有余。我读书注重细节，关于劳格丹铅精舍，一散于太平军入塘栖，二散于民国早年。杭州会文堂书肆曾有所得，影响所及，北京书肆及傅增湘先生这样的藏书大家，也派人来寻觅。但最后一次散失，是在1966年"文化大革命"初期，虞铭曾得访劳氏后人，采访所得如实记载，都是闻所未闻。另如朱学勤结一庐藏书最后下落，或为第一手资料、或取之档案记载，这些资料都很珍贵，我以为都值得关注和赞赏。

我和虞铭结识在20多年前，他来寒舍共话南宋临安书商陈起刻印《江湖诗》，用他自己的话来说，那时尚为青葱少年，此番重来，成果累累。我心中十分欣喜，故很高兴为余杭图书馆的这部著作写一段文字，权作序言吧。

2020年4月17日

于杭州孔庙之北孤桐凤竹野柿书舍

（作者为浙江省社科院研究员、原浙江省地方志办公室副主任）

编撰说明

一、《余杭历代刻书藏书》记载五代至 2020 年余杭刻书藏书的史事。

二、本书涉及的地域范围以下限时的杭州市余杭区行政区域为界，历史上曾属于余杭县、仁和县和钱塘县及杭县、余杭县的地域，因追溯源流，故也列入记述范围。历史上属于三县内，但今不属余杭区范围的如三墩镇等不在本书记述范围。

三、本书所叙述的刻书主要指古代的雕版印刷和活字印刷，民国时出现的铅字排印仅简单涉及。中华人民共和国成立以后的铅字排印、胶印等新技术不在本书记述范围之内。

四、历代藏书家和藏书楼，上至北宋，下至民国，主要依据历代的地方志等文献。

五、历代藏书家（刻书者）指余杭籍人士（包括迁居外地的、在外任官的余杭人）和迁居余杭的外地藏书家。

六、中华人民共和国成立以来的民间藏书者，主要记载余杭区开展的五次"十佳藏书家庭"中藏书者。

七、余杭公共藏书，主要介绍民国时期的公共图书馆藏书和中华人民共和国成立后建立的余杭区图书馆及基层图书网络体系，也记载社会力量举办的公共图书馆。余杭区图书馆以馆藏古籍和善本为重点，同时涉及读书服务。

八、余杭人的著作、余杭的刻本、余杭藏书家的遗书，至今流失在各地及海外，本书据已掌握的资料，举例介绍保存的地点和状况，目前尚不能做全面的清点统计。

九、劳氏丹铅精舍和朱氏结一庐是余杭历史上最著名的藏书楼，影响极大、时间较晚、史料丰富，本书专门设章介绍。

目　录

第一章　余杭历代刻书

雕版印刷是古代中国的重要发明之一，余杭的雕版印刷历史源远流长。宋元时期，径山寺和普宁寺刻印了大量的佛教经典，保留至今仍被视为瑰宝。明末清初，余杭和塘栖的名门望族刻印了大量的优秀书籍。历史上，余杭共刻过两部著名佛教大藏经——《普宁藏》《径山藏》，本章专门设节介绍。

雕版印刷的纸张以生产原料区分，可分为麻纸、皮纸、藤纸、竹纸、棉纸等。纸张是影响印刷的主要因素之一，余杭历来出产各种纸张，宋代有藤纸，《元和郡县志》称"余杭县由拳村出好藤纸"。乾隆《杭州府志》卷五十三："皮抄纸，山产桑谷等皮，和石灰煮烂，春捣极细抄成，俗谓之曰绵纸，一名白楮，出南建等界。"

第一节　五代至民国的刻书

余杭雕版刻印书籍，早期以寺院雕刻佛经经典为多。明清时期，余杭民间刻书大兴。

一、五代至元余杭刻书

当代学者研究认为，五代坐落于余杭五常的法昌院刻印的《佛说观世音经》等经卷，其刻印的时间要略早于杭州雷峰塔所藏佛经，是浙江最早的印刷品。①

北宋，余杭刊刻了《吕氏春秋》，可惜此本失传已久。南宋淳熙（1174—1189）年间，余杭虞仲房刻《说文五音韵谱》三十卷。②

南宋开始，以径山寺为代表的余杭寺庙大量印刷宗教书籍。淳熙十年（1183）二月，余杭径山寺刻印《御注大圆觉经》，住持宝印作序，但此书已失传。南宋时，径山接待院刻印《佛果圜悟真觉禅师心要》四册，早年流入日本，原为三菱财团岩崎氏家藏，今藏日本著名的东洋文库。宝祐元年（1253），径山明月堂刻印了释祖咏《大慧普觉禅师年谱》一卷，今藏中国国家图书馆。

元代，统治者崇信佛教，客观上也促进了藏经刊刻的繁荣。其时，在瓶窑镇设立"杭州路余杭县南山大普宁寺大藏经局"，刻《大藏经》，单刻的有《天目中峰和尚广录》。径山兴圣万寿禅寺刻《宗镜录》一百卷，今藏美国加利福尼亚大学伯克利分校东亚图书馆。

《普宁藏》是元代余杭刻印图书的代表作。《普宁藏》开雕于元至元六年（1278），成于大德年间（1297—1307），因刻于杭州路余杭县大普宁寺而名（普宁寺在瓶窑镇西之南山，宋白云通教大师创庵，淳熙七年改普宁寺）。《普宁藏》共收录佛教经典 1430 部，6010 卷，分作 558 函。此藏为梵策本，每半叶 6 行，每段 30 行，每行 17 字，僧道安、如一、崇善、如贤等管领其事，可惜《普宁藏》国内传本较少。在日本，东京增上寺与浅草寺等都藏有普宁全藏。根据日本版《普宁藏》目录，普宁藏的末尾，是瓶窑南山普宁寺开山祖师白云通教大师的两部著作。将本宗大师的著作收入大藏经，获得宗教界的认可，这也是普宁寺积极雕刻《普宁藏》的重要原因。

---

① 宋意丽《五常法昌院千年前就印书》，《青年时报》，2007 年 12 月 13 日。

② 清·杨守敬《日本访书志》。

二、明清时期的余杭刻书

明代，江苏、浙江、福建是中国三大刻书中心，而径山和塘栖是余杭刻印书籍的中心。叶德辉《书林清话》载："明时浙中径山寺、云栖寺所刻诸释经释典为最多。"嘉靖以后，径山寺印刷了《五灯会元》二十卷、《石门文字禅》三十卷等大量佛教书籍。

万历年间（1573—1620），余杭徐卿廖刻印《大涤山人诗集》十三卷、塘栖沈宗培刻印了袖珍本《昭明文集》二卷、钱塘徐氏刻印了《径山游草》《洞霄游草》《龙门游草》。

明万历年间，高僧真可发起刊刻的《大藏经》，在我国佛教史上占有重要地位。因其主要雕版及藏版地在余杭径山，故名《径山藏》，历史上又名《嘉兴藏》。万历十七年（1589）正式在五台山妙德庵开刻。因五台山海拔高，气候寒冷，成书后又需运回嘉兴发行，故于万历二十一年（1593），迁至余杭径山之寂照庵刻印。至康熙四十六年（1707）整部《径山藏》才告刊刻结束，历时达118年，其刊刻时间之长，卷数之多，为历代《大藏经》之首。

《径山藏》共有345函，2141部，10884卷。它一改梵夹本（经折装）为方册线装，一页对折，半页10行，每行20字，易印刷，便流通，是佛经印刷上的一大改革。《径山藏》的雕刻书版"向藏余杭化城寺及寂照庵"（《嘉庆余杭县志》卷三十九），据《径山史志》称，《径山藏》雕版在中华人民共和国成立初尚堆有三间屋之多。

天启七年（1627），余杭陈氏刊《皇明经济文辑》二十三卷，共24册。崇祯十五年（1642），余杭何瑞图等刻《黄石斋先生大涤函书》六卷。

明清时期，塘栖一直是运河沿岸的印刷业重镇，各大家族刻印的书籍数量众多。运河沿岸的小镇博陆，其钟氏家族刻印了《宋文文山先生全集》等书。

清初，塘栖沈氏怀烟堂刻《二子唱和集》。康熙年间（1662—1722），塘栖卓氏刻《传经堂》十卷,《古今词汇》初编十二卷、二编四卷、三编八卷。嘉庆七年(1802),塘栖宋咸熙刻《古易音训》二卷。嘉庆十年(1805)宋氏听秋馆刻《牧牛村舍外集》四卷。光绪年间(1875—1908),塘栖朱氏刻印《结一庐剩余丛书》《结一庐遗书》《朱氏族谱》。

(一)明清时期余杭雕版刻书主体

明清两代,余杭刻书的主体可分为三大类：寺庙、私人、官府。

寺庙刻书。明清时期,余杭寺庙刻书数量最多,影响最大,尤其是径山寺。明代开始已出现了大量其他寺庙参与刻书。

万历年间(1573—1620),径山的传衣庵刻印《肇论新疏》三卷,寂照庵刻印《紫柏尊者别集》四卷、《高僧传》十四卷、《广弘明集》四十卷、《菩萨行方便境界神通变化经》三卷。万历至天启年间(1573—1627),化城寺刻印《入定不定印经》一卷、《性相通说》二卷、《不必定入定入印经》一卷及《大乘起信论疏略》《护法录》。

崇祯年间(1628—1644),安溪东明寺刻印了《祖灯录》,余杭顺庆寺比丘了兴等刻印了《菩提行经》四卷。

清代,临平菩昙寺刻印《茕绝老人天奇直注天童觉和尚颂古》,时间不详。顺治十六年(1659),余杭县长安乡集资、径山古梅庵刻印了《过去庄严劫千佛名经》一卷。康熙年间(1662—1722),临平圆照寺刊印了《敕赐圆照茚溪森禅师语录》六卷,安溪东明寺刻印了《孤云禅师语录》三卷。这两种书是据《径山藏》的标准格式开雕的。乾隆十八年(1753),洞霄宫住持贝本恒刻印《洞霄宫志》五卷。光绪三十年(1904)余杭三官殿朱福荣刻《弥勒佛说地藏十王宝卷》二卷。

私人刻书。明清时期,余杭私人刻书在数量上仅次于余杭寺庙。明代,主要集中在余杭的严氏家族,西溪洪氏家族,塘栖的沈氏家族和卓氏家族。

明代世家往往凭借着丰赡的藏书,喜好刻书。魏隐儒在《中国古籍印刷史》中指出："一时士大夫们竞以刻书为荣,有的搜罗古籍秘本,校刻行世,以示自己的博雅；有的刊刻家集，宣扬祖德，以示门第高贵；有的剪裁旧章，集句类编，以利考场应试；有的选辑诗文，施加评点，以供揣摩。"

洪楩，字子美，明代钱塘人（今属余杭区五常街道），曾官詹事府主簿。他继承先祖书香门第的遗业，在其祖父洪钟"两峰书院"的基础上，购书藏书，扩大规模，并构筑了"清平山堂"，后成为明代著名的书坊。嘉靖年间（1522—1566），洪瞻祖刻印《阴何诗集》二卷。崇祯十五年（1642），洪吉臣刻印《清远山人漫稿》十六卷。

余杭严氏家族，明代曾刻印《苕溪真寂禅院闻谷大师遗语》四卷。崇祯二年（1629），严武顺刻印《水经注》四十卷。万历三十年（1602）严调御刻印《大乘四法经》一卷。清康熙年间（1662—1722），严沆刻印《五经翼》《太上感应篇》。道光元年（1821），余杭严氏古秋堂刻印《三严先生作朋集》三卷。

博陆钟氏家族，明末时印《宋文文山先生全集》十八卷、《春秋四传》三十八卷。

塘栖张氏家族，明末时印《子书类纂》七卷、《邓析子》一卷。(《邵亭知见传本书目》卷七）

塘栖沈氏家族，明万历年间（1573—1620），刻《昭明文集》二卷、《初学记》三十二卷。

塘栖卓氏家族，从明代万历至清代康熙的100年间，其芳杜洲、传经堂、崧斋等藏书楼，不但刊印许多卓氏族人的著作，还刻印工具书，如《卓氏藻林》《海录碎事》《唐诗类苑》，甚至刻印《径山藏》的零本。

塘栖卓氏家族刻印书籍一览表

书名	出版时间	出版者	现存图书馆
《卓氏藻林》八卷	万历八年（1580）	塘栖卓氏	故宫博物院、天一阁
《卓澂甫诗集》十卷	万历八年（1580）	塘栖卓氏芳杜洲	南京图书馆
《唐诗类苑》一百卷	万历十四年（1586）	仁和卓氏崧斋	湖南图书馆
《许太常归田稿》八卷	万历十五年（1587）	塘栖卓明卿	国家图书馆
《卓澂甫诗续集》三卷	万历十四年（1586）	塘栖卓氏崧斋	南京图书馆
《海录碎事》二十二卷	万历年间（1573—1620）	入斋卓显卿寓庸	国家图书馆
《卓光禄集》三卷	万历二十四年（1596）	塘栖卓尔昌	南京图书馆
《四书质疑》五卷	万历四十六年（1618）	仁和卓樗	复旦大学图书馆
《经义质疑》八卷	万历四十六年（1618）	仁和卓樗	上海师范大学图书馆
《菩萨投身饲饿虎起塔因缘经》一卷	万历四十六年（1618）	仁和卓氏	台湾"中央图书馆"
《佛说伏淫经》一卷	万历四十六年（1618）	卓发之	台湾"中央图书馆"
《漉篱集》二十五卷	崇祯年间（1628—1644）	塘栖卓氏传经堂	中国国家图书馆
《易学全书》五十卷	崇祯年间（1628—1644）	卓尔康	台湾"中央图书馆"
《成唯识论自考》十卷	崇祯元年（1628）	卓海幢	湖南图书馆

续表

书名	出版时间	出版者	现存图书馆
《卓珂月先生全集》十六卷	崇祯十年（1637）	塘栖卓氏传经堂	四川图书馆
《传经堂集》十卷	康熙年间（1662—1722）	塘栖卓天寅	国家图书馆
《古今词汇初编》十二卷、《二编》四卷、《三编》八卷	康熙十八年（1679）	塘栖卓回	北京大学、复旦大学、中科院图书馆

清代的余杭私人刻书数量更多，最有名的是临平的沈氏和孙氏，塘栖的劳氏和朱氏。

清初，临平沈氏刻印了《安隐寺志》《临平记》《沈氏族谱》等书，康熙十五年（1676），临平沈圣昭、沈圣晖刻印《东江集钞》九卷，《别集》五卷。

嘉庆十二年（1807），临平孙均刻印《灵芬馆诗初集》四卷、《三集》四卷。嘉庆二十一年（1816），临平孙氏刻印《百一山房诗集》十二卷。同年，孙均刻印《灵芬馆诗话》十二卷、《续集》六卷。道光五年（1825），临平孙元培、孙长熙刻印《小谟觞馆诗集注》八卷、《诗余附录注》一卷、《诗续集注》二卷、《续集诗余附录注》一卷、《文集注》四卷、《文续集注》二卷。

民国以后，余杭雕版印书，日渐式微。至今仁和街道的徐行宽先生还保存了民国时期其父徐行恭自行刻印的《竹间吟榭集》的全部200多块雕版。

官府刻书。明清时期，官府刻印书籍主要是各个时期的县志，数量不多。但也刊刻了一些其他方面的书籍，如明弘治十年（1497），余杭知县冉孝隆刻印《涧谷精选陆放翁诗集》十卷、《须溪精选陆放翁诗集》八卷、《陆放翁诗别集》一卷。嘉靖年间（1522—1566），余杭县知县周之冕刻印《炎徼纪闻》四卷，余杭知县王确刻《余杭县志》。万历年间（1573—1620），知县高则巽刻《洞霄》《径山》二志，后知县戴日强刻《万历余杭县志》。清乾隆五十二年（1787），余杭官署刻印《胡忠简公经解》三种，附《文集补遗》三卷、《文集附录》三卷。

（二）明清时期余杭活字印书

宋庆历年间（1041—1048），毕昇发明了泥活字印刷。宋代余杭人沈括在他的《梦溪笔谈》卷十八里这样记载："板印书籍，唐人尚未盛为之，自冯瀛王始印五经，后世典籍皆为板本。庆历中有布衣毕昇又为活板。其法用胶泥刻字，薄如钱唇。每一字为一印，火烧令坚。先设一铁板，其上以松脂蜡和纸灰之类冒之。欲印，则以一铁范置铁板上，乃密布字印，满铁范为一板，持就火炀之药稍熔，则以一平板按其面，则字平如砥。若止印三二本，未为简易，若印数十百千本，则极为神速。常作二铁板。一板印刷，一板已自布字。此印者才毕，则第二板已具。更互用之，瞬息可就。每一字皆有数印，如'之''也'等字，每字有二十余印，以备一板内有重复者。不用则以纸贴之。每韵为一贴，木格贮之。有奇字素无备者，旋刻之，以草火烧，瞬息可成。不以木为之者，文理有疏密，沾水则高下不平，兼与药相粘，不可取，不若燔土，用讫再火，令药熔，以手拂之，其印自落，殊不沾污。昇死，其印为予群从所得，至今宝藏之。"

活字印刷作为科学技术史上的一大发明，不仅大大提高了工作效率，而且还有其他一些优点。如发现错字可随时更换，不必像雕版那样要从头开始，也不会产生雕版的虫蛀、变形及保管困难的问题。既节省了写刻雕版的费用，又缩短了出书时间。

到了明代，活字印刷日益繁荣，其时苏州、无锡、南京一带，活字印书盛行。弘治、正德、嘉靖时期喜用铜活字，以无锡华氏和安氏为著。而余杭明清两代活字印刷基本上是木活字。

万历十四年（1586），塘栖卓明卿在塘栖镇东小河街家中，用木活字刻印《唐诗类苑》一百卷。卓明卿字澂甫，号月波，塘栖人。国子监生，万历间官光禄寺署正。《两浙名贤录》称其："博综百氏，所交倾海内豪杰。"著有《卓氏藻林》《文集》《续集》《先游稿》行世。塘栖卓氏家族由于"生平业贾，雄于资"（支允坚《异林》），明清两代刻印了大量书籍。此书卷端题"唐诗类苑第一卷，仁和卓明卿澂父编辑，华亭张之象玄超、长洲毛文蔚豹孙同校"。半叶10行，行20字，单栏，版心白口，单白鱼尾，上方记书名。北京图书馆、上海图书馆、湖南图书馆、台北图书馆、日本宫内寮都有收藏。2008年7月，湖南图书馆珍藏的卓氏崧斋活字印本《唐诗类苑》一百卷，列入文化部公布的第一批《国家珍贵古籍名录》。

余杭历代有编撰家谱的传统。编撰家谱由族长负责，各房助理收集各房资料和费用。组织编撰人员，以祠引、行第（名行、字行）按照派支、流源，撰出世系全图。修家谱为二十年小修，三十年为大修，三代不修谱为大不孝。清代至民国，余杭各大家族用木活字刻印了数十种族谱。

清末，余杭大家族编撰印刷家谱达到一个高潮，光绪元年（1875）余杭项氏家族木刻活字印刷了《余杭项氏宗谱》二卷；光绪二十一年（1895），余杭吴氏承善堂木活字印刷《余杭吴氏宗谱》八卷八册；光绪二十七年（1901），闲林盛氏敬爱堂活字印刷《盛氏宗谱》六卷、余杭黄氏家族以木活字印刷《黄氏宗谱》四卷。

三、民国时期余杭印书

民国时期，余杭各大家族以木活字印刷家谱依然繁盛，以余杭张氏为例，从民国十二年（1923）至民国二十六年（1937），张氏百忍堂3次以木活字印刷家谱，分别是民国十二年（1923）木活字本《禹航张氏宗谱》、民国十七年（1928）百忍堂木活字本《禹航张氏宗谱》，以及民国二十六年（1937）百忍堂木活字本《杭县张氏宗谱》六卷。

印刷家谱的风气一直持续到民国末期，民国三十七年（1948）木刻活字印《项氏宗谱》一卷、《附编》一卷。中华人民共和国成立后，木活字本印刷家谱日渐式微。至 2015 年，余杭图书馆收藏家谱 54 部 108 册，其中有 21 种被《中国家谱总目》收入，22 种被《浙江家谱总目提要》收录。

民国初，余杭活字印刷逐渐改为铅字印刷，余杭褚氏石画楼铅印《金石学录续补》二卷附录一卷拾遗一卷和《竹人续录》等书，亭趾姚虞琴刊《东江别集》四卷、《敬业堂文集》三卷等。

20 世纪 20 年代，塘栖陆氏在京杭大运河畔，开设"家庭印刷所"，以铅字排版，印刷《塘栖报》《棠社》杂志、政府及党部公文。

余杭现存活字本情况表

书名	出版时间	出版者	现存单位
《唐诗类苑》一百卷	明万历十四年	塘栖卓明卿	湖南图书馆
《徐氏宗谱》存一卷	清代	余杭徐氏	余杭图书馆
《陈氏宗谱》二卷	清代	余杭陈氏	余杭图书馆
《余杭项氏宗谱》二卷	光绪元年	余杭项氏	余杭图书馆
《唐栖朱氏族谱》	光绪年间	塘栖朱氏	余杭图书馆
《余杭吴氏宗谱》二卷	光绪二十一年	吴之梁	日本、美国
《余杭吴氏宗谱》八卷	光绪二十一年	吴光煜	吉林大学
《余杭闲林盛氏宗谱》六卷	光绪二十七年	闲林盛起	浙江图书馆
《余杭黄氏宗谱》四卷	光绪二十七年	余杭黄氏	余杭图书馆
《嘉庆余杭县志》四十卷	民国八年	吴兰孙	余杭史志办
《余杭蔡氏宗谱》六卷	民国十一年	蔡汝钧	社科院历史研究所
《禹航张氏宗谱》	民国十二年	余杭张氏	余杭图书馆
《禹航张氏宗谱》	民国十七年	百忍堂	余杭图书馆
《竹人续录》	民国十九年	余杭褚德彝	上海图书馆
《杭县张氏宗谱》六卷	民国二十六年	百忍堂	余杭图书馆
《余杭项氏宗谱》一卷	民国三十七年	余杭项氏	余杭图书馆
《金石学录续编》二卷	民国年间	余杭褚德彝	国家图书馆
《东江别集》四卷	民国年间	亭趾姚虞琴	南京图书馆

余杭在从五代到 1949 年的 1000 多年的历史上,刻印了大量精美的书籍、版画。从内容上来看,数量最多的是佛教文献,其次是别集(诗词),地方志与族谱也是重要的组成部分。就明清二代而言,余杭雕版印刷的资金来源主要是官府、寺庙和私人。而绝大多数余杭印刷品也是民间集资刊刻,用于赠送流传。余杭图书基本上没有形成书肆刻印售卖的商业模式,只有民间版画(余杭纸马)以传统手工艺形式经历数百年,得以保存。

国内外收藏的余杭刻书孤本情况表

书名	作者	版本	收藏处
《洞霄图志》六卷	元邓牧撰	元代刻本	日本内阁文库
《海舟普慈禅师拈古颂古》	明释圆悟编	明末刻本	首都图书馆
《东明寺志》三卷	清僧湛潜辑	清初刻本	上海图书馆、孤本
《临平安隐寺志》十卷	清沈谦辑	清初刻本	南京图书馆、孤本
《径山游草》一卷 《洞霄游草》一卷 《龙门游草》一卷	明钱塘徐胤翮、徐胤翀、徐胤翘撰	明万历刻本	美国哈佛大学哈佛燕京图书馆、孤本
《新集医家蕴奥》四卷	明何天恩集	明万历三年(1575)古朴堂刊本	日本国立公文书馆内阁文库、孤本
《太初脉辩》二卷	明孙光裕集著	明崇祯九年(1636)序	日本国立公文书馆内阁文库、孤本
《端峰先生遗范录》	明邵锐述	明刻本	宁波天一阁、孤本
《历朝茶马奏议》五卷	明塘栖徐彦登撰	明万历二十一年(1593)刻本	南京大学图书馆藏,国内孤本

第二节　普宁藏

元至元十四年（1277），杭州路余杭县白云宗南山大普宁寺始刻大藏经，至元二十七年（1290）完成。《普宁藏》凡559函，千字文编次由天字至感字，1400部，6000余卷。该藏依据《圆觉藏》，版式略小，刻工细致，装帧古朴，历史上称《普宁藏》。

一、普宁寺的历史

元代《普宁藏》刊刻的主导者余杭瓶窑南山普宁寺，是以华严立宗的，后世称为"南山白云宗"。

普宁寺，在旧余杭县常熟乡瓶窑镇西之南山。南宋时，白云通教大师清觉创庵于此。绍兴二十七年（1157）改庵为传灯院，后改普安。淳熙七年（1180），改称普宁寺。元末毁，明洪武三年（1370）重建。嘉庆十年（1805）重修。

普宁寺的历史沿革，宋元明清以来地方志均有记载——

宋《咸淳临安志》卷八十三："普安院，在县东北三十五里常熟乡，绍兴二十七年建，请今额。"

明《万历杭州府志》："南山普宁禅寺，在常熟乡瓶窑镇西。宋白云通教大师创庵以居。绍兴间改庵为院，曰传灯，又改普安。淳熙七年，改今额。元末毁，明洪武三年重建。"

明《武林梵志》卷六："南山普宁禅寺，在县东北三十里常熟乡。宋白云通教大师创庵以居。隆兴间改庵为院，曰传灯，又改普安。淳熙七年改今额。元至正末毁。洪武三年重建，归并于此曰慧照塔院（在县东北三十里），曰定一院（在县东北三十五里），曰松隐庵（在县北七十五里）。"

清《康熙余杭县志》："南山普宁禅寺刊大藏经版记，遥山住持妙高撰。"

清《雍正浙江通志》卷二百二十七："南山普宁禅寺在县东北常熟乡。宋白云通教大师创庵以居。绍兴间改庵为院，曰传灯，又改普安。淳熙七年，改今额。元末毁，明洪武三年重建。"

清《嘉庆余杭县志》卷十五："国朝嘉庆十年重修。"

南宋时，张镃《游南山普宁院院中止有数僧别立堂处村仆几百人号师翁道友分执薪水负戴扫除苴补之役暇即乞米赡众溪南二里许名石口闻冬时梅花甚多》诗："入港晴芜远际山，鹭群翻处绿回环。林隈陷寺僧慵出，桥底通船客正闲。乍喜身心俱寂静，足怜名相惑愚顽。兴阑犹约寒梅发，月下来观侧近湾。"

说到普宁寺，就不得不说白云宗创始人孔清觉。

孔清觉（1043—1121），宋代河南登封人，孔子第五十二世孙。其曾祖父曾任五代后唐庄宗时的节度使、太子太师等高官；父亲也曾考上进士。他从汝州龙门山宝应寺海慧出家，遍历诸方，于舒州浮山结庵静修20年。

元祐八年（1093）孔清觉至杭州，入灵隐寺后山白云庵，自创白云教新义，以《华严经》为根本要典，主张儒释道三家一致，重视忠孝慈善，晨夕持诵礼拜供养，躬耕自活，不沾荤酒。

孔清觉开创白云宗后，在瓶窑镇西常熟乡南山建庵（普宁寺）传教，这一派别被后世称为"南山白云宗"。政和六年（1116），孔清觉著《证宗论》，它的说法与传统的华严宗不同，而且排斥当时佛教主流禅宗。觉海愚禅师诉之于朝，力论其伪，孔清觉遂坐罪流放恩州（广东），4年后才获赦。宣和三年（1121）孔清觉入寂，遗骨建塔于瓶窑南山，世人尊称其为"通教大师"。著有《三教编》《十地歌》《初学记》《正行集》等。

宋元之间100余年，南山普宁寺趋于极盛，其下有孝慈院、广济院、资福院、雨化庵、真武庵等40座下院。由于白云宗主张三教合一，有的是以道教的名号来命名的，如真武庵、真庆院、福地院等。

宋元交替时期，普宁寺又开始在瓶窑南山东部的崖壁上，镌刻佛教和道教之像，有如来、金刚、力士、玉皇等 24 尊造像，现存 13 尊。南山道像已列为全国重点文物保护单位。

元初，孔清觉的传人道安（慧照大师），北上大都觐见元帝，建议雕刻《大藏经》，结果得到了元帝的恩准及佛教界的赞同。元至元十四年（1277）在瓶窑大普宁寺开雕，由普宁寺僧道安、如一、崇善、如贤等管领其事。到至元二十七年（1290）刻毕。

二、普宁藏的刊刻

学术界普遍认为，大普宁寺《大藏经》，始刻于元世祖至元十四年（1277），至元二十七年（1290）完成。凡 559 函，千字文编次由天字至感字，1430 部，6004 卷。大德十年（1306），松江府僧录管主八从弘法寺本藏经内（即《赵城藏》版输入燕京后的元代补雕本）选出南方版本藏经所缺的秘密经约 97 部，315 卷，刻完编为千字文武字到遵字 28 函，随同《普宁藏》一同流通。最后又补入约字函的 7 部，6 卷，收入元代沙啰巴译的秘密经 5 种，《白云和尚初学记》和《白云和尚正行集》2 种。除武字至遵字的 28 函秘密经不计外（因详细目录佚失），还有 559 函，1437 部，6010 卷。该藏基本上是依据《圆觉藏》复刻的，版式略小，刻工精巧细致，装帧古朴典雅。

《普宁藏》的雕造是由寺内大藏经局掌管，隶属于白云宗僧录司，由本寺住持白云宗主僧录慧照大师道安募缘创刊。大藏经局的分工和人员任用，一改此前《毗卢藏》《资福藏》和《碛砂藏》在刊板题记中的详细记述，简略为起首以大藏经局的名义劝缘，落款仅以刻藏主持人即住持僧人谨题结尾。

以题记为例，其《大方广佛华严经入不可思议解脱境界普贤行愿品》一册，有大藏经局分作头 2 名，措置梨板 3 名，合造光选经板 4 名，点视刊板书样印造 6 名，正字 3 名，本寺首座书记正字 3 名，藏主 2 名，副局监局主局 10 名，共计 33 人。由此可见当时分工明细、队伍强大。

《普宁藏》校勘工作量巨大，大藏经局常延请各处高僧大德助为校勘，整部藏经的校勘通过各家寺院合作而完成，是为杭州附近诸山名僧校经并撰集的成果。如：

《大般涅槃经》卷十八、《大智度论》卷一百，均有"杭州奉口峨嵋山国泰崇圣寺传天台宗教比丘师正校勘"的题记。

《宗镜录》卷九有"径山兴圣万寿禅寺首座沙门慧元重校"的题记；

《大方广佛华严经入不可思议解脱境界普贤行愿品》有"奉口万安教寺沙门净芳校勘经藏""峨眉山国泰崇圣寺住持传天台宗教沙门师正主席校勘经藏"的题记。

《汉文佛教大藏经研究》也认为《普宁藏》取前六种藏经校勘成果，并延请数十位江淮路僧官助校，方最终完成。在所云"江淮路僧官"大德严校之下，会发现一些旧版佛经流传的失误，如《金刚经》的"张冠李戴"。

《金刚经》历史曾有多次翻译，流传下来是著名的"金刚六译"，但南宋时还有一个被误传为留支译的本子，此本实即真谛本。据《开元录》《长房录》《内典录》等记载，菩提留支的确译过《金刚经》。但到南宋绍兴二年（1132）时，湖州归安县松亭乡思溪王永从及平江府大悲院住持净梵、圆觉院住持怀探等募刻《圆觉藏》时，误将真谛译本视为留支译本。从此，真正的留支译本佚而不传。到了元至元十八年（1281），杭州余杭县白云宗南山大普宁寺道安、如志等刊刻《普宁藏》时又从留支所译的《金刚般若波罗蜜经论》卷中录出经文部分单行，并于经后记中说明了这一历史错误：

《金刚般若》，前后六翻。按《开元录》，此第二译。《思溪》经本竟失其传，误将陈朝真谛三藏者重出，标作魏朝留支所译，大有迳庭。今于留支三藏所翻论中录出经本，刊版流通，庶期披阅知有源矣。时至元辛巳冬孟望日，南山普宁经局谨记。

但后世编纂《大藏经》，有的没有发现《普宁藏》这一重大改正，仍然把《圆觉藏》中的真谛本当作是流支译本的"别本"予以保留，成为7种《金刚经》并存了。

《杭州路余杭县白云宗南山大普宁寺大藏经目录》，元大德三年（1299）普宁寺比丘如莹编，国家图书馆藏铅印本。是目前唯一见存的一部《普宁藏目录》，成为了解《普宁藏》收经情况的重要资料。

三、普宁藏的保存

《普宁藏》刊刻之后流传情况，现存史料语焉不详。清末，康有为有《普宁藏》1200余册，后售予杭州藏书家王绶珊。毛春翔《古籍版本常谈》云："康有为藏此经一千二百余册，后售于王绶珊，今不知何处。"王绶珊后售于灵岩寺妙真法师，今藏于苏州灵岩寺。《中国善本书目录》著录。近年，瓶窑南山龙光寺释月满购得《普宁藏》零册，据说也是康有为所藏的一部分。

国家图书馆、首都图书馆、上海图书馆、浙江图书馆、北京大学图书馆、上海博物馆、山西省图书馆、杭州图书馆、台湾"中央图书馆"、台湾傅斯年图书馆，都有不同数量的保存，而美国柏克莱加州大学东亚图书馆是国外收藏《普宁藏》较多的图书馆。

日本收藏《普宁藏》远较国内为多，其中增上寺、东福寺、浅草寺3处收藏，几乎接近全藏。

由于资料和精力所限，本书仅对各家图书馆收藏《普宁藏》情况简介如下：

1. 国家图书馆

2019年10月浙江古籍出版社出版的《国家图书馆宋元善本图录》著录了杭州路余杭大普宁寺刻大藏本21种，分别是：

1048.12273《大般若波罗蜜多经》六百卷，62册；

1049.18051《诸法本无经》三卷，2册；

1050.17965《佛说灌顶十二万神王护比丘尼咒经》一卷，1册；

1051.17966《佛说灌顶梵天神策经》，1册；

1052.17968《不空羂索心咒王经》三卷，1册；

1053.17969《不空羂索陀罗尼经》二卷，1册；

1054.18052《佛说陀罗尼集经》十二卷，1册；

1055.18053《内藏百宝经一卷温室洗浴众僧经》一卷，1册；

1056.18060《十一面观世音神咒经十一面神咒心经千转陀罗尼咒咒五首经六字神咒经咒三首经》，1册；

1057.18054《菩萨璎珞本业经》二卷，2册；

1058.18055《十住毗婆沙论》十五卷，1册；

1059.4727《阿毗达磨俱舍释论》一卷，1册；

1060.18056《阿毗达磨藏显宗论》四十卷，11册；

1061.17972《陀罗尼杂集》十卷，1册；

1062.4736《一切经音义》二十五卷，5册；

1063.8344《广弘明集》三十卷，1册；

1064.18057《嗟韈曩法天子受三归依获免恶道经一卷赞法界偈八十七颂》，1册；

1065.18058《息除中夭陀罗尼经一卷一切如来正法秘密箧印心陀罗尼经》一卷，1册；

1066.17973《金刚萨埵说频那夜迦天成就仪轨经》四卷，1册；

1067.18059《佛母出生三法藏般若波罗蜜多经》二十五卷，1册；

1068.17974《金刚恐怖集会方广轨仪观自在菩萨三世最胜心明王大威力鸟枢瑟么明王经》三卷，1册。

2.上海博物馆

《佛说一向出生菩萨经》一卷　隋释阇那崛多译；

《金刚场陀罗尼经》一卷　隋释阇那崛多译；

《大乘庄严经论》十三卷　唐释波罗颇迦罗蜜多罗译。

（据《第一批上海市珍贵古籍名录》）

3. 浙江图书馆

《瑜伽师地论释》

《经刚上位陀罗尼经》

《经律异相》

《十住毗婆沙论》

《二经同卷佛说贤首经》

《千佛因缘经》

《二经同卷大方广入如来智德不思议经》

《大方广佛华严经 修慈分》

《大般若波罗密多经》

（见《浙江图书馆善本书目》著录）

4. 杭州图书馆

《十住毗婆沙论》十七卷

（据《第三批浙江省珍贵古籍名录目录》）

5. 山西省图书馆

《解脱道论》十二卷

（据《第二批国家珍贵古籍名录》）

6. 台北"中央图书馆"

《证契大乘经》存一卷　唐释地婆诃罗译；

《广大宝楼阁善住秘密陀罗尼经》三卷　唐释菩提流志译；

《根本说一切有部毗奈耶》存一卷　唐释义净译；

《金刚恐怖集会方广轨仪观自在菩萨三世最胜心明王大威力乌枢瑟么明王经》三卷　唐释阿质达霰译；

《治禅病秘要经》二卷　南北朝释沮渠京声译；

《大乘显识经》二卷　唐释地婆诃罗译。

7. 台湾傅斯年图书馆

《五经合卷》 西土圣贤集；后汉释安世高译。

8. 美国柏克莱加州大学东亚图书馆

《大般若波罗蜜多经》 唐释玄奘译；

《天目中峰和尚广录》 元释明本撰；

《央掘魔罗经》 刘宋求那跋陀罗译；

《佛母出生三法藏般若波罗密多经》 宋释施护等译；

《广百论释论》 题圣天菩萨本护法菩萨释；

《阿毗达摩大毗婆沙论》 唐释玄奘译。

9. 日本寺院

北宋末期到元代在福建和江苏、浙江地区刻版的私版大藏经比较容易入手，输入日本的数量也比较多。据《日本的汉文大藏经收藏及其特色》一文统计，日本传存至今且比较完整的宋元版大藏经，如下：

日本保存的元代余杭普宁藏情况

序号	寺院	数量	备注
1	增上寺	5418 帖	抄本补配
2	东福寺	5393 帖	和版与写本补配
3	浅草寺	5428 帖	和版与写本补配
4	安国寺	2208 帖	
5	园城寺	2854 帖	
6	西大寺	3452 帖	含有宋版 90 帖、写本 4 帖
7	般若寺	826 帖	含有碛砂藏 1 帖
8	西福寺	599 帖	仅有《大般若波罗蜜多经》
9	妙光寺	590 帖	仅有《大般若波罗蜜多经》

资料来源：方广錩《藏外佛教文献》第二编（总十一辑）

第三节　径山藏

　　《径山藏》主要刊刻于余杭径山寺，是我国编纂刊印的《大藏经》中收录内容最多的一部，大量收录了先前的《大藏经》未录的佛教典籍。同时，它又是我国第一部方册本《大藏经》，标志着经本形式的重大改革，是佛经向现代化过渡的呈现。

一、径山寺的历史

　　径山，是天目之东北高峰，古时因山中有东西两径通天目而得名径山、双径。径山绵延起伏数十里，主峰凌霄峰，海拔为 769 米。山坪之上建有著名的径山禅寺，寺周有大人、宴坐、鹏抟、朝阳、堆珠五峰环拥。寺前又有一小山，站在此山顶上，可仰看群峰峻峭，俯视钱江海湾，人间烟火。宋高宗赵构游幸径山时曾在此峰赏景，曰"此峰可爱"，由此得名"御爱峰"。径山禅寺四周古木参差，常有岚云岫雾缭绕，阴晴晦明间，宛如人间仙境。秀丽的自然景色，曾吸引了历代高官显贵、文人学士。

　　塘栖著名诗人宋大樽有诗："忽在白云上，如浮沧海中。云消常作雪，天近但闻风。谁问栖禅宅，曾为避暑宫。道人偏笑客，何事入寒空。"（《上径山》）

　　径山寺，是江南禅宗"五山十刹"之首，关于其沿革，《嘉庆余杭县志》卷十五记载最详："在县西北五十里径山，乃天目之东北峰。唐代宗时，僧法钦结庵于此。永泰中，有白衣士来求度为沙弥，钦即剃度，名崇惠。后如长安，与方士竞法既胜，代宗问其师承，曰：'臣师径山僧法钦。'召赴阙，赐号国一禅师。逾年辞归，诏杭州即其庵建寺，曰径山。乾符六年，改为乾符镇国院。宋大中祥符元年，改赐承天禅院。政和七年，改径山能仁禅寺。开禧间，孝宗御书额赐径山兴圣万寿禅寺。由宋迄元，为禅林之冠。元末兵毁，明洪武年间重建。万历中，殿宇倾颓，僧真可疏募重修。国朝

康熙十一年，大殿复毁。二十二年，僧五岳重建，共一十三所，复还旧观。康熙四十四年春，圣祖南巡驻浙，住僧世鉴迎驾，蒙敕赐御书'香云禅寺'额，摹勒恭悬寺门，墨宝敬弄本寺，永远供奉。"范成大《题径山寺楼》："浴日苍茫水，扪星缥缈楼。神光来烛夜，寿木不知秋。海内五峰秀，天涯双径游。爱山吾欲住，衰疾懒乘流。"

径山是著名的《径山藏》诞生之地，明末四大高僧之一的紫柏（1543—1603），俗姓沈，名真可，字达观，晚号紫柏。江苏吴江人。17岁出家于苏州虎丘云岩寺，初名柳溪和尚。万历初，紫柏在武塘景德寺闭关3年后北游，至北京法通、嵩山少林等寺，参谒各山名僧。后南回浙江，发起重修嘉兴名刹楞严寺。

紫柏云游四海期间，发现许多大德禅师都慨叹当时通行的梵夹本《大藏经》卷帙重多，不易保管、流传，也不便阅读，如能改为方册，可使藏经得以广为流通。紫柏遂发愿刻方册经藏，与憨山大师一起筹措其事，得到名士陆光祖、冯梦祯、曾同亨及瞿汝稷等人的热心赞助。明神宗之母慈圣皇太后得知民间有刻藏之举后，本欲发内帑下令诏刻，紫柏却不愿接受，表示此事应让全国民众共同出资营办。

历经多年辛苦筹备，终于在万历十七年（1589）创刻于山西五台山妙德庵，以明代《北藏》为基础，对校明代《南藏》，由紫柏门人如奇法师等主持。后因山中苦寒，不便刻经工作，再加以地处偏僻，材料运送十分费事，4 年后即南移至径山寂照庵续刻，故称《径山藏》，其后又在嘉兴、金坛等处开刊。门人吴用先修复径山下院化城寺，作为贮存经版之处，并施资刻经数百卷。

万历二十八年（1600），朝廷征收矿税，宦官乘机扰民，南康太守吴宝秀拒命被捕，夫人愤死。紫柏慷慨陈词，为其调护，引起朝廷的侧目，一时间谤言四起，诬陷他是匿名"妖书"的造作人，遂蒙冤下狱。万历三十一年（1603）十二月，被定罪论死，世寿 61，法腊 41。初葬于北京西郊慈慧寺外，后移龛至余杭径山寂照庵，万历四十四年（1616）于开山前文殊台荼毗立塔。

二、《径山藏》的刊刻

宋元以来，径山就是重要的刻书场地，叶德辉《书林清话》说："明时浙中径山寺、云栖寺所刻诸释经释典为最多。"

《径山藏》刊刻先后历时 129 年，中有间断。刊刻时间之长，续刻内容之多，为历代《大藏经》之首。据书碑所记，《径山藏》雕版的起讫年为明万历七年（1579）至十三年（1585），万历十七年（1589）至清康熙四十六年（1707）。其中"正藏"刊刻于明万历十八年（1590）至清康熙十五年（1676）；"续藏"刊刻于明万历七年（1579）至十三年（1585）和明万历十七年（1589）至清康熙三十八年（1699）；"又续藏"刊刻于明万历十九年（1591）至清康熙四十六年（1707）。最初开雕的为"续藏"，万历十九年以后，"正藏""续藏""又续藏"3 部同时刊刻刷印。刊刻地点为径山、五台山，明天启（1621—1627）以后分散江南各地。

《径山藏》没有留下一部完整无缺的目录或是全书。民族出版社为呈现《径山藏》足本全书真实面貌，汇集各地藏本，合理排序，经过近 7 年的时间，在中国的图书馆与寺庙进行了地毯式的搜集，最终确定了《径山藏》全部收书目录。2008 年，民族出版社整理出版《嘉兴藏》(《径山藏》)，其正藏为 210 函，1676 种；续藏、又续藏、补遗计为 167 函，570 种。全藏总计 378 函，2246 种，2652 册，收录经书 12000 多卷。其正藏部分基本囊括了汉译印度原典的各种经卷；续藏、又续藏、补遗等收录了此前历部中国《大藏经》没有收录的中国佛教著述，包括经疏、戒律、史传、语录等。

径山寺历来下院众多，《径山藏》的刊刻在分布径山寺各下院进行，最主要是化城庵、寂照庵两处，《嘉庆余杭县志》卷三十九："紫柏禅师真可，武塘景德寺僧也，受具径山。尝念大藏卷帙繁多，欲刻方册，易为流通。遂于万历间，募赀开刻，未成而紫柏殁于京师。板向藏余杭化城寺及寂照庵，亦有在嘉兴楞严寺者。阅岁既久，两地经板日就朽蠹。嘉庆七年，杭州、嘉兴善士沈宦生、王松泉等，倡议捐赀，将化城、寂照两刹经板，尽数运归楞严，陆续修补，俾佛法流通，以满紫师之愿。亦一时胜果云。"

根据《径山藏》书后题记提供的资料，径山诸寺院刻印书籍有：

径山兴圣万寿禅寺

即径山寺。元代，径山兴圣万寿禅寺刻《宗镜录》100 卷。万历二十五年（1597）刻《石门文字禅》30 卷。

径山寺

明代径山寺刻《法苑珠林》120 卷，民国十八年（1929）上海商务印书馆《四部丛刊》影印此本，流传颇多。

径山明月堂

明月堂，后改称妙喜庵，《嘉庆余杭县志》："旧大慧示寂于此。宋孝宗诏改今名。"朱文藻《游径山记》："扶筇历后山诸胜，有妙喜庵，庵有明月泉，深尺许。"

南宋宝祐元年（1253）明月堂刻《大慧普觉禅师年谱》一卷，今存。

径山古梅庵

古梅庵，《嘉庆余杭县志》："在金宋二庄枫木坂。国朝康熙元年，僧信庵建。乾隆四十九年，僧大荣重修。"

清顺治十六年（1659），古梅庵刻《过去庄严劫千佛名经》；顺治十八年（1661）刻《护法论》一卷；康熙元年（1662）刻《辩正论》九卷。

化城寺

化城接待寺，《径山志》："在双溪镇，宋嘉定间，径山住持可宣建。八年，御书特赐佛日禅师，并书'化城'二大字，赐充接待院。元初重建，至正末兵毁。明洪武年，僧慧宽重建。正德中，僧净松等以役累消乏，将山产九百余亩，得价银二百七十两，出佃民间。迨万历中，僧法铠主刻藏议，藏化城，募金恢复。详载碑记中。"

李毅《游径山记》："过双溪，抵化城寺。寺故宋佛日宣禅师道场，旧称名蓝，正德间倾圮，为民间占佃。万历中，僧淡居主刻藏议，置藏化城。"

明天启元年（1621），径山化城寺刻印《护法录》，今存。

寂照庵

寂照庵，《嘉庆余杭县志》："在寺北五峰之背，明沈季文有诗。"吴之鲸《径山纪游》："再上为寂照庵，刻藏经处，镌工广集。"是《径山藏》的主要刊刻地。明万历二十九年（1601），寂照庵刻印《大明三藏圣教目录》四卷、《续入藏经》一卷，今存。万历三十五年（1607），寂照庵刻《禅源诸诠集都序》二卷。今藏上海图书馆。

传衣庵

传衣庵，《嘉庆余杭县志》："在菖蒲田，旧玉芝庵。"万历年间（1573—1619），径山传衣庵刻印《肇论新疏》三卷，今存。

三、《径山藏》的特点

《径山藏》，对于其他汉文大藏经来说，《径山藏》有下述几方面的特点和价值：

第一，在装帧上改卷轴装、梵夹装为方册线装。《永乐北藏》及其以前的汉文大藏经皆为卷轴装和梵夹装。明代中期以后，我国书籍的装帧已盛行线装。这种装帧形式制作方便、修补方便、携带方便，有很大的优越性，与梵夹装相比，容量增大，可以大大降低成本，便于典籍的流通。紫柏大师顺应历史发展，改《大藏经》的装帧形式为线装，可以看出他具有改革精神，非常开明。这一改革，对以后佛教典籍的出版有很大影响。

第二，版式行款比较统一。一般为四周双边，边栏外粗内细，白口，半叶 10 行，行 20 字（早期刻本也有四周单边或左右双边者，也有 7 行 17 字、8 行 17 字、9 行 19 字、10 行 19 字、11 行 20 字者）；万历初年所刻的字体有的是手写体，万历末年以后刻的字体趋于横轻竖重的宋体方字，因写工、刻工匠人的不同，其风格也略有出入，但熟悉者一看即知是否为《径山藏》中书。

版心上方一般皆刻"经""律""论""西土撰述""支那撰述"等分类名称，中间刻书名及卷次，下方刻《千字文》的某字或墨钉；版框高为 23 至 24 厘米左右，宽为 14 至 16 厘米左右，书品较为宽大。

四、《径山藏》现存情况

现存的国内外各家收藏的《径山藏》没有一部是全的，现存的种种关于《径山藏》的目录没有一种是完整无缺的。国内有十几个单位收藏此藏，其中以北京故宫博物院藏为最多。其他单位的藏本，有些品种是故宫藏本所无的。如辽宁省图书馆藏的康熙五年（1666）刻的《列祖提纲录》42 卷、康熙三十三年（1694）刻的《五峰纬禅师关东语录》17 卷，又如青海省图书馆藏的万历二十三年（1595）刻的《大佛顶如来密因修正了义诸菩萨万行首楞严经纂注》10 卷。类似的情况在云南省图书馆、广西壮族自治区图书馆、四川省图书馆、首都图书馆、浙江大学图书馆等单位也有。

根据第一批《国家珍贵古籍名录》：故宫博物院，存 10888 卷；中国佛教图书文物馆，存 10888 卷。

根据第二批《国家珍贵古籍名录》：云南省图书馆，存8757卷；辽宁省图书馆，存6519卷；重庆华严寺，存5836卷。

《径山藏》一直为后世所重，清龚自珍《己亥杂诗》评价："径山一疏吼寰中，野烧苍凉吊达公。何处复求龙象力，金光明照浙西东。"日本黄檗山宝藏禅院沙门铁眼在1669—1678年募刻《黄檗藏》(又名《铁眼藏》)，就是以《径山藏》为底本而有所增补，版式全同。全藏分为19个部类，734函，1618部，7334卷，经版现存万福寺。

1981年，台湾新文丰出版社出版《明版嘉兴大藏经》。2008年，民族出版社整理出版《嘉兴藏》。2016年，国家图书馆出版社出版发行《径山藏》，共计230册。

第二章　余杭藏书家与藏书楼

余杭历来是人文荟萃之地，藏书读书，校勘经籍之风，经久不衰。唐代李华撰《杭州余杭县龙泉寺故大律师碑》称仓前的龙泉寺高僧："写《大藏经》，手自刊校，学者赖焉。"①

历史上，余杭人参与了许多重要典籍的编撰工作。北宋余杭盛度参与《续通典》《文苑英华》编纂。明代，余杭邹济任《永乐大典》总裁。清代，临平孙士毅任《四库全书》总纂官，塘栖宋大樽充四库馆誊录，余杭俞廷榆任四库馆缮书处分校官和《万寿盛典》总纂官，塘栖朱以升任武英殿校录，余杭孙树礼任浙江官书局分校。

在余杭藏书家们的诗文中，常常可以看到，他们以寻书藏书、读书校勘为乐，临平孙士毅《夏钞作》诗云："梦回茶有味，雨过竹含秋。良会还留滞，新书待校雠。"余杭褚维垲在北京逛琉璃厂，做《燕京杂咏》诗云："琉璃厂畔逐闲人，古玩般般列肆陈。汉玉唐碑宋元画，居然历劫见风尘。"（孙殿起《琉璃厂小志》）

到了明清两代，余杭涌现出数十个藏书楼，尤以劳氏丹铅精舍藏书楼和朱氏结一庐藏书楼为最。清末以来的藏书史著作中，记录了大量余杭藏书家们的事迹。《善本书室藏书志》和《八千卷楼书目》记录塘栖徐介、劳氏兄弟、朱修伯父子的藏书不下百种。《嘉业堂藏书志》载劳氏震无咎斋钞

---

① 《嘉庆余杭县志》卷二十九引《文苑英华》。

本、宋大樽校本、卓入斋刻本等。

丁申《武林藏书录》记载吕氏樾馆、卓氏传经堂、徐孝先皋园、清校阁、思茗斋、丹铅精舍、蒋村草堂、结一庐等余杭藏书楼的史料。

清末叶昌炽《藏书纪事诗》记载塘栖三家藏书楼的掌故——宋大樽和宋咸熙父子、劳权和劳格兄弟、朱学勤和朱澂父子。在"结一庐"一条写到："咸丰庚申，英人焚淀园，京师戒严，持朱提一笏至厂肆，即可载书兼两，仁和朱修伯先生得之最多。"

当代著名学者吴晗编著的《江浙藏书家史略》（中华书局1981年版）一书，记录洪钟、洪楩、吕坤、卓尔康、张之鼐、严沆、卓天寅、蒋炯、宋大樽、宋咸熙、劳权、劳格、朱学勤、褚成亮等数十位余杭藏书家的事迹。

清代以来，学术界对余杭藏书的史料不断积累，为我们当代进行深入的研究提供了宝贵的资料。

第一节　五代、宋元明代藏书家及藏书楼

五代、宋、元、明时期，余杭、仁和、钱塘三县（今余杭区域）出现众多藏书家及藏书楼，现择其中部分简述如下：

暨齐物　书楼

暨齐物，字子虚，五代大涤山道士。初，师从玉清观朱君绪，受法箓神符秘方，"后随入大涤山精思院，创垂象楼三间，又名书楼。积书数千卷其上，日以著述为事。每讲贯玄学，听者叹服。"（《洞霄图志》卷五）

《大涤洞天记》卷中："（书楼）一名垂象楼，暨天师所居。天师少好经史，著述不辍，其中卷帙委积左右。"

盛度

盛度（963—1041），字公量，瓶窑人。北宋端拱二年（989）进士，

官至知枢密院事。曾受命出使陕西，勘察疆域，参质汉、唐故地，绘成《西域图》。卒后赠太子太保，谥号文肃。曾奉诏与李宗谔等一起编纂《续通典》《文苑英华》。编著成《愚谷集》《银台集》《中书集》《枢中集》和《中书制集》《翰林制集》《沿韦制置敕》《庸调租赋》等。盛度十分好学，喜爱读书。史传称其"家居列图书，每归，未尝释手"。

仇远

仇远（1247—1326），字仁近，号山村民。宋末钱塘人。元至正间官溧阳州学教授。晚年居余杭仇山。著有《金渊集》六卷《山村遗集》一卷，收入《四库全书》。词集《无弦琴谱》二卷，光绪中钱唐丁氏刊入《西泠词萃》。

嘉庆《余杭县志》卷二十八称："（仇远）宋咸淳中以诗名。与白珽并称于吴下，人谓之'仇白'，若唐之'皮陆'也，一时游其门者，若张雨、张翥、莫维贤，皆有名当时。宋亡，落魄江湖间。元至元中，部使者强以学职起之，为溧阳州学教授，以杭州知事致仕。自号近村，又号山村，学者称山村先生。远性情雅澹，耽玩名山水，工诗善书画，居余杭溪上之仇山，自号山村民。"北京故宫博物院藏仇远书《莫景行诗引》，纸本，35.6厘米×84.3厘米。

中国国家图书馆藏元代抄本《闲居录》，仇远旧藏，《中国古籍善本书目》著录，入选第一批《国家珍贵古籍名录》。此本行格款式规整，楷书庄重。钤有"映雪书堂""孙明叔印""仇氏仁近""鲁郡吾氏""辛夷馆印""虞山钱曾遵王藏书""季振宜印""稽瑞楼""铁琴铜剑楼"等各家印记，《读书敏求记》《铁琴铜剑楼藏书目录》著录。瞿氏称此本："书法古雅，图记重重，可贵也。"是余杭藏书史上存世最早的实物。

孟宗宝　集虚书院

孟宗宝，字集虚，吴兴（今湖州市）人，隐居余杭苕溪，"为诗文咸有法度，炼元养素，九锁山中斋居者三年"。邓牧为其撰《集虚书院记》称"余杭孟君字集虚，筑室苕溪上为读书地，以其字扁之"，又称"所蓄书数千卷，将室成而藏焉，且与方外奇士游居，讲习于此"（《伯牙琴》）。

集虚书院在余杭安乐山，元元贞二年（1296）余杭孟宗宝建。《嘉庆余杭县志》卷十六："集虚书院，在（余杭）县东五里碧塘福地。有巨井一所，世传葛仙翁炼丹于此。"李洧孙《集虚书院呈孟集虚》诗："安乐山前安乐窝，林园四面绕松萝。只藏汗简嚣尘少，不种闲花古意多。棐几朝吟观《易契》，蒲团夜坐咽元和。此中便是修真处，云石何须步嵯峨。"

《洞霄宫志》："孟宗宝，号集虚，吴兴人。大德间，筑室苕溪，为读书地。聚书千卷，以心虚始能求道为本，得正心诚意之旨。后入大涤，于碧塘福地建书院，广集同人，游居讲习于其间，道法表表。学士张伯淳扁其庐，邓牧心为之作记。"

集虚书院是余杭历史上可考的最早的藏书楼，虽然称"书院"，但不是传统意义上的教育机构。当代余杭新修地方志，都误以为它是一所学校，将其与龟山书院、苕南书院并称。

吕坤　樾馆

坤号北野，其弟吕需，号水山，明嘉靖年间塘栖人，家水北梅家兜。

吕坤藏书楼名樾馆。《唐栖志略》卷下："栖镇藏书之富，推吕氏北野，卓氏入斋。吕氏，即所谓樾馆也。"又称："吕园，在镇北。吕都事北野与弟鸿胪寺丞水山别墅也。积石累山，规模宏敞。其藏书之所曰樾馆，王伯谷篆额曰喜声馆，陈眉公书额曰绵庆楼，文衡山书额曰一本堂，周天球书额。北野子似野，官光禄；肖野，官太仆。当时宾客之盛，第宅之多，甲于杭郡。"《唐栖志·遗迹》卷五："吕园，在水北。吕北野与弟水山所居，梅林胡公平倭时每驻节焉，相传有《梅林访道图》悬于率致堂。堂后大楼五楹，藏先世书画，曰樾馆，其东曰喜声馆，又有绵庆楼、一本堂，甲第连云，界于二邑。"

卓掿　水一方

掿字襄野，号入斋，明塘栖人。万历年间拔贡，精理学，富藏书，见

《武林藏书录》。《唐栖志略》卷下："栖镇藏书之富，推吕氏北野，卓氏入斋。吕氏，即所谓樾馆也。卓则水一方也是矣。在石人坞之南，中有花林草堂、相于阁、三李斋诸胜。草堂，嗣君远涤所葺，奇葩名卉，杂植堂外，因名花林斋。阁，其孙珂月读书之所。"卓人月有《忆少时读书水一方之乐诗》《同吴默读书水一方拈七平七仄诗》。严我斯《传经堂诗》："伟哉卓氏三先生，风流不愧汉西京。此堂□然号传经，遗书万卷留讲席。"

《雒闽源流录》卷十九："万历癸丑，诏求经行之士，首应诏充拔贡，既入对，悯经学榛芜，诸儒补辑扶卫专门殊究，未抉圣贤旨要，乃纵横今昔，改正传注，作《寓庸书意》《六经训注》二大编，而于四始尤为精析。其长子发之尝言：吾翁以忠厚和平四字训子孙，真诗教也。又著《负剑日笺》《海录碎事》《家礼纂要》《卓氏家谱》等书，皆切日用，裨人伦，儒苑竞传之。寿七十五，学者称入斋先生。"

明万历年间卓撰刻《四书质疑》五卷、《经义质疑》八卷，见《中国古籍总目》。刻《菩萨投身饲饿虎起塔因缘经》一卷《菩萨内习六波罗蜜经》一卷，入《径山藏》。

江元祚　拥书楼

元祚，字邦玉，明钱塘人，筑草堂于西溪之横山，读书其中，续先世所积，广储图书，室曰"拥书楼"。马元调《横山拥书楼记》："自横山草堂盘曲而上，即堂为楼，眉题'拥书'，果睹万卷，或传前朝，或颁内府，鬃榻再寻，几称是，左史右经，殆将连屋。……出先世所藏，及生平所购，多余所未见古本。"大善《西溪百咏》卷下："横山草堂，在妙净寺东六松林畔，即江氏之别业，有醉山阁、拥书楼，有竹浪居、藏山舫，有亭，有桥，有泉，有石，为景不一，皆位置天巧，当世名公巨卿题咏成集。六松引迳入桃源，潭有潜龙洞有猿。就水结亭花近槛，依山构阁竹临轩。望江移榻栖霞岭，看月因梅倚雪垣。处处化工先位置，不须开凿得名园。"

民国《杭县志稿》称"（横山草堂）在西溪六松林畔。有漱雪桥、绿香亭、竹浪居、香梦窝、醉山楼、藏书舫、偕隐室、横山草堂、挂屐寮、兰岑、霞外亭、藏经阁诸胜。（见马元调《横山游记》。）江氏兄弟，隐于横山者二十二年。已而武林乱，横山先被兵，寻皆毁。""江元祚，字邦玉。筑草堂于西溪之横山。堂之上，为拥书楼，广储图史。或传自前朝，或颁之内府，左史右经，殆将连屋。其先世所藏，及生平所购，多有未见古本。"

卓明卿　崧斋

明卿，字澂甫，号月波，塘栖人，明万历年间太学生，选光禄寺丞。家有园林之盛，藏书颇富。卓明卿博学多才，是明代文坛"后七子"重要成员，先后创立西湖秋社、南屏诗社，与王世贞、汪道昆等文坛领袖交往密切。著有《卓澂甫诗集》《续集》等。

卓明卿与著名藏书楼"天一阁"主人范钦有交往，范钦《酬卓光禄澂甫》诗称赞他："凤鸟翛翛五色纷，东行神爽出高云。"（《天一阁集》卷十四）

万历八年（1580）卓氏芳杜洲刻《卓澂甫诗集》十卷；万历十二年（1584）卓氏崧斋刻《卓澂甫诗续集》三卷；万历十四年（1586）卓氏崧斋刻木活字本《唐诗类苑》一百卷；万历十五年（1587）卓明卿刻《许太常归田稿》八卷。

万历八年卓氏妙香室刻《卓氏藻林》八卷，传入日本，有日本元禄九年（1696）铜驼坊书肆村上平乐寺刻本，末有元禄十一年（1698）洛阳后学三去义正新四郎跋，北京大学、中山大学有藏。日本元禄十一年（1698）印本，重庆图书馆有藏。日本元禄九年（1696）刻，摄阳书肆名仓翰林堂印本，辽宁图书馆有藏。以上皆收入《中国馆藏和刻本汉籍书目》。

胡胤嘉　柳堂

胤嘉，字休复，塘栖人。万历进士，选翰林庶吉士，有《柳堂遗集》。《杭州府志》称其"嗜诗传，校雠寒暑靡间"。《栖里景物略》："（胤嘉）癖嗜书，博综雠校，坐拥百城，丹铅不去手，虽剥啄声相错，而批对自若也。赫一托手，人争先传之，以为枕中秘。"

胡胤嘉《柳堂遗集》十三卷，明万历刻本，山东大学图书馆藏，收入第三批《国家珍贵古籍名录》。

邹济　颐庵

邹济（1357—1424），字汝舟，号颐庵。钱塘人，徙居余杭县县城（今余杭街道）。历任国子监助教、西安府学教授、平度知州，参加修撰明朝《实录》。仕至詹事府少詹事，卒谥文敏。《余杭县志》有传。

杨士奇《故中顺大夫詹事府少詹事邹公济墓志》称："诏修《永乐大典》，以五人总裁，而公预焉。""其学长于《春秋》，为文章不烦思索，举笔率就。所居号颐庵，客至必具酒相与倾洽，遇朋徒之会、山水之游，辄欣然从之，不以事废。""没之日，家无余资，惟藏书数千卷而已。"

卓尔康　修余堂

尔康，字去病，号农山。万历举人，官工部屯田司员外郎，塘栖人。著有《农山文集》《修余堂集》《春秋辨义》《诗学全书》《易学全书》等。《德清县志》称其"空囊壁立，日拥万卷"。万历二十四年（1596）刻《卓光禄集》三卷，天启六年（1626）卓氏雪堂刻《画髓玄诠》五卷。事迹见《武林藏书录》、吴晗《江浙藏书家史略》。

卓尔康《春秋辨义》收入《四库全书》，其《诗学全书》《易学全书》四库存目，台北图书馆藏明刻本《易学全书》五十卷。

卓尔康不仅精通儒家经学，也精通西洋历法，孙延钊《浙江畴人别录》称："清顺治初，钦天监监正汤若望修补《新历全书》告成，黄宏宪与山阴陈应登、武林卓尔康等数十人皆与其事。"

天启刻本《测食》二卷，题德国汤若望撰，周子愚、卓尔康订。

万历刊本《表度说》一卷，题明西洋熊三拔口授，明周子愚、卓尔康笔记。

万历刊本《论语商》，题武林卓尔康去病笺。

万历刻本《沈氏弋说》，题同邑卓尔康去病、沈守正无回、闻启祥子将、徐如珩楚白同评。

清初刊本《西洋新法历书》，题大西汤若望述，慈水周子愚、武林卓尔康订。

严调御

调御，字印持，明末余杭人。博雅好古，善书工诗。万历三十年（1602）严调御刻印《大乘四法经》一卷。嘉靖刊本《黄帝内经素问》二十四卷有其藏印。

黄宗羲《思旧录》："严调御，字印持，领袖读书社。忆与陈木叔饮其家，偶言：宋之问诗'桃花红若绶'，只此一语，其无刻不忘富贵乃尔。"

郭绍孔　雪履斋

绍孔，字伯翼，号墨巢。明末临平人，太学生。著有《墨巢诗钞》《瓶山辨》。藏书甚富，沈谦《临平记自序》称："吾里郭太学绍孔家有书仓，人称学海。"

拜经楼旧藏明钞本《晏子春秋》有题识："庚辰花朝日，校《晏子春秋》四卷终，平丘郭绍孔藏。"郭绍孔手跋："崇祯十三年庚辰闰正月初六日校录于雪履斋，仁和郭绍孔伯翼甫识。"有"临平山郭绍孔""伯翼"印。见《文禄堂访书记》卷二。蓝格，版心下刊"墨巢"二字，是郭氏自家钞本。

徐桂

桂字茂吴，长洲人，居余杭，万历丁丑进士，袁州推官。著有《大涤山人诗集》十三卷。厉鹗《东城杂记》卷下："（徐桂）僦居杭城之东隅，地幽僻，擅池亭竹木之胜，多蓄彝鼎书画，日婆娑其中。"谢在杭《五杂组》卷十三："今天下藏书之家，寥寥可数矣……士庶之家，无逾徐茂吴、胡元瑞及吾闽谢伯元者。徐、胡相次不禄，箧中之藏，半作银杯羽化矣。"

《传是楼书目》载明徐桂《大涤山人诗集》十三卷，四本。明万历四十二年（1614）徐卿□刻本，10行20字，白口，四周单边。见《中国古籍善本书目》著录，国内仅存2部，其一藏无锡市图书馆，见《无锡市图书馆馆藏荣氏善本书目》。国家图书馆所藏为残本。

钟越

越字巽度，号跃庵。明博陆（今运河街道）人。

明崇祯二年（1629）钟跃庵刻《宋文文山先生全集》二十一卷首一卷，钟越评阅。日本宫内厅书陵部、内阁文库、蓬左文库藏本。10 行 21 字，白口，四周单边。有崇祯二年（1629）钟越、李之藻、钟天均三序。《日本藏宋人文集善本钩沉》著录。署"明武林后学钟越巽度父评阅，兄钟天均小天父、钟天墀云桓父参阅，弟钟超上士父较"。浙江图书馆藏。收入《中国古籍善本书目》。

钟天均，字小天。诸生。官佥都御史。妻钱庄嘉，仁和钱兆元女，著有《鹤牖轩集》，见《千顷堂书目》、康熙《仁和县志》。

钟天墀，字云桓。与邓名扬等辑注《春秋四传》三十八卷，明崇祯中刻本，重庆市北碚图书馆藏。

冯文昌

文昌，字砚祥，号吴越野民。明末清初嘉兴人，诸生。以其次子赘于塘栖沈洪芳家，遂徙家依之。沈洪芳割宅园之半以居，故沈氏西园又名冯园，在今沈家弄、冯家弄之间。著有《吴越野民集》行世。《唐栖志略》卷下列为寓公。冯文昌富收藏，有王羲之《快雪时晴帖》真迹，宋刊本《金石录》，元刊本《分类补注李太白诗》等物，详见《藏书纪事诗》、《天禄琳琅续编》、《唐栖志略》、丁申《武林藏书录》卷中。

塘栖劳权曰："冯氏故居在唐栖水南，去余家不半里，后宅舍为尼寺，今尚称冯庵。余得金刻《潜夫论》，有钱受之及研祥印，亦其故物也。"（《读书敏求记校正》）

丁丙《三塘渔唱集》："横潭歌就笔无瑕，快雪余芬制画叉。十卷宋刊金石录，收藏印押旧人家。"原注：《唐栖志略》：冯文昌，字砚祥，嘉兴诸生。为司成开之孙，以次子褒仲，赘于栖里沈氏，遂徙家依之。砚祥既工诗，兼好古书画，有宋刻《金石录》十卷，手跋其后。又为刻印文曰：《金石录》

十卷人家。所著《吴越野民集》,有《横潭歌》。

《善本书室藏书志》卷二:"文昌字研祥,诸生。寓居仁和塘栖,储藏甚富。"

沈宗培

宗培,字不倾,塘栖泉漳人,太学生。

柴绍炳《沈弇小传》:"沈弇字兔士,杭仁和人也。曾祖御史楠;祖参政朝焕;父太学生宗培,字不倾,嗜古畜书,有词学,翩翩佳公子也。"

明万历年间,武林沈宗培刻《昭明文集》二卷本,见《中国古籍总目》著录。万历三十四年(1606)沈宗培刻《初学记》三十二卷,今藏国家图书馆。

第二节　清代藏书家及藏书楼

清代,余杭、仁和、钱塘三县(今余杭区域)境内拥有众多藏书家及藏书楼,现择其中部分记述如下。

卓天寅　传经堂

天寅,字火传,号亮庵。顺治副贡,塘栖人。著有《静镜斋集》《芋庵北归草》。乾隆《杭州府志》引佚本《塘栖志略》:"(卓天寅)有月波楼、芳杜洲,藏书数万卷,四方士至皆馆之,读书其中。"崇祯年间卓氏传经堂刻《漉篱集》二十五卷《遗集》一卷、《卓珂月先生全集》十六卷。康熙年间卓天寅刻《传经堂集》十卷。事迹见《武林藏书录》、吴晗《江浙藏书家史略》。

吴绮《传经堂记》:"绕廊数武,界以短垣,曰'桥西草堂',其上以贮三世遗书,下以俟子孙讲读其中。"

严沆　清校楼

沆字子餐,号灏亭,余杭人。顺治进士,官户部侍郎。工诗文,精书画。

所居曰皋园，中有清校楼，藏书万卷，又有梧月楼、绿雪轩、小太湖、芙蓉亭诸胜。著述等身，著有《古欢堂集》《皋园诗文集》《奏议》《北行日录》。

《武林藏书录》："若清校阁，则藏书万卷处也。……康熙中同日被焚，遗集遂无孑遗。"事迹见吴晗《江浙藏书家史略》。

方象瑛《少司农余杭严先生传》："家故多藏书，凡《左》、《国》、《管》、《韩》、《庄》、《骚》与《史》、《汉》、《文选》、八大家，及浮屠、老子之书，无不贯穿。丙申丁酉间，与莱阳宋琬、仁和丁澎、宣城施闰章、阳武赵宾、大梁张文光、同里陈祚明往来倡和，称燕台七子，诗文以汉、魏、初盛唐为宗，晚颇留意骈偶。官庶常时，奉召赋诗南苑，赐羊酒茶果，人谓异数云。每日所行事，夜辄疏记之，分年者为《蘧知录》，日录者为《日记》。"（《健松斋集》）

卓回　休园

回字方水，号休园。明末清初塘栖人，著有《东皋集》《休园集》，又详《武林藏书录》。卓回选编《古今词汇》初编十二卷、二编四卷、三编八卷，康熙十八年（1679）刻本。

俞玨

玨字吉人，余杭人。顺治末年进士，官长沙知县。后归隐，键户谢客，筑小楼，多蓄书史以为乐，善读书，潜心《性理大全》注疏诸书，其藏书后毁于火。

徐介

介字孝先，号涓庵。明末诸生。塘栖人。冯景《徐先生传》称其"积书千卷"。《林亮庵集》："徐故仁和贵族，甲第蝉联，人称'落瓜徐氏'。有田有庐，有图书、金石、彝器。"又详《武林藏书录》《善本书室藏书志》。

《善本书室藏书志》卷二十六载旧钞本《河南先生文集》二十七卷附录一卷，称："卷首钤有白文徐介之印及狷庵朱文二方印，当为吾乡孝先先生所藏……孝先初名孝直，仁和人，明季诸生。父灏崇祯甲戌进士，曾知武陵县。居塘栖之落瓜里。乱后迁居河渚，易名曰介，因改号狷庵。积书千卷，教童子五六人，康熙戊寅秋，一夕中风，卒年七十有三。"

沈谦　东江草堂

谦字去矜，号东江，明末临平人。诸生，入清后家居不仕，与张祖望、毛先舒号"南楼三子"，又与丁澎、孙治、柴绍炳诸人称"西泠十子"。所著有《东江集钞》《东江别集》《词韵略》《南曲谱》《临平记》《安隐寺志》《东江子》等。

东江草堂在临平镇东大街，其《安隐寺志》十卷刻于明末，南京图书馆有残本；《东江集钞》《东江别集》，其子刻于康熙年间。

张之鼐　横潭草堂

之鼐，字仲谋，号超微，别号半庵。清初塘栖人，所著有《横潭草堂词》《栖里景物略》。李渔《沈烈妇行状》："玉书父半庵，有书癖，好结客，拥书万卷，户外之履常满。所费不赀，家人每有难色。"《唐栖志·耆旧》卷十二本传："张之鼐字仲谋，斋曰半庵，邑诸生。博览群书，长于诗文。隐居横潭别墅，诗文唱和，韵林中无不知有横潭张半庵也。喜著述，居卧痴楼，拥万卷。手辑《栖里景物略》十二卷，《神仙通纪》百卷，《横潭草堂词》若干卷。"事迹见《武林藏书录》、吴晗《江浙藏书家史略》。

赵昕　永和楼

昕字雍容，余杭人。顺治进士，其室曰永和楼，藏书颇富，著有《永和楼集》。

沈近思

近思，字位山，号侯轩，五杭人。康熙三十九年（1700）进士，官至吏部侍郎，著有《天鉴堂诗文集》等数十种。周星诒所藏毛氏汲古阁抄本《杨诚斋集》，有沈近思校跋。

胡光烯

胡光烯，庐陵人，宋代名臣胡铨之裔孙。乾隆间官余杭县典史。

　　嘉庆《余杭县志》卷二十一："胡光烯，庐陵人，宋胡忠简公铨之裔。乾隆间官典史，迎养其父汝霖于署中。忠简公《五经》各有解，其书久佚，汝霖每赴会城，寓居西湖，所交多嗜古博洽之士，留心谘访，借阅藏书，见有涉于忠简经解者，陆续采辑，积久成编。光烯乃节缩清俸，付梓传世。"案：胡光烯《谒张胡庙记》：出余杭县城东三里，曰土桥湾，有庙，额曰"张胡"，里人奉为土谷神也。庙西向，前堂后寝，古木茂荫，灵风肃然。堂之中奉两塑像，各有栗主，左为张崇国公讳九成，右则先九世祖忠简公也。两公仪表皆奕奕有生气，而先公须眉俨然，与家祠遗像吻合。光烯官余邑典史者十年，未尝知有斯庙。今年春，先公《经解》刻成，邑学生俞君开杰、鲍君象天皆受而读之，始告以里中有斯庙，思一展谒。……《经解》之刻，知先公有阴佑，故斯庙亦因《经解》而显，并可为读《经解》者告也，遂书联句于庙柱云：一疏震临安，并著直声于南宋；双忠祀苕水，永流遗泽在西溪。因并识谒庙岁月，附记《经解》之末。张公谥文忠，崇国其所赠爵也。乾隆五十三年岁次戊申某月日，忠简公裔孙光烯稽首谨述。

　　《胡忠简公经解》三种，附文集补遗三卷文集附录三卷，清乾隆五十二年（1787）余杭官署刻本，国家图书馆、天津图书馆藏。收入《中国古籍总目》。

朱世荣

　　世荣，字庆怀，号执庵。康熙举人，官江西南康知县，塘栖丁河人。《朱氏族谱》载《公祭文林公文》："自幼奋励读书，游学湖都、清溪诸名儒授经学，研究奥义。《左》《国》《史》《汉》及八大家俱手自批阅。性喜藏书，书室中如汉牛充栋。尤酷好先正各大家，手不停批，有《文式》《文林》初、二集，手录羲经、戴礼及拟题经文若干卷。暮年益工于诗，唐宋名家，俱集成录。有《南窗散人诗稿》，并时艺、经文俱未及付梓。"

　　别本《结一庐书目》载《杜工部集》二十卷，注："先曾祖评本，八册。"

蒋炯　蒋村草堂

炯字葆存，号蒋村，清嘉庆道光间仁和人。诂经精舍肄业诸生（清贡生），初官慈溪训导，官湖北安陆知县，主修《安陆县志》四十卷。工诗文，有《蒋村草堂稿》《同芩诗选》。蒋炯家西溪，藏书万卷，室名"蒋村草堂"。

《杭郡诗三辑》称其"屋数十椽，聚书万卷"。丁申《武林藏书录》："（蒋炯）所居西溪，西南十余里，山环水转，宅幽势阻，长松古桧，梅花竹箭，弥望无际，中有陂田数千顷，澄湖曲沚，复与烟岚相间。蒋氏聚族而居，饶粳稻鱼包皮虾菱橘之利。屋数十椽，聚书万卷，葆存摘蔬瀹茗之外，覃研铅椠，物外翛然。诗学中晚唐，散体文学三苏，长于议论，浙东名士多闻名而访之者。高情朗志，即不主风雅之盟，亦当为山泽之臞也。"

孙荪意《探春慢》："山锁空青，溪围寒碧，幽棲近临河渚。黄叶孤邨，夕阳乔木，指点故园非误。流水疏篱外，更绕屋、梅花千树。想当把酒豪吟，暗香吹上诗句。桑梓廿年心事，看三径依稀，画图开处。清簟横琴，高楼弄篴，消得幽怀如许。何限闲风月，尽分付、沙边沤鹭。凭仗生绡，卧游障子描取。"（《衍波词》，光绪二十二年，1896，南陵徐氏刻本）

蒋炯刻印清初徐介《贞白斋诗集》，清嘉庆七年（1802）兰里蒋氏印山楼，编《徐狷庵先生年谱》。事迹见《武林藏书录》、吴晗《江浙藏书家史略》。

俞廷櫆

廷櫆，字纯植，号柱峰。余杭人，乾隆四十六年（1781）进士，翰林院编修，官至云南昭通知府。

《浙江采集遗书总录·缮录名单》有"杭州府余杭县廪生臣俞廷櫆"，任四库馆缮书处分校官、《万寿盛典》总纂官。（《万寿盛典初集》一百二十卷，康熙五十六年，1717，武英殿刻本，四库著录。）

《嘉庆余杭县志》卷二十八有传："乾隆甲午，以优行贡成均，选为觉罗官学教习。庚子，举京兆试，继成进士，改翰林院庶吉士，散馆授编修，充乡会试同考官，保举御史。寻充万寿盛典总纂官，改刑部主事，丁外艰，服阕，补刑部广西司，升安徽司员外郎，外补云南昭通府知府。"

清乾隆年间内府聚珍版《仪礼集释》卷六"乡射礼"，各叶版心下端均印有"俞廷槐校"字样。

魏之琇

之琇，字玉璜，号柳洲，清代瓶窑人。工诗善画，尤精医道。著有《柳洲遗稿》《柳洲医话》，又编辑《续名医类案》六十卷。悬壶之余，收购善本，所藏极富，尝校刊江瓘之《名医类案》行世。

湖南省图书馆藏雍正十一年（1733）抄本《猗觉寮杂记》二卷，有魏之琇跋，见《中国古籍善本书目》。

中国国家图书馆藏鲍氏知不足斋抄本《唐宋八家词》十卷，其中《金荃集》一卷补一卷，有魏之琇校；《逍遥词》一卷，有魏之琇校；《龟峰词》一卷，有魏之琇校；《乐斋词》一卷，有魏之琇校并跋，见《中国古籍善本书目》。

宋大樽　牧牛村舍

大樽，字左彝，号茗香，塘栖人。乾隆间举人，官国子监助教，著有《学古集》《牧牛村舍外集》《茗香诗论》等。

阮元《国子监助教宋君家传》："比长，精推步兼三式之学，弹琴作画，靡不精妙。年二十九，入京师充四库馆誊录。丁酉，顺天乡试中式，以馆期满，议叙府倅。君不耐吏治，请改国子监助教。"（民国《杭县志稿》）

严元照《书手录云烟过眼录后》："自武林归塘栖里，访宋茗香。观所藏书，中有丁龙泓先生手钞《云烟过眼录》一册。"

宋咸熙《耐冷谭》卷十六："先府君（宋大樽）尝谕咸熙曰：藏书未必能读。但能时时展阅，便可为好古博雅之人。惟不当夺人所好，亦不必恣己所求。其异书之无别本者，不妨借人钞录，以永其传。至宋板书，只取纸墨精妙。与其费数十百千购一宋板书，不如多买几部古书。言犹在耳，遗书仅存，而先公之捐馆舍已二十五年矣。"

蒋光煦《东湖丛记》:"焦弱侯家精钞《洞天清禄集》,宋茗香助教所得,旧隶书五字,类文待诏,古香可爱。"

严元照《卢文弨校本十一经问对跋》:"学士既没,藏书星散,尽落估人手。仁和宋大樽与估人约,凡学士手校书,每一册易以银钱一饼。此书亦归助教,予以明钞本易得之。"

《邵亭知见传本书目》载《李太白集》三十卷,称:"宋茗香有钱孙宝校本,云可校正缪本数十处。"

陆芝荣《尔雅新义跋》:"家农师《尔雅新义》,世鲜传本。往得之吴山书肆,誊写讹脱,几不可读。今春假仁和宋助教大樽校本是正文字,镂板以广其传。"

塘栖宋大樽《簪花词》,王国维手录,今藏台北图书馆:

眼中天女定推渠,相对熏修当佛庐,卿亦前身是秋月,夜来指月也如如。
扁舟记得大江滨,团扇家家入画新,那有秋风摇落感,白头犹是合欢人。
谁家夫婿已专城,少妇邯郸浪得名,爱煞慧山泉水好,在山清又出山清。
三春三月二初三,就傅深闺一笑堪,为有当年女公子,挑灯又欲话江南。
石溪添得读书声,何处新啼出谷莺,一语分明须记取,山妻唤作女门生。
头衔合署校书郎,小印红钤助古香,从此流传增爱惜,美人亲手为评量。
海棠开后到而今,珍重坡仙一片心,不怕夜深花睡去,听郎吟罢续郎吟。
废学多应为客游,劝郎到处莫句留,三龄娇女同呼母,赛遇生儿字阿侯。
久将奇字傲扬雄,别草元经补化工,富贵神仙等闲事,最难知己在闺中。
年来我却误离家,禅榻高眠转自夸,扉事为君添绮语,广平值待赋梅花。

塘栖劳权题识:"此同里宋茗香助教大樽为先友严修能先生作,不收入《学古集》及《牧牛舍外集》,殆删汰之诗,其侄孙湘晓秀才见畀。后学劳权识。"

案:《姬侍类偶》一卷一册,宋周守忠撰,旧钞本。清黄丕烈手校并跋,兼过录吴翌凤题记。又蒋祖诒手书题记,附王国维手录清劳权记宋大樽《簪花词》十首。今藏台北图书馆。

宋咸熙　思茗斋

咸熙,字德辉,号小茗,塘栖人。嘉庆举人,官桐乡教谕,宋大樽子,著有《思茗斋集》。

宋咸熙与当时知名学者、藏书家严修能、孙渊如、何梦华、周松霭、汪古香、严鸥盟等交往甚密,见宋咸熙《耐冷谭诗话》《思茗斋集》。《杭郡诗三辑》:"小茗家有藏书,学问渊源,清茗递扇,尝辑注《夏小正》,剧精核。"

《唐栖志》卷十二本传:"阮宫保辑《经籍纂诂》,小茗实与分纂分校之役,见《经籍纂诂》题名。"

思茗斋,《武林藏书录》《藏书纪事诗》都误以为是其父宋大樽的藏书斋,其实宋大樽的书斋叫"牧牛村舍",见《唐栖志》卷四,中有小山堂诸胜。宋咸熙的书斋云"思茗斋",因为其父宋大樽别号茗香,所以称"思茗"。

丁申《武林藏书录》:"小茗先生承遗训,绍家传,守流通古书之约,其有功于载籍者大矣。"宋咸熙《借书诗序》:"藏书家每得秘册,不轻示人。传之子孙,未能尽守。或守而鼠伤虫蛀,往往残缺,无怪古本之日就湮没也。先君子藏书甚富,生时借钞不吝。熙遵先志,愿借与人,有博雅好古者,竟持赠之。"

嘉庆七年（1802）宋咸熙刻《古易音训》二卷。钱吉泰《曝书杂记》卷上:"余欲求善本《吕氏古周易音训》,梅里李香子丈告予,仁和宋小茗咸熙尝校刊此书。小茗下世后,印本渐稀。丁酉春日,晤朱少郭以泰,为小茗同里人,因赠一册。盖嘉庆戊午冬月,从元董季真《周易会通》中采出,因依吕氏篇第钞录者也。小茗尝欲合刊《吕氏古周音训》《宋氏国语补音》《孙氏孟子音义》《殷氏列子释文》《萧氏汉书音义》等书,而

《易音训》独成。自为序，归安严氏元照为后序。"

阮元《惜阴日记序》："仁和宋氏咸熙潜修力学，丙辰丁巳间助予纂集《经诂》，在精舍中为前一辈学者。嘉庆辛未入都，以所著《惜阴日记》相质，其间考订经史古籍，皆据实事求是，非沈笃淡雅之才能若是乎？"（《揅经室三集》卷五）

劳格《古今注跋》："卢原校本所据乃影宋本，旧存同里宋氏。"劳颀《毛诗要义跋》："稿本今藏同里宋氏，宋氏得诸吴门袁氏五砚楼，其题识谓出江艮庭先生家，源流自足信据。""宋氏原稿为人重价购去，书已归于闽中。"

上海图书馆藏稿本《砭研山房诗钞》八卷、《存吾春室诗剩》三卷，有宋咸熙题诗；稿本《砭研山房诗稿》等九种有宋咸熙题跋；稿本《自怡诗草》一卷，《檇李游草》一卷，《宛南游草》一卷，《之江续草》一卷，有宋咸熙题跋。

杨仲达

仲达，字躬桓，岁贡生，清余杭人。闭门读书，手抄经书堆满几案。见嘉庆《余杭县志》。

劳经源　味经斋

经源，字笙士，号香雨。诸生，道光年间塘栖人。好聚书，吴兴严元照撰《尔雅匡名》二十卷，手稿付之属刊，严元照卒后，劳经源为之校勘刻行。著有《敝帚集》。其子劳检《亡弟季言司训事略》称其父"学有根底，嗜收书，恣意流览"。

所著又有《唐折冲府考》，刻于家。

严杰　书福楼

杰字厚民，号鸥盟，清余杭人。潜研经学，渊博精深。助阮元编成《皇清经解》《经籍纂诂》，著有《小尔雅疏证》《蜀石经残本》《毛诗考证》。严杰乃灏亭之后，其题《吕东莱大事记》有句云："清校楼遗书散失不可复，仅存目一二，触酸心腹。"

　　陆以湉《冷庐杂识》卷四：阮文达公题严厚民杰《书福楼图》（厚民湛深经术，精校勘，因昔人云"书不饱蠹鱼，不经俗子误改，书之福也"，因以名楼）诗云："严子精校雠，馆我日最长。校经校《文选》，十目始一行。"自注："世人每矜'一目十行'之才，余哂之。夫必十目一行，始是真能读书也。"公此语可为粗心读书者针砭。夫"一目十行"由于天资过人；诚使质之钝者"十目一行"，则用心密而获效宏，岂逊于"一目十行"者乎！所谓"学知、困知，及其知之一也"。此语极是，可为初学者针砭！

　　顾颉刚《书话》："严杰为人诚忠实于校勘，但性不敏慧，无才无识。观阮元官两广总督时，编刻《皇清经解》，委其事于严杰，而杰乃尽删各书之序跋，顿使读者不识原书之旨趣，又抄未刻诸书为《经义丛钞》，又丛杂无序，其人盖全无学、识、才者，去顾千里不可以道里计也。缪荃孙编《著述诸家姓名录》，不以之列于校勘家，宜矣。"

　　上海图书馆藏乾隆刻本《说文解字系传》，有严杰校并跋。见《上海图书馆善本题跋辑录》（上海辞书出版社 2017 年）。

　　汪远孙《送严鸥盟先生入粤》："元亭问字甫经年，闻唱骊驹意绪牵。练习史材崔慰祖，专精选学李崇贤。喜从病起身逾健，未送君行别转先。见说将军重揖客，官斋听鼓足高眠。"（《晚晴簃诗汇》卷一百二十六）

　　陈幼学《余杭南湖图考》一卷，清书福楼刻本。

　　严调御、严武顺、严敕撰《作朋集》，道光元年（1821）钱塘严氏书福楼刻本。

　　阮福《读书敏求记序》："道光乙酉夏，武林严厚民师因编《皇清经解》重游岭南，箧中携有赵氏初印本，并言曾用遵王手定原稿次第，以朱笔一一补正于上方。其稿今藏黄荛圃主政家，脱漏约三十余种，如岳珂《九经三传沿革例》、丁度《集韵》等书皆赵本之所未载。"（《读书敏求记》卷末）

　　阮亨《瀛舟笔谈》卷七："仁和严厚民上舍杰，深于经史，精于校刊。在节署及文选楼读书数年，笃实稽古者也。兄旧尝校《文选》之误若干条，又集高邮王氏等所校若干条，皆甚精确。戊辰又得南宋尤袤本《文选李善注》，属厚民校订，厚民多所校正。时胡果泉先生克家亦别得尤袤本属顾千里广圻校刻，甚为精核。兄与厚民所校与顾校亦互有详略也。"

1936 年，四明张氏约园藏余杭严杰校本《太平御览》，参加浙江文献展览会。

劳左源　品茶读画楼

左源，字小田，诸生，道咸年间塘栖人。《唐栖志·耆旧》卷十二："（劳左源）家唐栖东栅口，潜心举业。喜法书名画，收罗甚富，辟一椽藏之，颜曰品茶读画之楼。与金石家钱叔美、张叔未往来鉴赏。藏书为一郡之冠，辛酉粤贼掠其家，左源举鼎击贼，不屈死，书画金石一炬以尽。"

劳权、劳格　丹铅精舍

权字巽卿，格字季言，诸生，塘栖人。其藏书之所曰丹铅精舍。又有学林堂、铅椠斋、拂尘扫叶楼、秋井草堂、沤喜馆、木芙蓉馆、双声阁、蓼香馆、玉参差馆、燕喜堂。劳权专攻宋元词曲、别集及杂家子书，清季以来，易大厂、朱祖谋、王半堂辑刻宋元词籍，多取劳权钞本、校本，至唐圭璋编《全宋词》《全元词》，底本为其所校定者有数十种之多。劳格与塘栖朱学勤、吴兴丁宝书、上元朱绪曾、仁和王大有等人相互借校、过录，又得武林赵氏小山堂、何氏梦华馆、汪氏振绮堂、吴兴严氏芳椒堂、桐乡金氏文瑞楼所藏及浙中先贤旧本，如厉鹗、胡敬、沈廷芳、严可均、罗以智等。鲍廷博知不足斋钞校、旧藏犹多归劳氏者。劳氏藏书，刻本十三、抄本十七。又如明代叶盛、冯舒、柳大中诸家钞本，钱牧斋绛云楼之焚余，钱遵王述古堂之秘籍，何义门之手泽，季沧苇之旧物，顾千里之校，黄荛圃之跋尽在其室。丹铅精舍当时有《书目》之编，惜仅写本传录，未及付梓，乱后不传。其书跋题识后汇为《劳氏碎金》三卷行世。嘉庆二十五年（1820）劳氏丹铅精舍刻严元照《尔雅匡名》二十卷，道光二十一年（1841）刻《唐折冲府考》四卷，又刻《申鉴》五卷。

劳颋　震无咎斋

颋字桃叔，一字晋卿，塘栖人。道光咸丰间诸生，劳格侄。著有《续汉书艺文志补》。钱泰吉《钞本〈惠氏汉书校勘记〉跋》："道光乙巳夏日，遇塘栖劳季言（格）于吴山书肆，未几，朱述之明府（绪曾）亦至。两君皆博学，广收藏，各操乡音不相通，因以笔谈，良久而罢。余亦得闻所未闻，劳君语余，有松崖先生《汉书》校本。逾月，属其从子桃叔（颋）携示。因倩钟署香、潘稻孙为钞录此本。桃叔以所纂《补钱晦之〈续汉书艺文志〉》，属为之叙，尚未有以应也。"上海图书馆藏沈彤《毛氏要义》二十七卷，清劳氏震无咎斋抄本，有清劳颋校跋，收入《中国古籍善本书目》。《嘉业堂藏书志》卷一："此劳氏震无咎斋钞本，密行小字，极工。……旧为武陵劳氏震无咎斋钞藏，有'劳颋震无咎斋''泰峰''田耕堂藏'诸记。"国家图书馆藏清震无咎斋抄本《周易要义》十卷、《尚书要义》二十卷、《序说》一卷。又藏嘉庆二十五年（1820）唐栖劳经原震无咎斋刻本《尔雅匡名》八册。《劳氏碎金》卷下劳格《旧钞本盘洲集跋》："家桃叔茂才复集《文安小隐集》数十篇，未分卷第。"

朱学勤　结一庐

学勤，字修伯，家塘栖镇南丁山湖，自号丁山湖钓师。咸丰三年（1853）进士，选翰林庶吉士，入值军机十余年，官至大理寺卿。其藏书之所曰结一庐。著有《结一庐集》《读书杂识》《枢垣日记》。

丁申《武林藏书录》："仁和朱学勤字修伯，咸丰癸丑进士，由庶常改户部主事，入直军机章京，历官宗人府丞。生平学敏才赡，好书尤笃。当驾幸木兰之后，怡邸散书之时，供职偶暇，日至厂肆搜获古籍，日增月盛，编有《结一庐书目》。其中宋椠者如咸淳间吴革大字本《周易本义》《吕氏读诗记》、绍熙间余仁仲《礼记》、庆元间沈中宾《周礼注疏》、巾箱本《附音重言重意互注周礼》、蔡梦弼本《史记》《晋书》《皇朝编年备要》《西汉会要》《东汉会要》《两汉诏令》《古史》《通鉴纪事本末》《通鉴总类》《五朝名臣言行录》《真文忠公读书记》《皇朝仕学规范》、巾箱本《刘子类编》《朱氏集验方》、咸淳镇江刻《说苑》《黄帝素问灵枢经注》《六甲天元气运钤》、麻沙刻《针灸资生经》《艺文类聚》《翻译名义集》《陆士龙文集》《杜荀鹤文集》《古灵先生文集》《赵清献公文集》《淮海集》《朱子大全文集》《皇朝文鉴》《才调集》《花间集》，元椠中如《周易启蒙翼传》《周易参义》《礼书读》《四书丛说》《诗童子问》《春秋属辞师说》《六书正讹》《两汉诏令》《陆宣公奏议》《金陀粹编》《十七史纂》《古今通要后集》《战国策校注》《古今纪略》《风俗通义》《读书分年日程》《纂图互注老子》《列子》《荀子》《杨子》《文中子》《吕氏春秋》《农桑辑要》《理学类编》《孙真人千金备急方》《永类钤方》《汲冢周书》《仁斋直指方论》《百川学海》《困学纪闻》《锦绣万花谷》《辍耕录》《黄氏日钞》《金石例》《难经本义》《释氏稽古略》《道院集要》《二程文集》《图绘宝鉴》《简斋先生诗集》《松雪斋集》《静修先生文集》《方是闲居小稿》《香溪先生文集》《汉泉漫稿》《国朝文类》《唐诗鼓吹》《文粹》《风雅翼》《乐府诗集》《诗人玉屑》《文心雕龙》《中州集》,余明刊精钞又数百种,不及尽记。"

《结一庐书目》中，宋、元、明三代刊本和精钞本有 800 种之多。朱学勤又编有《朱修伯批本四库简明目录》《汇刻书目》二十卷传世。

孙均　百一山房

均字古云，临平人，孙士毅孙，嘉庆年间世袭伯爵。吴振棫称："古云即袭封日，从羽林郎奔走属车豹尾间，性不耐劳，引疾乞退，侨居吴下二十余年。少席华资，举止豪放，所蓄图书金石甚富，工书画，兼篆刻，喜交游，尘上宾容常满，牛心啖炙，菊部征歌，颇有风流自赏之意。"藏有宋刻残本《唐文粹》，顾广圻《唐文粹跋》云："借孙古云家残本校。"瞿镛《铁琴铜剑楼藏书目录》元本《唐文粹》条云："吴中孙古云家藏宋刻残本，校之悉同。"顾广圻《欧阳行周集跋》："孙渊翁家抄本，携在中正街寓内时匆匆，未录其副局也，后同其弟受某甲之斑书付所有唐人文集并前他种书若干，论其寄借与孙古云，而落中干没矣。"（《思适斋集》卷十五）《两般秋雨盦随笔》："李纫兰女史佩金，江苏长洲人，山阴何公子仙帆之配也。工词，著《生香馆集》，逼真漱玉，年三十余卒。杨蓉裳农部芳灿之夫人为之序，孙古云袭伯均次而刊之。"嘉庆十年（1805），孙古云为陈文述刊刻《碧城仙馆诗钞》，京城文士争相阅读，杨芳灿、查揆、李元恺等名士为之作序。

朱澂

澂（1845—1890），字子清，号复庐，朱学勤长子。同治岁贡，官江苏候补道，克承父业，继增家藏。张佩纶《朱外姑马夫人六十寿序》："长子澂，仕江左，不得志，藏书为东南最。"

朱潎

潎（1859— ？ ），字子涵，号二楞，朱学勤次子。贡监生，官顺天府治中北路同知。

张佩纶《涧于集·朱外姑马夫人六十寿序》："其仲潎，奉太夫人居京师，莳花种竹，以娱其亲，与诸名士游，而轻世肆志焉。"

光绪末年，朱子涵辑刻《朱氏结一庐剩余丛书》四种十册，乃《金石录》三十卷、《刘宾客文集》十卷《外集》十卷、《司空表圣文集》十卷、《张说之文集》二十五卷（《补遗》五卷），皆取汲古阁等名家旧本。其书版后归吴兴刘承干嘉业堂。

褚成亮　校经堂

成亮，字叔寅。余杭人，光绪进士，官内阁中书。著有《校经堂遗集》《余杭县志补遗》。平生好学嗜书,购善本数千卷,手自校勘,室曰"校经堂"。

《光绪余杭县志稿》卷四称："成亮读书有特识，生平无他嗜好，惟以搜访旧籍，研析疑义为至乐。家贫授徒才足自给，而所得善本书至百余种，丹黄雠校，穷日夜读之。"

谭献《复堂日记》："计偕出门，与余杭褚叔寅同舟，出诗文稿见质。韵语颖秀，泠泠有山水之音，文体修洁。安学锐进，正未可量。"《两浙輶轩续录》卷五十："弱不好弄，独劬于学。节缩衣食赀，购善本书数千卷，手自校勘，虽流离琐尾中不废吟咏。"

事迹见吴晗《江浙藏书家史略》。

褚成炜

成炜，字敦伯，余杭人，褚运鲲子。曾主持重建杭州观成堂。光绪十三年（1887），会同乍澈营务处万重喧开余杭竹木河。上海机器织布局被焚，盛宣怀筹备"华盛纺织总厂"，褚成炜出任董事，分管生产。光绪二十二年（1896）三月，"予积劳病故浙江教谕褚成炜从优议恤"（《光绪实录》）。

谭献《复堂日记》："借余杭褚敦伯所藏《意林》。第六卷《补逸》为汪选楼校本，在周耕崖以前。此卷一刻于海昌蒋氏《斠补隅录》，再刻于贵筑杨氏《训纂堂丛书》，而皆胎于此本。今日迻写入卷，方与许迈孙谋刻成善本，以貤将来。马氏去取有神恉，如入瑶琳，往往见宝。披文相质，范性写情，正复取之不竭。今日之汉儒通义，比物比志也。"

又："借余杭褚氏嘉靖六年张大轮校刻《文粹》。正讹补夺，足为善本。然增减皆刓板改刻，可见刊成后博采校雠，必有以他书改本书者。"

夏同声

同声，字容伯，诸生。塘栖人。光绪间筹建栖溪书院，迁筑唐玉潜祠，参与重修栖里梵刹古迹。协助王同修纂《唐栖志》，参与采访补充，藏有抄本《栖里景物略》《续补唐栖志略》诸旧志。林纾《超山梅花记》："夏容伯同声，嗜古士也，隐于栖溪。"

孙树礼

树礼，字和叔，号公履，晚号跼叟。光绪庚辰恩贡，就职教谕。乙酉科举人、选授宁波府慈溪县教谕。任诂经精舍、崇文书院监院，余杭龟山书院院长，浙江官书局分校，杭州府志局、余杭县志局分纂，文澜阁董事，清史馆名誉协修。著有《文澜阁志》二卷首一卷附录一卷、《杭女表征录》十六卷、《义烈墓录》《樊公祠录》，俱清光绪间刻本。《跼叟诗文稿》，其稿本在上海图书馆。

第三节　民国藏书家

民国时期，余杭藏书之风仍有延续，大多为文人学者。现将主要藏书家简介如下。

章炳麟

炳麟，字太炎，清末民国间余杭人，著名学者、革命家。著述极多，汇为《章氏遗书》《续编》《三编》。聚书百余箧，多古本尊宿语录、日本旧精本古医书、清儒说经稿及明季稗官野史。见伦明《辛亥以来藏书纪事诗》、王謇《续补藏书纪事诗》。

王謇《续补藏书纪事诗》："泰山北斗忽倾颓，廿载楹书久未开。痛煞重闻大家老，今成化鹤不归来。余杭大师章本师之丧，举国痛之。楹书百余箧，多古本尊宿语录，多扶桑旧精本古医书，多清儒说经稿，多明季稗官野史。廿载尘封，蟫蠹生矣。影观汤夫人国黎睹物思人，不轻启视，尝于沪寓示以近作一绝，题曰《梅不花》，诗曰："楼外梅花著意栽，楼头鹤去不重来。天寒岁暮谁相守，独抱冬心冷不开。"

上海图书馆藏明末刻本《皇明资治通纪》三十卷、天启刻本《万历三大征考》三卷、稿本《惠氏四世传经图》一卷、稿本《叶尔羌纪程》不分卷，俱有章炳麟跋。

《章太炎藏书题跋批注校录》，罗志欢主编，彦坤、李恩庆、易淑琼整理。2012年齐鲁书社出版。章太炎先生学术深湛，藏书宏富。20世纪80年代初，经著名史学家、暨南大学教授陈乐素先生引荐，章氏后人将太炎先生生前藏书3000多册藏书捐赠给暨南大学。其中有善本445册，有不少章太炎的评语和眉批，具有相当高的学术研究价值和文献价值。包括明正德年间司礼监递修本《晋书》和清康熙年间刻本《白沙子全集》一批文物，后者入选了《国家珍贵古籍名录》。《章太炎藏书题跋批注校录》精选了章太炎藏书中有着重要学术价值的太炎先生题签手迹等成果，这些成果在原书中主要以眉批、封面题签、书中夹条、篇章句读等形式出现。此书附录部分收录了《暨南大学图书馆章太炎先生藏书目录》《章太炎论著及其再版书目索引》《章太炎研究文献资料总索引》。

章炳麟题跋古籍情况表

书名	版本	题跋	保存地点
《自述学术次第》一卷	章炳麟撰，手稿本	潘承弼题记	上海图书馆
《小学答问》一卷	章炳麟撰，手稿本		四川大学图书馆
《白沙子全集》六卷卷首一卷附录一卷	康熙四十九年（1710）何九畴刻本	章炳麟题记	暨南大学图书馆
《附释音春秋左传注疏》六十卷	元刻明修本	章炳麟跋	浙江图书馆
《附释音周礼注疏》四十二卷	元刻明修本	章炳麟跋	浙江图书馆
《春秋经传集解》三十卷	明刻本	章炳麟跋	南京师范大学图书馆
《明史抄略》不分卷	清吕无党家抄本	章炳麟跋	中国国家图书馆
《水经注》四十卷	明抄本	章炳麟跋	中国国家图书馆
《正始石经》	三国魏正始年间刻石民国出土初拓本	章炳麟题跋	上海图书馆
《皇明资治通纪》三十卷	明末刻本	章炳麟跋	上海图书馆
《万历三大征考》三卷	天启刻本	章炳麟跋	上海图书馆
《叶尔羌纪程》不分卷	稿本	章炳麟跋	上海图书馆
《惠氏四世传经图》一卷	稿本	章炳麟跋	上海图书馆

褚德彝

褚德彝（1871—1942），原名德仪，避宣统讳，更名德彝，字松窗，号礼堂，别号舟枕山民。余杭人，清末贡生，曾客居北京，入直隶总督端方幕府。宣统三年（1911），褚德彝被清廷拣选为知县，分发福建。未久，清亡，遂迁居上海。

褚德彝嗜古好学，富收藏，精鉴赏，以石画楼、角茶轩作为书斋，收藏大量金石书画。与清末著名篆刻家、书法家黄士陵、吴昌硕等为友，相互探讨金石之学。吴东发《商周文字拾彝》、邹寿祺《梦坡室获古丛编》等金石名著出版，褚德彝为之作序。为增补李遇孙《金石学录》和陆心源《金石学录补》二书，潜心研究、反复考证，增补李陆二家所未备者计232人，结集为《金石学录续补》二卷、《拾遗》一卷，民国八年（1919）以活字本出版。

吴昌硕《缶庐诗》卷八《褚礼堂松窗释篆图》诗："篆室且躬入，邻松德不孤。阳冰分籀史，和仲代耕夫。鬼哭天惊粟，文藐国吊芜。乾坤供目笑，谁与话之无。"

台北图书馆藏明嘉靖十二年（1533）湖广布政使司刊本《伤寒六书》六卷（明·余杭陶华著），有清黄丕烈手跋，余杭褚德彝手跋。上海图书馆藏民国印本《雪堂所藏金石文字薄录》一卷、明刻本《刘向新序》十卷、元刻明印本《图绘宝鉴》五卷、宋拓本《隶韵》十卷、乾隆刻本《春秋繁露》十七卷，有褚德彝跋。

褚德彝题跋古籍情况表

书名	版本	题跋	保存地点
《伤寒六书》六卷	明嘉靖十二年（1533）湖广布政使司刊本	褚德彝跋	台北图书馆
《春秋繁露》十七卷	乾隆刻本	褚德彝跋	上海图书馆

续表

书名	版本	题跋	保存地点
《刘向新序》十卷	明刻本	褚德彝跋	上海图书馆
《图绘宝鉴》五卷	元刻明印本	褚德彝跋	上海图书馆
《雪堂所藏金石文字薄录》一卷	民国印本	褚德彝跋	上海图书馆
《淳化阁帖》十卷	宋庄夏摹，南宋刻石南宋拓泉州本	褚德彝题签	香港中文大学中国文化研究所文物馆
《嘉祐石经》	宋嘉祐六年（1061）刻石，明初拓本	褚德彝录丁晏北宋汴学石经记，并跋	中国国家图书馆
《常丑奴墓志》	隋大业三年（607）刻石，清初拓本	褚德彝题端褚德彝题跋	上海图书馆
《隶韵》十卷	宋拓本	褚德彝跋	上海图书馆
《清仪阁藏碑目》一卷附古专瓦当目一卷	稿本	褚德彝跋	南京图书馆

姚景瀛　珍帚斋

景瀛，字虞琴，号东湖渔隐，杭县亭趾人。能诗，善画，著有《珍帚斋诗画稿》《临平记再续》。室名"珍帚斋"，收藏清人禁毁书、著述手稿颇多，有稿本《刘念台先生集钞》一册、稿本《查初白诗》二册、稿本《吕留良先生诗》二册、明翻宋本《武林旧事》六卷。民国中，其所藏秘本参加浙江文献展览会，虞琴又刻印《敬业堂文集》《东江别集》数种。

台北图书馆今藏抄本《玉山名胜集》、旧抄本《朱文肃公诗集》、拜经楼抄本《朱静庵自怡集》，皆有姚虞琴跋。上海图书馆藏康熙十一年（1672）岱渊堂刻本《杜诗论文》五十六卷，清吴见思撰，清潘眉评，有姚景瀛跋，云："此清初原刻，'羯胡''犬羊''戎狄'等字均避而不刊，如'明主''圣明’之‘明’字亦付缺如,可见当时文网之密耳。甲寅秋仲校竟记之。虞琴。”

姚景瀛《临平记再续自序》:“时余客海上久,与藏书家数〔数〕往还,一瓻之借,无吝色。”姚景瀛与刘承干相交颇厚,陈谊整理的《嘉业堂藏书日记抄》记载大量姚景瀛与刘承干等民国时书林名家在上海交往的事迹——民国十年辛酉(1921)三月十八日,“晚至都益处应李振唐之招,同座者郑苏戡、朱古微、徐积余、徐行可、蒋梦苹、姚虞琴(名景瀛,杭州人,此地公茂盐栈之经理)、李柯生。席间阅吴柳堂吏部可读之《罔极编》手卷,虞琴得后装为手卷,征求名人题咏。”

姚韵秋

姚韵秋(1874—1951),原名济人,字希桥,号韵秋,后以号行。永泰人,清末秀才,徙家塘栖吴家弄西口。是塘栖名绅,与劳少麟齐名。民国十六年(1927)任宜兴县知事,1949年为省参议员,1949年11月任首届杭县各界代表大会常委。

姚济人与塘栖众多文人发起征集超山梅花诗,编纂出版《征题超山梅花诗集》。作《超山宋梅》诗:“六墓冬青安枉哉,风流久占百花魁。只因独得溪山秀,一片雄心老未灰。”“闻说南朝林处士,孤山拥艳度芳辰。谁知剧有藏娇处。香海楼头一树春。”“自古美人艰鹤算,卿年独永果们修。要将花国开生面,故向人间现白头。”“久把山乡作堉乡,缟衣不改昔年妆。逋仙若有归来日,花烛重完借佛堂。”

台北图书馆藏旧钞本《灵棋本章正经》二卷、明钞本《鬼谷子》三卷,有“姚韵／秋鉴／赏章”白文方印。书为湖州严元照、塘栖劳权旧物,有芳椒堂印、“香修”朱文方印。

姚寿慈

姚寿慈(?—1948),号竹轩,塘栖人,家住水北街,入德清县籍。清光绪二十九年(1903)举人,官安徽知县。光绪三十二年(1906)六月,创办栖溪二等小学堂。上海《申报》称:“姚竹轩孝廉,他曾充盐业报社长,任中华书局编辑多年，他的词章著述，课本教材，文化界早享盛名。"

姚竹轩早年从师沈柏鹿，与亭趾姚虞琴最善，民国二十三年（1934），江浙大旱，塘栖南宋福王庄旧址洗马池干涸，得一铜印，曰"祥符开国"，以宋三司布帛尺度之，一寸七分见方，篆文绸叠，犹存宋官印体制。可证福邸确在塘栖镇无疑。其印为姚寿慈所得，后赠与姚虞琴，姚虞琴作诗记之。

民国八年（1919）姚寿慈在上海协佐修撰《浙江通志》，住在刘承干之嘉业堂，与当时海上名流相交，诗文唱和。刘承干《嘉业堂藏书日记》有记载。

劳勤德　吉斋小斋

勤德，号吉斋，丹铅精舍藏书楼后人。

第四节　当代民间藏书

进入 20 世纪 50 年代，以塘栖劳氏家族、汪氏家族、临平陈氏家族等为代表的晚清民国以来余杭书香世家日渐没落，收藏古书之风日渐淡漠，各家世代收藏的古籍、书画、金石散失在外。

特别是"文化大革命"时期，余杭民间藏书经历了历史上最大浩劫。据劳鉴莹口述，劳氏藏书最后一次损失是 1966 年，在塘栖市东街的吉斋小筑里，劳氏家人在院子焚烧古籍，整整烧了三天，劳家所藏大量嘉兴曝书亭的旧藏、吴兴严元照的抄本，以及《劳梦麟日记》手稿等劳氏著述，都毁于一旦。

海宁管氏是近代浙江著名书香人家，出现了管庭芬等著名学者。杭县光复以后，在塘栖成立修志馆。海宁管伟，字伟之，号山亭者，参与其中，担任分纂工作，遂寓居塘栖。"文化大革命"中抄家。其藏书后来归余杭图书馆，入选《中国古籍善本书目》的嘉庆刻本《烟草谱》，就是管伟的旧藏。余杭区档案馆所藏稿本《临平记再续》有管伟的校文和题记。

20 世纪 80—90 年代，余杭人读书藏书的氛围日渐浓郁。为了推动社会藏书、读书活动，倡导全民阅读，余杭开展"十佳藏书家庭"评选活动。1999 年，首届"余杭十佳藏书家庭"评选，以家庭藏书在 1000 册（种）以上为选。余杭境内 17 个家庭报名参评，最终评选虞铭、钱雪峰、楼科敏、姚朝晖、徐舜年、高玲英、虞维忠、陈杰、叶华醒、丰国需 10 户为"十佳藏书家庭"。

2001 年，余杭市文化体育局、《余杭日报》社联合举行第二届"十佳藏书家庭"评选，按藏书数量、质量和读书成果等内容进行评选。18 户家庭报名，最终评选卓介庚、谭均华、丁震山、朱海松、谢国刚、余汉强、郎自强、何立庆、骆中起、徐育宽 10 户为"十佳藏书家庭"，孟晓荣等 7 户为"优秀藏书家庭"。

2003 年，余杭区委宣传部、区文化体育局、余杭日报社联合举办余杭区第三届"十佳藏书家庭"评选活动，评选屠再华、周如汉、李晨初、金耘、沈小英、郑长雨、史旭莹、王寿年、徐仲年、杨苏桦 10 户为"十佳藏书家庭"，顾增福等 4 户获"优秀藏书家庭"称号。

2005 年后，私人藏书趋于普通人家，爱书读书风气更甚。是年，余杭区第四届"十佳藏书家庭"评选，庞汝勋、陈荣法、马新声、康烈华、赵焕明、顾新源、谢晓宏、李宗峣、王兴辉、陆文宝 10 户获"十佳藏书家庭"称号。

2008 年举行第五届"十佳藏书家庭"评选，注重藏书特色和为社会提供图书服务。金明烈、黄椿年、沈业伟、祝明富、张维贤、余栋豪、陆云松、陈小平、潘友福、林永金 10 户获"十佳藏书家庭"称号。

2012 年 11 月，第六届西湖读书节闭幕，余杭楼科敏家庭荣获十大"书香人家"、施建华荣获十大"书迷"称号。

2013 年 9 月，第七届西湖读书节闭幕，余杭叶天法家庭获十大"书香人家"，张自恒获十大"书迷"称号。

余杭的读书人、藏书人参加了多次杭州市藏书评选并获得奖项。2001

年，虞铭获评杭州市首届"十佳藏书家庭"，并被授予"书香人家"称号。2004年,余杭卓介庚家庭和史旭莹家庭分别获杭州市"十大书香人家"和"十大藏书人家"称号。

余杭人不但爱书、藏书、读书，而且历来有捐书公藏的美德。1955年，亭趾姚虞琴先生将所藏《民国杭县志》稿本及自印本《珍帚斋诗画稿》等赠送浙江图书馆。

1996年，时年76岁的临平人高云樵先生将数十年积累大量的中国经济史书刊和经济学术书籍捐献给故乡。余杭市图书馆派员赴京，接受高云樵先生捐赠个人收藏的3000余册藏书。

获评首届"余杭十佳藏书家庭"的丰国需，藏有相当多民间文学方面的书籍、全套杭州市各区县市民间文学集成（内部资料）和省内半数县市民间文学集成资料。2019年，他向"中国故事基地管理委员会"捐献了2000多本有关故事和民间文学类的书籍、期刊。

近10年来，虞铭也向余杭图书馆、塘栖二中、浙江图书馆、浙江大学、中山大学、嘉兴图书馆、乔司仙林寺、德清陈景超私人图书馆"衡庐"等多处捐献自己的著述和余杭文献数百册。

余杭中医院塘栖分院俞建卫医生，一直默默从事余杭近代名医的著作、药方的保护与整理，收集了相当数量的余杭中医史料。

20世纪80年代以后，余杭社会读书风气渐浓，私人藏书之风更甚，且出现许多藏书数量多、藏书特色鲜明、用书成果颇丰的藏书家庭。女性藏家有高玲英、马铁女、沈小英等；学者有王庆、周如汉、叶华醒、陆文宝等；书画家有朱海松、谢晓宏、黄椿年；作家有李晨初、金耘、赵焕明、陆云松、谭均华、屠再华、卓介庚等。

藏书在余杭各地都蔚然成风，各个乡镇都有分布——临平有徐舜年、虞维忠、祝明富等；塘栖有丰国需、丁震山、马新声、马根发；余杭有郑长雨、谢国刚；瓶窑有楼科敏、怀云；仓前有叶华醒；仁和有潘有福。

附表

1999 年余杭区十佳藏书家庭（第一届）情况表

藏书家庭	藏书历史	藏书数量	藏书结构及特色	藏书利用
虞铭	15 年	10000 册	地方文献、目录版本、文学、历史	为个人文史研究提供资料
钱雪峰	6 年	5000 册	中国古典文学、外国文学、西方哲学名著。以套书、全集为主	阅读与收藏
楼科敏	20 年	5000 册	中外文学、史学、哲学名著。以精装、全集、最好版本为主	研读写作与收藏
姚朝晖	30 年	4000 册	政治、文学、医学（医学以中医清代木刻版和近代影印版为主）	文学类藏书用以消遣、医学类用以丰富医学技能
徐舜年	30 年	1800 册	文学、医药、辞典	阅读、写作、收藏
高玲英	15 年	10000 册	主要为文学类、艺术类、旅游类、历史地理类等	阅读以资写作
虞维忠				
陈杰	20 年	2000 册	地方史、古籍、文学	学习、创作、教学
叶华醒	35 年	6000 册	史料、传记、医药，古典小说、辞典、地方志	为从医和写作提供学习资料
丰国需	25 年	6000 册	传说、故事方面的书籍、期刊占总藏书量的30%，并有杭州各区县市民间文学集成（内部资料本）和省内半数县市民间文学集成资料本	为个人文学创作服务

说明：附表中记载的藏书历史、藏书数量，与正文中的不同。附录的藏书时间与数量是到评选各届"十佳藏书家庭"的时间，正文中指的是本书撰稿时的时间。

2001 年余杭区十佳藏书家庭（第二届）情况表

藏书家庭	藏书历史	藏书数量	藏书结构及特色	藏书利用
卓介庚	20 年	2000 册	中国古典文学、历史	教学、文学创作
谭均华	20 年	1200 册	戏剧、社会科学、古今名著	戏剧创作、文学创作
丁震山	25 年	1100 册	历史、文学类	文学创作
朱海松	26 年	1000 册	书法、篆刻、绘画类	学习、文友交流
谢国刚	29 年	1280 册	象棋、书法、绘画、文学	学习、文学创作
余汉强	50 年	1200 册	历史、名人传奇、红军之史	文学创作、书法学习
郎自强	30 年	1000 册	政治、军事、历史、医学	学习、外借
何立庆	20 年	2000 册	中国古典文化、历史	教学
骆中起	28 年	4000 册	历史、文学	文学创作、书法学习
徐育宽	20 年	1500 册左右	古典文选、词典、文学作品、碑帖	教学、文学创作

2003 年余杭区十佳藏书家庭（第三届）情况表

藏书家庭	藏书历史	藏书数量	藏书结构及特色	藏书利用
屠再华	25 年	12000 册以上	当代文学、史学、哲学类等	学习和创作
周如汉	40 年	1500 册	地方志、史学类为主。兼收藏人物及古文类、良渚文化书籍	为修史编志及良渚文化研究提供资料
李晨初	25 年	1300 册	文学艺术类	文学创作、语文教学
金耘	40 年	1200 册	历史、戏剧、文学、古典文学、史料	用于创作

续表

藏书家庭	藏书历史	藏书数量	藏书结构及特色	藏书利用
沈小英	20 多年	1500 册	哲学、历史、音乐、漫画、美术、书法、美学，文学最多	阅读以资写作
郑长雨	20 年	1100 册	文史、教育	教育、写作参考查阅
史旭莹	10 年	10000 余册	连环画、小人书	收藏
王寿年	30 年	3000 册	文学、历史、哲学、传记等	朋友借用、自查资料
徐仲年	26 年	1200 册	古典、现代文学、小说类；美术、摄影、书法等工具书	外借、自己阅读
杨苏桦	15 年	1500 册	文学类	学习、创作

2005 年余杭区十佳藏书家庭（第四届）情况表

藏书家庭	藏书历史	藏书数量	藏书结构及特色	藏书利用
庞汝勋	60 年	1000 册	文学、文艺、科技、哲学等	出借传阅
陈荣法	近 10 年	2318 册	历史、文学等书籍	服务社会
马新声	60 年（1945 年开始）	1381 册	历史、古文	文友交流、朋友借看
康烈华	60 年	1200 册	文学、社会科学、哲学、历史、个人传记、古典小说	自学、家庭成员自读
赵焕明	23 年	1005 册	文艺类、文学	通过阅读提高文学水平
顾新源	20 年	5000 余册	连环画、艺术类	电影宣传
谢晓宏	10 年	1160 册	艺术、文学、教育三大类	工作专业知识、业余爱好

续表

藏书家庭	藏书历史	藏书数量	藏书结构及特色	藏书利用
李宗峣	15 年	1000 册左右	造型、艺术类	作用于工作、创作
王兴辉	20 年	1195 册	现代汉语词典	用于资料查询
陆文宝	20 年	2000 余册	文史哲、艺术心理教育	丰富家庭藏书、工作需要

2008 年余杭区十佳藏书家庭（第五届）情况表

藏书家庭	藏书历史	藏书数量	藏书结构及特色	藏书利用
金明烈	30 多年	1000 多册	文学、小说类，政策法律类，以及教学类	供相关爱好者交流，作画成员学习，增长知识
黄椿年	40 年	1000 余册	画册、字帖、文艺类书籍	阅读文艺精典以丰富视野，参考名家画作以提升水平
沈业伟	32 年	1000 册	中国古典诗词为主，各类工具书为辅和连环画收藏三大类为特色	丰富的家庭藏书，快乐的阅读
祝明富	35 年	10000 余册	经典、时尚、思想类书籍，重视经典、源头文化	帮助写作
张维贤	30 年	1000 册	政治、历史、地理、文学、法律、医药保健等	主要供家人、邻居和朋友阅读，充实退休生活
余栋豪	10 年	1500 册	文学、历史、哲学、经济几大块组成	供自己平时阅读、消遣
陆云松	45 年	1000 余册	当代文学书籍居多	提高和促进写作水平

续表

藏书家庭	藏书历史	藏书数量	藏书结构及特色	藏书利用
陈小平	40 年	1000 余册	文学、政治思想教育等	学习、生活、工作
潘友福	50 年	3000 册左右	根据爱好广泛的特色也以多元结构，各种典籍也有相当数量	用于写作参阅，服务教学
林永金	45 年	1455 册	历史、文学、科技、家庭养花、集邮知识、摄影技术、养身之道及画报、连环画	学习、生活、工作

第五节　藏经楼

历史上，余杭许多佛教寺院都有藏经楼，收藏佛学经典，供僧俗学习。今余杭径山寺、大雄寺、青龙寺、慧日寺等寺院都建有藏经楼，其中有些藏有成套影印《大藏经》——径山寺藏《径山藏》一部，临平龙兴寺藏《乾隆龙藏》一部，瓶窑龙光寺藏《碛砂藏》一部、《乾隆龙藏》一部、《大正藏》一部，南山讲寺藏《大正藏》《乾隆龙藏》各一部，安溪东明寺藏《碛砂藏》一部。瓶窑龙光寺月满法师藏有元代《普宁藏》和明代《永乐南藏》《永乐北藏》《径山藏》的单本佛经。

广严寺

在临平镇西大街，唐大中十二年（858），陆同若浚井得石函，有《华严经》六十一卷，建塔以藏。

《古今图书集成·方舆汇编·职方典》第九百四十八卷："广严寺，在临平镇西，晋义熙十二年通法师建以供华严，故旧名华严院。隋大业间毁，唐高祖时元览法师即其旧址恢拓之。会昌中寺毁。大中十二年，里人陆同若浚井得石函《华严经》六十一卷，遂舍宅为寺建塔以藏焉。宋治平中赐今额，元末毁。明洪武初复建，二十四年立为丛林。"

佛日寺

在黄鹤山佛日坞，今属星桥街道。北宋时有所谓"佛日轮藏"，苏东坡题曰"天宫宝藏"，见《临平记再续》。

期堂庵

又名清流寺，在塘栖镇东里仁桥塊。卓尔康《重修期堂庵千佛阁疏》："又有藏经数千翻，手卷成帙，不知谁书。传云佛像与阁俱来，而经卷书主则三分村永清院所移也。"徐士俊《为期堂庵沙门募缘疏》："正德间，有僧大一募封翁沈存济地建期堂观阁，为藏经之所。"

《武林梵志》："清流禅院，在塘西里仁桥北。元至正年，建清流亭。奉议大夫兼翰林院侍书蒋晖为天竺传天台教观住持闲中叟无相立。正德年，僧大一募赠方伯沈存济地建祈堂观音阁，藏经函阁中。万历间，经帙阁圮，僧海潮立募三年，辟为丛林，饭僧无数，易今名。太史董其昌额其堂曰梵网珠，又题曰有禅净土。祈堂旧宇则僧同涵居也。"

资庆寺

在塘栖镇西，万历年间置明南藏一部。钱谦益《重修资庆院记》："卓子左车更请龙藏置阁中。"周宗建《资庆禅院重修碑记》："（卓）左车以里中素无法藏，复请南藏于院中，极一时之盛。"张开先《资庆禅院重建地藏殿疏》："（卓）莲荀、海幢两先生复偕先君无疆公请藏供阁。"

普济庵

在塘栖镇，葛征奇《唐栖普济庵记》："更安佛数龛，藏经千帙。"

崇福寺

在良渚大雄山，今属良渚街道。宋景定年间，僧寿滔初建，并藏经楼、无量寿佛阁，中奉四大经。嗣学宏茸而新之。其梵典五千四十八卷。见任士林《松乡文集》。清顺治间（1644—1661），玉琳国师（通琇），禅宗临济正派，卓锡于此，遂著开山之名。雍正年间，赐龙藏全部。咸丰辛酉，藏经楼毁。光绪七年（1881），僧慧月赴京，重请藏经，复建楼，并于楼前建御碑亭。

普宁寺

在东塘，今属仁和街道。《武林梵志》："普宁寺，宋朝敕建。天顺二年于忠肃公闻于朝，敕赐万岁龙牌清鼎供器一副，金字大普宁禅寺匾。后寺颓，僧绝。万历戊子，吉祥寺僧真实重建。讲师苇杭说法其中二十余年。师金陵人，朴真和朗，为远近所宗。冯梦祯为像赞，黄汝亨为铭记，塔在奉口广化寺。"

《唐栖志》卷七《梵刹》"普宁寺"条载黄汝亨《普宁寺印造藏经募疏》。

大善寺

在塘栖镇水北顺德桥西。据《募制藏经疏》，万历间有藏经5048卷。

明代塘栖卓明卿《秀上人大善寺写经》："毘庐高弟子，白足双青眼。广说莲华法，能书贝叶经。云门天寂寂，雪岭路冥冥。去住应无意，真如大海萍。"（《卓澄甫诗续集》卷上）

安隐寺

在临平山西南麓。唐宣宗年间（847—859）建，初名永兴院，后毁。后唐清泰元年（934）吴越王钱元瓘重建，改名安平寺。宋治平二年（1065）改额安隐寺。

清初《临平安隐寺志》卷十称："藏经六千四百十四卷，共计六百三十八函，起天字号至野字号止。"

大普宁寺

在瓶窑南山，元至元年间始刻印梵笑本大藏经5010卷，世号《普宁藏》。半叶6行，每版30行，每行17字，共558函。杭州路余杭县大普宁寺主持刊刻。僧道安、如一，崇善、如贤等管领其事，元至元六年（1269）开雕。

《古今图书集成·方舆汇编·职方典》第九百四十八卷："南山普宁禅院，在县东北三十里常熟乡。宋白云通教大师建，淳熙七年改今额。元末毁，明初重建。归并者慧照塔院、定一院、松隐庵。"详前。

径山寺

在径山，径山兴圣万寿寺、化城寺、古梅庵、寂照庵于万历年刻方册本大藏经 6956 卷，世号《径山藏》。半叶 10 行，每行 20 字，678 函。紫柏禅师创刊于万历十七年（1589），至康熙十六年（1677）告成。部分在五台山及江南各地雕印，以在嘉兴楞严寺装订发售，故又称《嘉兴藏》。

朱国祚《观察殿记》："值岁庚子，显皇帝颁赐龙藏，安置径山，遂以千僧阁为藏经阁。"

20 世纪 80 年代重建径山寺，建藏经楼，沙孟海题额。2019 年 12 月，径山寺重建藏经楼落成。

化城寺

化城寺，在原余杭双溪乡，今属径山镇，历来是径山寺的下院。万历年间刻大藏经，造藏板房 20 多间于此。

《古今图书集成·方舆汇编·职方典》第九百四十八卷："化城寺，在县北四十里双溪上，旧接待寺也。宋嘉定间径山住持可宣创建。嘉定八年，钦奉御书特赐可宣日佛禅师，并书'化成'二大字，赐充接待院额。元初重建，至正末兵毁。明洪武间僧慧宽重建，正德中僧净松等，以役累消乏，将山产九百余亩得价银二百七十两出佃民间。迨万历中，僧法铠主刻藏，议置藏化城，募金恢复。吴方伯捐俸造藏板房二十余间，余杭县造浮渡庵一所。"

第三章　丹铅精舍藏书楼

劳氏家族是晚清民国时期塘栖第一书香门第，尤其是劳权、劳格兄弟时代，达到文化上的巅峰。学术界对劳氏兄弟有极高的评价："巽卿、季言兄弟居塘栖，家有园林之秀，键户读书，季言尤精校雠，迻录秘籍，传者谓之'劳钞'，与毛氏汲古阁、鲍氏知不足斋相亚。"（《晚晴簃诗汇》卷一百四十八）

第一节　劳氏藏书源流

丹铅精舍之藏书，始嘉庆中劳经源先生之味经斋。劳经源字笙士，少年好学，尝游武进藏镛堂、德清胡功载门下，又与吴兴严修能、德清徐新田、塘栖朱以升为友。严修能死后，遗稿《尔雅匡名》，劳经源付梓印行。

劳经源有三子，长子曰检，字青主；次子曰权，字巽卿，号蟫庵、饮香词隐、丹铅生；季子曰格，字艾保，又字季言，号参军。权、格精于校勘辑佚，时人以"二劳"目之。而季言尤以史学闻，劳经源先生撰《唐折冲府考》，书未成而先卒，季言续成之，自刻梓行。劳格又著《御史台精舍题名考》《郎官石柱题名考》《唐杭州刺史考》《宋人世系考》《全唐文札记》《晋书校勘记》。殁后，其友吴兴丁宝书辑其遗稿，汇为《读书杂识》十二卷，刻入《月河精舍丛钞》。

丹铅精舍藏书楼，在塘栖镇西小河街北埭，始筑于乾隆年间，楠木为厅，有楼三楹，以储史、子、集三部。劳氏之藏书，刻本十三，钞本十七，柳大中、毛子晋、钱遵王、季沧苇、鲍以文诸家旧物，每见收藏。金氏文瑞楼、赵氏小山堂、何氏梦华馆、汪氏振绮堂收藏之名椠旧钞，及顾千里之校、黄荛圃之跋，往往有之。明清二代名人若叶文庄、冯已苍、厉樊榭、严悔庵、卢抱经、严铁桥钞校书籍及著述手稿亦在其家。又有宋金元三代善刻，虽明以来通行之本，亦名家精刻细校之物。

二劳每获一书，必多取异本，精校细补，丹黄齐下，订正一毕再题跋之，故人得其书，自视为善本。又喜抄人之书，如振绮堂、知不足斋、开有益斋、芳菽堂所藏罕本，蒋生沐、朱述之、胡书农、丁葆书之秘籍，往往借抄。

劳氏藏书之所曰丹铅精舍，又有学林堂、铅椠堂、拂尘扫叶楼、秋井草堂、沤喜亭、木芙蓉馆、双声阁、蓼香馆、玉差参馆、燕喜堂。

丹铅精舍藏印有："丹铅精舍""蓼香馆""木芙蓉馆""沤喜亭""劳权印""劳权过眼""平甫""巽卿""蟫隐""蟫庵""双生""美人香草""劳格""劳格季言""劳艾保印""季言""青了""劳参军""庚辰""劳艾保读""季言汲古"。劳格校书，又钤"实事求是，多闻阙疑"一印，为武林赵次闲所镌。

丹铅精舍当时编有《书目》，惜仅写本传录，未及付梓，乱后久佚。钱塘丁氏撰《武林藏书录》时，已称不传。

清咸丰年间（1851—1861），清兵与太平军屡战塘栖，镇几成废墟。劳经源族兄劳左源有藏书楼曰品茶读画室，"与金石家钱叔美、张叔未往来鉴赏。藏书为一郡之冠"，也被太平军焚毁。

劳格的好友叶廷琯《浦西寓舍杂咏诗注》曾记载："仁和劳季言家塘栖，累代富藏书，季言尤以博洽名。酉至其门，戒其徒：'此读书人家，毋惊之。'入室取架上卷帙观之，曰：'闻此家多藏秘籍，何此皆非善本，殆移匿他处邪？'俳佪良久，不动一物而去，贼亦知书，异哉。季言人素笃实，贻札自述，当非虚语。"

劳氏兄弟避难乡间，手不辍笔，其书屡迁屡散，流失几尽，季言郁邑无聊，遂于同治三年（1864）四月二十五日卒于吴江之同里镇。未几，巽卿亦殁。

劳氏藏书的散失，大致分三次。

第一次也是最大的一次，是太平军的入浙。起初，太平军未至塘栖时，劳家取藏书之绝精者，分装数十皮箧，运之獐山永泰之塘栖劳氏祖宅、宗祠。舟过时，为乡间乱民所劫，皆以为金银物，打开才知，尽是旧书，遂弃于古荡洋中，仅取其箱。故宋元旧椠，流传者少，存世者多巽卿兄弟手自抄校之本。未几，洪杨军占塘栖，有某首领入藏书楼阅书，惊曰："人称劳家所藏俱罕本，此皆寻常之物？"遂于户外榜一纸，戒军卒勿入，谓"此读书人家"。乱后，劳氏惧祸而毁之。

第二次散失在光绪末年，杭州文元堂书店因不识"劳钞"，将劳氏旧钞精校卖予北京书商。据陈乃乾《上海书林梦忆录》载：凡经营商业者，必精于其事，始能获利，惟业旧书者则未然。以余所见，江浙两省因旧书而致小康者，除柳蓉春外，无知书者也。光绪末年，杭州文元堂主人杨耀松，以六十元从塘栖购得旧书两大箧，启箧检视，但见每册皆有蝇头小字批注满幅，而无一棉纸书，大为失望，以为无利可获矣。他日试以数册示京估，每册索十元，京估欣然受之。嗣后北京人相继追踪而来，索购有蝇头小字之书；傅沅叔亦派专人来杭，所获较多。两月之间，销售一空，获利两万余金，杨氏以此起家。事后，始有人告耀松曰："尔所售去蝇头小字书，皆劳季言批校本也。若持至京沪每册当值百元以上。"耀松大为悔恨，因伪刻劳氏藏印，苟得刻本稍旧而有批校者皆钤之。如是数年，钤伪印者皆得善价。

劳氏藏书最后一次损失，即 1966 年焚烧古籍，前文已述。

第二节　塘栖劳氏人物

塘栖劳氏祖籍在山东崂山，世居獐山永泰（今属仁和街道），劳氏宗祠在永泰八字桥。清乾隆年间（1736—1795），劳氏家族已迁居塘栖镇上。到晚清民国时，劳氏已是塘栖镇第一望族。其"丹铅精舍"在西小河北街，"吉斋小筑"在市东街三元居弄内；"二宜堂"在西小河南街，由夏同善书匾。塘栖劳氏人才辈出。清代中期以后，劳氏在科举渐有收获。嘉庆至光绪年间（1796—1908），进士有劳逢源，太学生有劳中源、劳观源，贡生有劳笃达、劳笃敬，县学诸生（秀才）更是不计其数——劳本和，号幼农；劳本宜，字山乡；劳本慈，字友荀。《耐冷续谭》称："（劳氏）子弟能闭门读书，娴吟咏。（略）一家群从能诗，人比之南齐谢氏。"

民国时期，劳少麟、劳祥生担任过塘栖镇镇长；劳诚斋、劳鉴沧、劳人言历任塘栖镇商会会长；劳永绥、劳希豪、劳鉴荣、劳鉴心是塘栖镇商会理事。

劳经源

字笙生，诸生。所作诗文，俱极新警。为人敦尚气节。其师德清胡功载没，存恤其家，并葬之，及其祖、父。严修能遗书散失，经源寻访刊行。

笙生博览多闻，道光间撰《唐折冲府考》，道光十八年（1838）卒，尚未脱稿，其子季言续成之。嘉庆二十五年（1820）劳氏震无咎斋刻严元照《尔雅匡名》二十卷，今存北京图书馆收藏。道光二十一年（1841）劳氏丹铅精舍刻《唐折冲府考》四卷，仁和赵钺序。其师宋咸熙《思茗斋集》刻印时，劳经源参与编辑校对工作。

劳检《唐折冲府考跋》："右《唐折冲府考》四卷，为先君（劳经源）未定之书。先君著此书，创稿于丁酉之冬，戊戌秋弃养，未及绪正，手泽所遗，不忍任其残阙也。谨辑先志，畀季弟格校补成之。星甫赵先生既为之序，其证据有未详者，谨补叙其指略焉。"

宋咸熙《耐冷谭》卷十："戊辰己巳之间，余馆劳生（经源）味经斋，时年尚未冠，所为诗文，已能力追先进典型。为人敦尚气节，亡友德清胡功载，生授经师也。功载殁，生存恤其家，并葬之，及其祖、父。严修能遗书散失，生寻访刊行。予《寄怀诗》有'冥感深黄壤，高情薄绛霄'。盖纪实也。其诗如：'花为游子泪，月是美人心。''文因违俗贱，乐以杜门多。''波光浓似酒，云气白于绵。''灯报年丰初有市，人探花信惯离家。''金环事忆羊叔子，铜柱勋推马少游。'俱极新警。"

劳逢源

字如斋，獐山人（今仁和镇）。嘉庆十二年（1807）举人、嘉庆二十五年（1820）进士，官新安知县。道光初年知歙县，主修《歙县志》，道光八年（1828）刻行。

劳左源

字小田，诸生。家住塘栖东栅口，潜心举业。喜法书名画，收罗甚富，辟一楼藏之，颜曰品茶读画之楼。与金石家钱叔美、张叔未往来鉴赏。"藏书为一郡之冠，辛酉粤贼掠其家，左源举鼎击贼，不屈死，书画金石一炬以尽"。见光绪《唐栖志》。

劳检

劳经源长子，初名金检，字梁甫，一字青主。诸生。《唐栖志》无传。

劳经源《唐折冲府考》卷末有劳检后序。劳格《读书杂识》卷首有劳检《亡弟季言司训事略》一文。《读书杂识》《郎官题名考》《御史精舍考》各书卷末俱有"劳检校"字。劳氏三兄弟，劳格著述最多，劳权次之，惟劳检无传，是因为长子主持家业之故。而其人亦精于文字。

劳权

劳经源次子。字巽卿，号丹铅生，又号饮香词隐。诸生。

劳权精校勘之学，专攻宋元词曲及唐宋元别集、子部杂家书。清季以来，吴昌绶、易大厂、朱祖谋、王半塘诸家辑刻宋元词，多取劳权钞本校本，至唐圭璋辑《全宋词》《全金元词》，其祖本为劳权校定者有数十种之多。其钞校本传世甚多，今人视为善本。

民国《杭县志稿》卷四"劳氏丹铅精舍"条云："巽卿精于校雠之学，所校各书称善本，兼工词曲，唐宋元明间卷藏书皆旧本。"

劳格

劳格（1819—1864），劳经源季子，字季言。清代著名藏书家、史学家。

父劳经源对唐代的典章制度素有研究，二兄劳权精通校雠学。劳格自幼受家庭熏陶，4岁即在同里进士朱以升处就读。13岁遍读各种经书。后因病卧床三年，病中通读汉唐诸史，旁及《通鉴》《会要》等书，通晓史学，熟悉唐代典故，尤精校勘。当时年高德重的学者，如钱塘严厚民、仁和赵星南、长洲陈硕甫等，都与之结为忘年交。

治学严谨，曾刻一书印，文曰"实事求是，多闻阙疑"，所校之书，盖印此章于卷首。书中密行细字，引证博精。读书时，案头置簿册，遇有疑问，随即记下，稽查诸书，辨证清楚方休。家内藏书丰富，藏书室曰"丹铅精舍"。

父死，守丧期间，劳格遍读家中藏书，学问愈益渊博。史学方面，继承父志，并续成其父未完稿《唐折冲府考》。致力于唐史研究，著有《唐郎官石柱题名考》二十四卷、《唐御史精舍台题名考》三卷。

太平军进军杭州，途经塘栖时，劳格避难到双溪，租居小屋一间，战乱之际仍搜集资料著述，手写不辍。未久，迁往吴江同里，自顾家室飘零，图书散失殆尽，竟忧郁成疾。同治三年(1864)四月二十五日，卒于同里寓舍。友人丁葆书为之编辑遗著，又得《读书杂识》十二卷。

《许韵堂笔记》："劳季言茂才（格），湛深经术，人品亦绝高。生平不近内，不冠冠，冠则鼻出血，虽冬月亦露顶，盖纯阳之体也。余家里仁桥时，与季言比邻，见其坐拥百城，终日不释卷。与之言，恂恂如鄙人，有所质问，必委曲相告，觉古道去人不远也。辛酉年避兵沪渎，抑郁以死，访其著作，皆已散失，惜哉。"

陈染兰

字双声，劳权妾。里籍不详，约清咸同间在世。劳权手抄本《片玉词》有其自跋云："丁巳正月初九日晡时写毕。明日立春，陈姬归余匝月矣。姬人初名染兰，予复字之曰双声，盖取春风故实也。去冬友人江西谷作缘，于城纳之，西谷制玉印为贺。"

劳权喜抄书，其所抄、所校书，有不少由其姬陈染兰为之誊抄、装订。因为夫妇二人感情甚笃，又志趣相投，劳权曾因此为藏书之所命名为"双声阁"，亦用之为号。王欣夫《藏书纪事诗补正》云："（劳权）有双声为掌书记，其风雅韵事，不亚于梅谷之有虹屏，久能之有香修，宜附著之。"二人生逢乱世，却能笃志校书，亦是一段书林佳话。

劳颍

字桃叔，一字晋卿。道光咸丰间诸生，劳格侄。富藏书，精校刊，藏书楼曰震无咎斋。著有《续汉书艺文志补》。据劳颍《毛诗正义跋》末署道光元年（1821）十月，此年劳格才 2 岁，劳权才 4 岁，虽为劳格之侄，年龄应大于劳氏兄弟甚多，似是族侄。

钱泰吉《钞本〈惠氏汉书校勘记〉跋》："道光乙巳夏日，遇塘栖劳季言（格）于吴山书肆，未几，朱述之明府（绪曾）亦至。两君皆博学，广收藏，各操乡音不相通，因以笔谈，良久而罢。余亦得闻所未闻，劳君语余，有松崖先生《汉书》校本。逾月，属其从子桃叔（颍）携示。因倩钟署香、潘稻孙为抄录此本。桃叔以所纂补钱晦之《续汉书艺文志》，属为之叙，尚未有以应也。"

上海图书馆藏沈彤《毛氏要义》二十七卷，清劳氏震无咎斋抄本，有清劳颍校跋，收入《中国古籍善本书目》。《嘉业堂藏书志》卷一："此劳氏震无咎斋抄本，密行小字，极工。（略）旧为武陵劳氏震无咎斋抄藏，有'劳颍震无咎斋''泰峰''田耕堂藏'诸记。"

《劳氏碎金》卷下劳格《旧钞本盘洲集跋》："家桃叔茂才复集《文安小隐集》数十篇，未分卷第。"

劳梦麟

名笃谊，劳检子，其母夜梦麒麟而孕，故字梦麟。过继给劳格为子。劳格幼得咳血病，隆冬不得冠。虽娶表妹，举案齐眉，终生不近室，故无子。梦麟娶致和堂姚氏女，生二子，长勤余即劳少麟，民国北洋政府中任国务院参事，归里，出为塘栖镇长，栖里名绅；次勤德即劳吉斋，有鼎昌布庄，富甲一镇。

案：里人劳鉴莹，劳吉斋次子，家市东街三元居弄南侧，临街为鼎昌布庄，内宅为吉斋小筑。余偶遇之，年且八十，自言劳格曾孙，余问《劳格事略》谓其无子，遂告过继之事。吾得闻所未闻，与读之旧志传记文献皆合。其亦异余知之深，自言幼年读祖父劳梦麟笔记手稿，所以知自家旧事。其家当时尚有丹铅精舍之遗书，如曝书亭抄本成堆，严修能书札一册，有"香修"小印。连同邓石如手书对联，原拓三希堂法帖，劳氏先辈应试之朱卷，著述之手稿，尽毁于"文化大革命"中，吉斋小筑片纸不存。所谓劳笃谊之笔记，及劳氏著述之手稿，皆已不知其名矣。

劳氏家族中，参与校勘的还有两位家人——小史、映郎，身份不详，在劳氏的题跋中多次出现：

《北堂书钞跋》："末三卷令小史影钞装入。"

《盘洲集跋》："道光庚戌春三月，丹铅精舍藏本，四月十有五日命小史补钞目录并阙叶竟，五月廿七日学林堂书。"

《中吴纪闻跋》："壬寅冬，见中吴顾氏思适斋传校义门学士校本，令小史移胜一副。"

劳格《铁崖赋稿跋》："此本虽系影写，颇多讹谬，顷倩力之小史、映郎用元本逐字比较一过改正数十字，然元本亦有伪字，惜不得《青云梯》

校之,二十五日夏至季言又识。"

《虞山人诗跋》:"二月陶鼎翁复以旧钞本见示,多诗三十九首,因命小史、映郎补足,并目录八叶。(略)映郎录得数首,旋以病辍,因命人补完殊老大雅集八卷。"

第三节　塘栖劳氏著述

塘栖劳氏著作颇丰:劳本和,号幼农,著有《三雅堂哦草》;劳本宣,字山乡,著有《山乡诗草》;劳本慈,字友荀,著有《兰言诗草》。这里主要记录与丹铅精舍藏书楼有关的劳经源、劳权、劳格的著作。

《敝帚稿》

(清)劳经源撰

《唐栖志》卷十六《艺文》著录,未见传本。劳检《唐折冲府考跋》:"所为诗文乐府,稿多散逸,所存《敝帚集》,什不得一二。"

宋咸熙《耐冷谭》:"戊辰、己巳间,予馆劳生(经源)味经斋,生时年未冠,所谓诗文,已能力追先进典型。"

《晋书校勘记》三卷

(清)劳格撰。

《晋书》为唐代官修,因非出自一手,异同舛误为多,劳格多为匡纠,正其讹误。《清史稿·艺文志》著录在史部正史类。又见《贩书偶记》卷五,《八千卷楼书目》卷四。

光绪间广雅书局刊入《史学丛书》。后人又收入《读书杂识》,在卷三、四、五,注云:"稿本,缺首尾。"

《宋人世系考》二卷

(清)劳格撰。浙江大学图书馆藏《宋人世系考》二卷,题曰:"清劳格撰,丁宝书述,近代传抄本一册。"《杭州大学图书馆善本书目》卷二著录。
马叙伦《读书续记》卷三:"劳季言《读书杂识》十二卷,《月湖精舍丛钞》
本……卷九、卷十之《宋人世系考》,亦足补史之阙误。"

《周齐防戍城镇考》一卷

(清)劳格撰。收入月河精舍丛钞本《读书杂识》卷七。

《唐杭州刺史考》

(清)劳格撰。《两浙著述考》:(格)又有《唐杭州刺史考》《全唐文
札记》《宋人世系考》诸作,有月湖精舍本,见《八千卷楼书目》,今存。

《唐折冲府考》四卷

(清)劳经源、劳格撰。《清史稿·艺文志》卷一百四十六著录此书四
卷,误作"劳经撰",在史部职官类官制属;《两浙著述考》著录一卷,在
典制考职官制属,又见《杭州府志·艺文》卷八十七、《唐栖志·艺文》卷
十六、《贩书偶记》卷八。

此书经源撰于道光年间,道光十八年(1838)经源卒尚未脱稿,子季
言编辑遗稿,续补成书。仁和赵钺序,长子劳检跋。

道光二十一年(1841)劳氏丹铅精舍刻本,北京图书馆收藏。

光绪二十六年(1900),徐乃昌刊入《南陵徐氏鄝斋丛书》。民国及新
刊《二十五史补编》皆据《鄝斋丛书》本影印。上海古籍出版社《续修四
库全书》影印的是道光原刻本。

赵钺《唐折冲府序》:"吾友劳君笙士,考诸新旧《唐书》纪传,参以
传记,地理之书,旁及诸家文集,石刻碑志,钩稽荟萃,著为此《考》。书
垂成而君遽殁,其季子季言秀才格,编其遗稿,补辑成书,而属予为之序。
是书首卷载折冲府废置之由。凡新旧《书》及《六典》《通典》诸书所列折
冲府制广为甄录,并列全文。有复出者亦仍其旧,全同者则仅列其目,间
有涉及府制者,别为杂录系之于后。余卷分载府名,凡官于其府及置府之
因地立名者,详为引证;志缺而见于他书者,则补于每州之后,所隶之卫

尚有可考者，则列卫名于府上；所补之府无可考其所之州者，汇为补遗附后，即有与诸州地名相同者，但云某府疑属某州，概不敢以臆决。凡补府百单九（又存疑者五府），合志所存四百四十八府，共得五百五十七府……予深叹其援引该洽，考订精详，俾有唐一代兵制庶稍详备，拾遗补缺，有功于史者实多，遂为叙其端厓，以为是书之发凡焉。"

罗振玉《唐折冲府考补序》："仁和劳先生经原，作《折冲府考》，其子格又增辑之，凡补府百有九，合之唐志，得府五百五十有七。又博考诸书，于志之虇乱伪误者一一是正之。其书至精核。其定稿藏振绮堂汪氏，光绪戊戌从汪舍人（康年）假观，适遗池刘京卿（世珩）方刻丛书，因以授之，刘君又转授南陵徐观察（乃昌），遂刊入《鄽斋丛书》中。"

《唐尚书省郎官石柱题名考》二十六卷附录一卷

（清）劳格撰。

《清史稿·艺文志》著录《唐尚书省郎官石柱题名考》二十六卷，赵钺、劳格撰，在史部目录类。《唐栖志·艺文》卷十六著录《唐郎官石柱题名考》二十四卷。又见《贩书偶记》卷八、《杭州府志·艺文》卷八十七。

此书有光绪十二年（1886）苕溪丁氏刊《月河精舍丛钞》本。上海古籍出版社《续修四库全书》影印原刻本。中华书局 1992 年点校本。

有光绪十年（1884）归安丁宝书序，卷首例言。

铭案：余辑其《引用书目》，凡引书二百余种，如《道藏》《玉海》《太平广记》《太平御览》《册府元龟》《文苑英华》《全唐文》《全唐诗》等皆大部巨著，可谓繁富。其中偶记版本，如重刊元至正本《故唐律疏议》、大典本《淳祐临安志》、五百家音注本《昌黎先生集》、抄本《欧阳行周文集》等。

岑仲勉《郎官石柱题名新著录》："所可惜者，劳氏生丧乱之余，避地乡僻，图书散失，家室飘零，忧郁以终，遗编未经自身勘定，故不无遗憾之处。"

丁宝书序："仁和赵星甫太史撰《尚书省郎官石柱题名考》，甫属稿，自度未及成书,即付托劳季言先生续补成之。季言熟于唐代典故,广收事实,详加考证,以视王氏《金石萃编》增多十数倍,无考者百九十余人,各部补遗得六百三十四人,补辑礼、膳两部共得二百一十一人,采摭繁富,蔚为巨观。其见《旧》《新》两书者,足以校史传之异同;其不见《旧》《新》两书者,足以羽翼史传之未备。群书所引姓氏笔画小异间有之,未敢遽迁就改异,今存其原文,以备参考。季言初创此稿,随得随录,以蝇头细字书于残册,其兄青子先生以为非予莫能辨也。予乃穷数年之力缮写清本,编为廿六卷;刊成,与《御史精舍台题名考》相辅而行,予于故人之谊无遗憾矣。惜乎劳氏所见天下郡县志未遍,唐人碑版又日出不穷,万一有遗漏,是所望于后人采取补正焉。"

《唐御史台精舍题名考》三卷附录一卷

(清)劳格撰。

光绪十二年(1886)苕溪丁氏月河精舍刊本。上海古籍出版社《续修四库全书》影印原刻本。中华书局 1997 年点校本。

张忱石称:"《唐御史台精舍题名考》《唐尚书省郎官石柱题名考》两书,赵钺属稿未半,自顾年暮力衰,嘱托劳格续成之。劳格一诺无辞,悉力考核,以期毋负故人之谆属。咸丰末,遇战乱,流离转辗于双溪、吴江等地,犹手写不缀。不久,忧伤致疾而逝,年四十五。临终以手稿属友人丁宝书。十余年编定成书,名《月河精舍丛钞》,内收其《读书杂识》十二卷、《唐尚书省郎官石柱题名考》二十六卷、《唐御史台精舍题名考》三卷,均由丁宝书参证,劳检、丁士谔校字。光绪十二年刊行。"

中华书局点校本"点校前言"说:"赵钺、劳格据《精舍碑题名》,从繁富的唐代史籍中勾稽出有关史料,逐录于人名下,这种工作并不是单纯的搜集和罗列史料,而是对众多史料需作缜密的辨析和繁琐的考证,根据情况加以各种不同的处理……据统计,书中引据史籍大四十余种,博收广采,校订之功,堪为卓著……《精舍碑》题名约千人,经作者的辛勤考订,无考者仅数十人而已。在百余年前，尚无人名索引之类工具书，史料全凭死背硬记，爬梳翻检，能做到这种程度，是极为难能可贵的了……当然，《唐御史台精舍题名考》并非尽善尽美之作，亦存在一些差错。《精舍碑》题名，并不是有唐一代全部三院御史，赵钺、劳格未能像其姐妹之作《唐尚书省郎官石柱题名考》那样作增订补遗，这些微瑕，为劳格过早病逝，未能竟稿所致。……由于唐代三院御史的雄踞地位和特殊作用，夙以考订精审、纂集史料宏富的《唐御史台精舍题名考》，成了探讨唐代监察制度和唐人生平的重要著作，亦是研治唐史的参考典籍。"

《清史稿·艺文志》著录此书，题赵钺、劳格同撰，在史部目录类。案：据余所辑《引用书目》，多至七十余种，比之《郎官石柱题名考》引书二百余种，大不如也，当此书编纂在后，已逢战乱，书籍散失之故。

《续宋宰辅编年录》

（清）劳格辑。稿本，二册，乌丝栏，有朱墨笔批校，今在台北傅斯年图书馆。

袁思亮《劳氏碎金跋》："黄陂陈佥事（毅），得季言《续宋宰辅编年录》二册，于诸家文集、制词搜摭甚备，明万历间吕邦耀续宋徐自明书，凡二十六卷，《提要》谓：自明书每人具载命官及罢免制词，足征一朝典故，嘉定以后虽无专书可考，而见于南宋文集者，尚有流传，邦耀不能搜辑增补，反斥其有无不足重轻，尤为寡识。季言此本意盖近纠吕作，远绍徐编，惜亦未竟之绪。观其钩索群书，于唐宋掌故至为洽孰，家学源流，具可考见，零编残帙一二仅存，尤足珍已。"

《续汉书艺文志补》

（清）劳颋撰。

钱泰吉《钞本〈惠氏汉书校勘记〉跋》："道光乙巳夏日，遇塘栖劳季言（格）于吴山书肆，未几，朱述之明府（绪曾）亦至。两君皆博学，广收藏，各操乡音不相通，因以笔谈，良久而罢。余亦得闻所未闻，劳君语余，有松崖先生《汉书》校本。逾月，属其从子桃叔（颎）携示。因倩钟署香、潘稻孙为抄录此本。桃叔以所纂补钱晦之《续汉书艺文志》，属为之叙，尚未有以应也。"

钱大昭字晦之，号竹庐。江苏嘉定人，钱大昕之弟。著有《补续汉书艺文志》。

《读书杂识》十二卷

（清）劳格撰。

《清史稿·艺文志》卷一百四十七著录，在子部杂家类杂考属，又见《唐栖志·艺文》《杭州府志·艺文》《杭州艺文志》《民国杭县志·艺文》《八千卷楼书目》。《两浙著述考》载之，一书二录，一在簿录考经籍类，一在诸子考。

此书有光绪十二年（1886）苕溪丁氏刊《月河精舍丛钞》本，归安丁宝书序。

丁宝书《读书杂识序》："道光丁未秋客杭州时，长洲陈硕甫先生假馆振绮堂汪氏校刻书籍。汪氏所藏《大唐类要》为曝书亭旧物，余借观于陈先生，先生曰：'是书唐栖劳氏过抄副本，季言校正处最精确。'盖访之，旋归而道出唐栖，始识劳氏诸群从，长青主、次巽卿、幼季言，见而知为笃实君子，为笙士先生之哲嗣。笙士先生博览多闻，撰《折冲府考》，未脱稿，季言续成之，刊行，为世所称，故学有本源。季言喜予至，出手校本《元和姓纂》《大唐郊祀录》《北堂书钞》《蔡中郎集》《文苑英华》及唐宋名家文集示予，皆丹黄齐下，密行细书，予叹其引证博而且精，近人所未易臻比者。遂相与订交焉。予家去唐栖百里，自是邮筒往复，一月数至。季言嗜收书，与予同癖，遂互相借录，率以为常。壬戌癸亥之间，避寇于乡间，青主偕巽卿、季言仓卒扁舟至双溪就予，僦居一室，季言著述在行箧中，虽流离迁徙间，犹自汇萃手写不辍。俄而警至，又偕予至同里，备尝艰苦。而季言忧郁致病，病数月卒，易箦时以生前丛残手稿十数册付予，云：

'平生精力在此，但随得随录，未竟其绪为憾事，寂寞身后，若为排比成书，可乎？'予含泪而应之，时甲子四月事也，于今十四年矣。然当时未遑检阅，迨寇平各归故里，行李萧索，只以残书数簏自随。丙寅丁卯间，巽卿数过予苕上，乱后重逢，颇见意兴颓唐，抱沧桑之感，若不忍启视箧中旧物，语次及昔日文酒风流，未尝不潸然泪下也。岂意不数年而巽卿耗音又至耶？巽卿精于校雠之学，兼善词曲，惜所著散佚无存。季言所著虽存而残缺失次，骤难穷其端委，抚编三复，期不负故人之托而后可。适青主促予董理踵成，发箧视之，悉残篇断简。穷数年之力辑成，编为《读书杂识》十二卷。又《唐御史台精舍题名考》三卷，《郎官石柱题名考》二十六卷，为仁和赵星甫太史创稿，季言续补成之，予亦编纂成书。季言习诸史而尤熟于唐代典故，钱少詹以后一人而已，后之文人读是书者自能辨别。青主素不治生产，兵灾后侨居获冈，家道日益中落，然能竭□筹资，源源接济以终剞劂之役，可谓笃于友于之谊者矣。"

陆心源《仪顾堂题跋》卷八有《书劳氏杂识后》："右劳氏《杂识》十二卷，仁和劳格季言纂，归安丁兆庆葆书所编也。季言熟于唐宋典故，考订详细，可取者多，惟卷十一孙奕一条，颇为全书之累……季言读书精审，犹有此失，况粗莽灭裂者乎？于以叹著书之难也。"

李慈铭在《越缦堂读书记》评价劳格说："其学泛博无涯涘，强识过人，勤于搜采，不愧行秘书矣。"

《季言汲古》不分卷

（清）劳格撰。

手稿本，一册，有袁思亮、吴昌绶题识，今在台北图书馆。宋慈抱《两浙著述考》称："格平居读书时，置空册于案，遇疑义辄笔之，翻阅诸书，互相考证，必精审而后已。"

《全唐文札记》一卷

（清）劳格撰。

此书为劳格校读《全唐文》之札记，收在《读书杂识》卷八，末有劳检校字。上海古籍出版社影印本《全唐文》末附劳格《读〈全唐文〉札记》一卷。

《文苑英华辨正拾遗》

（清）劳格撰。

劳格兄弟尝校《文苑英华》。邵氏《四库简目标注》卷十九《文苑英华》条，称："塘栖劳平甫有影宋本。"

此书补订彭叔夏之《辨正拾遗》。1966 年中华书局影印宋刻本配明隆庆本《文苑英华》，亦附之。

第四节　丹铅精舍书目与题跋

劳氏曾有《丹铅精舍书目》之编，仅写本传录，未及付梓，乱后久佚。民国《杭县志稿》卷四"劳氏丹铅精舍"条云："《丹铅精舍书目》有手抄本，未刊行。"丁申《武林藏书录》卷下称："（丹铅精舍）迄今不四十年，遗籍流落尘寰，《书目》亦散佚不传。书之不毁于寇，此中岂有数邪！"则书目至光绪间已不传。

现将部分书目及题跋备列于下：

《丹铅精舍书目》（残卷）

《西谛书目》载陈乃乾抄本《丹铅精舍书目》。《丹铅精舍书目》零叶记载如下：

《三刘家集》一本、《高常侍集》一本、《南方草木状》合一本、《荆楚耆旧传》《北户录》《桂林风土记》《岛夷志略》一本《砭蔡编》合一本《尚书注考》《周易图说》一本（元钱义芳）、《丁鹤年集》一本、《安禄山事迹》一本（竹垞藏本）、《辛巳泣蕲录》一本（鲍校）、《海东金石存》（合新抄）、《隶竹堂碑目》《教坊记》一本《栲栳山人诗集》一本（鲍校）、《友石山人遗稿》一本（鲍校）、《金台集》一本、《姚少监文集》《剧谈录》一本（卢校）、《闲居录》一本。

《丹铅精舍书目》一卷

虞铭辑。录其藏书 300 多种，并撰一长序，详述劳氏藏书之聚散。余杭图书馆收藏。曾录入《塘栖艺文志》中。

《丹铅精舍今存书目》一卷

虞铭辑。录其存世之书 200 种，见本书附录。

《劳氏碎金》三卷附录一卷

（清）劳权等著，清仁和吴昌绶辑，近人王大隆、瞿熙邦补辑。

劳氏丹铅精舍为道光咸丰间藏书名楼，洪杨乱后，书目题跋俱不传，书籍散尽，光绪中邑人吴昌绶据钱塘丁氏《善本书室藏书志》,吴兴陆氏《皕宋楼藏书志》辑出二劳题跋 70 余种，汇为此书。民国间，王欣夫又增补之，刻入《丁丑丛编》。卷上为劳经源《尔雅匡名跋》,劳权《唐折冲府考后序》,卷中为劳权题跋 59 篇，卷下为劳格跋 14 篇。

民国间仁和吴氏双照楼排印本。

《澄斋日记（宣统元年己酉八月二十七日）》:"吴小宛（昌龄）赠余《劳氏碎金》一册。劳氏权，字巽甫。弟格，字季言。仁和人，皆精于校雠之学。所藏书多手钞者。此其遗墨，小宛所辑也。"

董康《劳氏碎金跋》:"仁和劳氏父子，家承朴学，屏居乡里，世罕著闻。自月湖丁氏刊本出，学者竞称道季言，而巽卿撰述仍翳如也。伯宛辑《劳氏碎金》,康助之蒐讨，颇获一二遗籍。今春估人忽从南中萃致劳氏书百数十种，同志分得之，又补巽卿、季言跋语如干事。其书大率手自写定，双行夹注，细犹针缕，反覆斠证，期无剩义，前辈精诣绝人如此。顾此犹堕之余，为丁、诸家所未及收致者，湮晦将五十载。忽聚于一时，缘会□合，殆非偶然。伯宛勤勤整比，盍即此本刊之，为校雠家增一故实也。"

袁思亮《劳氏碎金跋》："劳笙士先生刻《尔雅匡名》在嘉庆季年，巽卿、季言方幼弱，比长而媚学，偏征群籍，详加改补，朱墨杂下，几倍原书。此本今归予家，惜未暇为之董理。又获季言手稿，以洪遵《翰苑群书》旧阙中卷，证以《直斋书录》，补辑钱惟演《金坡遗事》、晁迥《别书金坡遗事》、李宗谔《翰苑杂记》三种，并补《唐宋翰苑题名》……季言此本意盖近纠吕作，远绍徐编，惜亦未竟之绪，观其钩索群书，于唐宋掌故至为洽孰，家学源流，具可考见，零编残袞，一二仅存，尤足珍已。"

王大隆《劳氏碎金跋》："右《劳氏碎金》三卷，仁和劳经原暨三子检、权、格所撰，同县吴昌绶辑录。先有活字本传世，后复增补，重付木刻，为后定本，未及印行，而版归涉园陶氏。余得见后定本红印样本，又与瞿君凤起各据所见，增入二十余种，重为编次，而印行之。尝叹劳氏兄弟孜孜，爱书若命，手自抄校，虽乱离不辍，又得同志之友，若高学治、丁宝书，互相通假，文字之乐为不可及。余仲兄荫嘉，亦笃嗜典籍，晴窗对读，窃慕劳氏之风，而凤起藏书冠海内，克承家学，好古不倦，比年时承一瓻之借快睹异书，兹复助余搜辑，以成斯编。余于季言无能为役，而所得友朋昆弟之益，盖有同符，故乐书其后焉。"

《劳氏碎金补遗》三卷《附录》一卷

（清）劳氏撰，虞铭辑本。

此书诗文录自宋咸熙《耐冷谭》、徐世昌《晚晴簃诗汇》等，题跋皆录自王重民《中国善本书提要》及《补编》、傅增湘《藏园群书经眼录》、严绍璗《日本藏宋人文集善本钩沉》诸书。劳权尝批注《读书敏求记》，原本已佚，《读书敏求记校正》录其注文数百条，今据《校正》录劳权识语17则，皆有关劳氏丹铅精舍所藏之书，故可视作其藏书题跋。末附待访题跋36条，皆知其所在，而未录得其文，注明现在所藏图书馆之名。曾录入《塘栖艺文志》中。

第五节　丹铅精舍藏书散失与今存

清咸丰末年，太平军与清兵数战于镇上。塘栖遭此大劫，园林、别墅、寺庙、金石，毁之不计其数。

丹铅精舍之藏书经此兵乱，散失十九。顾志兴《浙江藏书家藏书楼》一书认为，其幸存者，吴兴陆心源、钱塘丁氏兄弟、塘栖朱学勤所得最多。

清季，吴兴皕宋楼之售，劳氏遗籍随之舶载东洋，今在日本静嘉堂文库。丁氏之书尽售江宁图书馆，八千卷楼今在南京图书馆。塘栖朱学勤父子殁后，结一庐书大部售予张佩纶。辛亥间，张幼樵书始散，流落江南江北，今上海图书馆藏最多。

陈乃乾在《上海书林梦忆录》一书所说杭州文元堂书店因不识"劳钞"，将劳氏旧钞精校买给了北京的书商，后来又伪刻劳氏藏印之事，成为近代以来，辨别伪书时必谈的掌故，有关细节在朱遂翔《杭州旧书业回忆录》中有记载："余习业时，有梅花碑经香楼朱成章者，业师之叔岳也，在塘栖收书，值劳季言兄弟之书全部求售，朱成章不懂，央及业师杨耀松协助。业师对旧书，原亦不懂，因资本充足，敢于作为，结果塘栖劳氏之书，全部由彼二人收来，计二大皮箱，收价六十余元，内有抄本、校本及蝇头细字之批校本，余曾见之，业师既不了了，余亦无从请教。此类旧书，后为北京同业丁骏臣、解松泉、韩子元辈先购去少数，每本价约五元、十元不等。不久，彼等又来选购，每本价增至三十元。余知内中有一本为阮文达手抄本，彼等出三十元购去。事为北京藏书家傅沅叔探悉，专程来杭，亦购去少数。"

及至民国，缪荃孙之艺风堂，潘祖荫之滂喜斋，刘承干之嘉业堂，傅沅叔之双鉴楼，邓邦述之碧群楼，张元济之涵芬楼，皆转辗过手，分得劳氏遗书，辗转数十年后，多为公立图书馆所珍藏。近者如李木斋、蒋孟苹、郑西谛、董授经、潘景郑、周叔弢等皆得其残羹。

北平图书馆所藏珍本，抗战时寄存于美国国会图书馆，后转运台湾。北京国家图书馆馆藏不下 100 种，其余皆在上海、南京、杭州各处。

一、朱学勤"结一庐"存劳氏藏书

朱、劳两家是塘栖巨室，又为世交，劳格幼年即从朱学勤之父朱以升治经，嘉庆中劳经源刻《尔雅匡名》，朱以升亦与参校。

很多当代学者认为，丹铅精舍藏书之散，塘栖结一庐朱氏、钱塘八千卷楼丁氏、吴兴皕宋楼陆氏得者最多。根据虞铭研究发现，塘栖结一庐朱氏收藏丹铅精舍遗书数量并不多，远不及钱塘丁氏、吴兴陆氏，甚至还没有南浔嘉业堂所得多。结一庐朱氏父子前期主要在京城，后期主要活动在苏沪，没有钱塘丁氏、吴兴陆氏、南浔刘氏距离塘栖近，相对容易获得。

在《结一庐书目》中，注明丹铅精舍藏书者有 22 种，分别是：

1.《春秋集传》十九卷纲领一卷原二十六卷今佚七卷　计五本　宋张洽撰　归安严修能先生手录本　同里劳氏丹铅精舍藏书

2.《大元经》十卷　计二本　汉杨雄撰　晋范望解赞　明嘉靖三年江都郝梁重刊宋本　卢抱经学士据北宋刊本校又合何义门诸校本而加订焉　丹铅精舍藏书

3.《文房四谱》十卷　计一本　宋苏易简撰　黄荛圃合诸家校本订正重录　丹铅精舍藏书

4.《封氏闻见记》十卷　精钞本　屌守居士常熟冯舒手校本　丹铅精舍藏

5.《封氏闻见记》十卷　计一本　丹铅精舍钞本　后附同里劳茂才格校勘记一卷

6.《尚书故实》一卷　计一本　唐李绰撰　丹铅精舍钞本

7.《脚气集》二卷　计一本　宋车若永撰　瓶花斋钞本　丹铅精舍藏书

8.《敬斋古今黈》十一卷原本四十卷今存前十一卷　计二本　元李治撰　丹铅精舍影写明刊本

9.《云烟过眼录》二卷　计一本　同上　严修能先生手录本　丹铅精舍藏书

10.《次柳氏旧闻》一卷　计一本　唐李德裕撰　丹铅精舍钞本

11.《刘宾客嘉话录》一卷　计一本　唐韦绚撰　丹铅精舍钞本

12.《明皇杂录》二卷补遗一卷　计一本　唐郑处诲撰　丹铅精舍钞本

13.《教坊记》一卷　计一本　唐崔令钦撰　丹铅精舍钞本

14.《幽闲鼓吹》一卷　计一本　唐张固撰　丹铅精舍钞本

15.《松窗杂录》一卷　计一本　唐李浚撰　丹铅精舍钞本

16.《中朝故事》二卷　计一本　南唐尉迟偓撰　丹铅精舍钞本

17.《苏魏公谭训》十卷　计一本　宋苏象先撰　丹铅精舍钞本

18.《道德真经疏》十卷　计五本　唐玄宗明皇帝御撰　丹铅精舍藏本

19.《道德真经集解》八卷　计二本　唐张君相撰　丹铅精舍钞本

20.《通元真经注》十二卷　计四本　唐徐灵府撰　丹铅精舍钞本

21.《钱塘韦先生文集》十八卷原二十卷今佚首二卷　计二本　宋韦骧撰　旧钞本　丹铅精舍藏书

22.《宝晋英光集》八卷　计一本　宋米芾撰　旧钞本　丹铅精舍藏书

还有一些善本，虽然《结一庐书目》没有注明来自塘栖劳氏，但根据其他文献，肯定是丹铅精舍之书，如：

1.《白莲集》十卷附《风骚旨格》一卷　计一本　后唐释齐已撰　明柳大中手钞本　绛云楼藏书

2.《禅月集》二十五卷　计二本　蜀释贯休撰　明柳大中手钞本　绛云楼藏书

3.《浣花集》十卷　计一本　蜀韦庄撰　明柳大中手钞本　同上

铭案：以上3种，见劳权批注《读书敏求记》，原藏于劳氏丹铅精舍。

4.《潜溪集》十卷附录一卷　计六本　明宋濂撰　元刊本

案：《邸亭知见传本书目》："劳巽卿有元刊《潜溪集》十卷。"

5.《桂林风土记》一卷　计一本　唐莫休符撰　明谢氏小草斋钞本

案：朱学勤批本《四库简明目录》："《桂林风土记》一卷，余友劳巽卿得小草斋钞本。"

二、丁丙"八千卷楼"存劳氏藏书

钱塘丁氏与塘栖劳氏有交，武林与塘栖又近。红羊之后，而劳氏书散失时，正是丁氏收书最盛时。丁丙写给仁和高宰平的信上说："兹据朱子清来言，塘栖劳氏，平翁之族中，有旧书数千册，意在出售，并有陆存斋来说，《樊榭诗注》，丁宝书已完（还）平甫先生。两者丙皆神往，请先代询，或旋省时小泊彼地，鼎力一访。如须面议值之处，示下，当可即来议购。"（《言言斋古籍丛谈》）

据《善本书室藏书志》，丁氏所藏的劳氏丹铅精舍之善本，不下四五十种：

《易纬稽览图》二卷　钞校本　劳氏丹铅精舍藏书

《郭天锡日记》一卷　精钞本　劳氏丹铅精舍藏书

《丞相魏公谭训》十卷　旧钞本　劳季言藏书

《元献遗文》一卷　仁和劳李言增辑本

《默斋遗稿》二卷　钞本　劳平甫藏书

《宝晋英光集》六卷　劳氏写本

《竹隐畸士集》二十卷　钞本　塘栖劳氏藏书

《梁溪遗稿》一卷　劳季言增辑本

《洪文安公小隐集》一卷　劳格补辑本

《玉山名胜集》八卷外集一卷　劳季言精校本

《扣舷集》一卷　劳氏钞本

《龟峰词》一卷　劳巽卿钞本

《文定公词》一卷　劳氏钞本

《梅词一卷》　精钞本　劳巽卿校藏

《梅屋诗余》一卷　精钞本　劳巽卿藏书

《抚掌词》一卷　劳巽卿钞本

《艇斋诗话》一卷　劳季言校　胡氏活字本

《莲堂诗话》二卷　劳季言校本

三、陆心源"皕宋楼"存劳氏藏书

陆心源（1834—1894），字刚父，晚号潜园老人。浙江湖州人。近代著名文献学家。陆氏广为收罗，有皕宋楼、十万卷楼和守先阁三处藏书楼，皕宋楼主要藏宋元刻本及名人手钞本，十万卷楼藏明清刻本，守先阁藏普通图书。

据《皕宋楼藏书志》记载，劳氏丹铅精舍流入皕宋楼的有数十种之多，大多数都是劳巽卿、劳季言兄弟的手校本：

《元秘史》十五卷　影写元刻本　劳季言旧藏

《宋特进左丞相许国公奏议》四卷　旧抄本　劳季言旧藏

《麟台故事》残本三卷　旧抄本　劳季言校

《遂初堂书目》一卷　旧抄本　劳季言校

《高士传》三卷　劳季言校本

《江邻几杂志》一卷　劳季言校本

《西溪丛语》二卷　鸣鹤馆刊本　劳巽卿校补

《旧闻证误》四卷　文澜阁传抄本　劳季言校

《齐民要术》十卷　劳季言校宋本

《资暇集》三卷　旧抄本　劳季言校

《南窗纪谈》一卷　旧抄本　劳季言旧藏

《酉阳杂俎》二十卷《续集》十卷　劳巽卿校本

《列仙传》二卷　劳季言校本

《续仙传》一卷　劳季言校本

《陶邕州小集》一卷　劳季言校本

《刘给事集》五卷 劳季言手校本

《雪溪诗》五卷 旧抄本 劳季言校本

《申斋刘先生文集》十五卷 劳季言校本

《栲栳山人集》三卷 劳季言校本

《丁鹤年先生诗集》三卷 旧钞本 劳巽卿旧藏

《滦京百咏》一卷 旧抄本 劳季言手校本

《铁崖赋稿》一卷 劳季言手校本

《云林集》二卷 劳季言校本

《漱玉词》一卷 劳巽卿手校本

陆存斋去世后,家道衰落,藏书难以为继。清光绪三十三年(1907),其子陆树藩将皕宋楼藏书售与日本三菱财团岩崎家族,全部15万卷,捆载赴东洋,包含众多劳氏遗物的皕宋楼藏书至今保存在日本静嘉堂文库。

四、刘承干"嘉业堂"存劳氏藏书

据《嘉业堂藏书志》《嘉业堂钞校本书目》记载,劳氏丹铅精舍流入嘉业堂的有数十种之多,大多都是劳巽卿、劳季言兄弟的手校本,如《毛诗要义》二十七卷校勘记一卷,劳氏抄本;《中州启札》四卷,影钞元刊本,劳权校跋。

五、傅增湘"双鉴楼"存劳氏藏书

前面朱遂翔提到"专程来杭"的傅沅叔,便是民国时期大藏书家傅增湘,据《双鉴楼善本书目》,傅增湘所藏劳氏至少有13部,分别是:

1.《蜀梼杌》二卷 劳平父手写本

2.《游志续编》二卷 劳季言手钞本

3.《东观余论》不分卷 宋绍兴刊本。9行20字,白口,双阑,板心下记人名,下帙明人钞补,有华夏真赏、简易斋、季振宜藏书、季振宜印、沧苇、番易章甫印、丹铅精舍诸印,劳巽卿手跋。

4.《东观余论》一卷　劳巽卿手校并跋

5.《唐摭言》十五卷　旧钞本，缺卷一至七，厉樊榭手校并跋，劳巽卿跋，有初学斋印。

6.《贾氏谈录》一卷　旧钞本　劳平父校订

7.《武溪集》二十卷　明成化刊本，11行22字，黑口，双阑，黄荛圃手跋，有黄丕烈印、劳格季言诸印。

8.《松雨轩诗集》八卷　劳季言手写本

9.《诗家鼎脔》二卷　旧钞本　劳平父校订

10.《乐章集》一卷　劳巽卿手钞校本

11.《西麓继周集》一卷　劳巽卿手钞校本

12.《片玉集》十卷拾遗一卷　劳巽卿手钞校本

13.《和清真词》一卷　劳巽卿手钞校本

傅增湘《宋刊本东观余论跋》："此书壬子岁得之友人鲁君纯伯，纯伯得之塘栖某氏，盖劳氏之戚也。卷中所钤劳禩印，即巽卿之女，劳氏世藏已五十余年矣。"

六、潘景郑"著砚楼"存劳氏藏书

潘景郑称："劳氏乔梓手迹，余所见者以平甫、季言两先生为多，皆细楷精整，平甫尤见工致。余所藏劳校，有平甫之《寇忠愍集》，季言之《云山日记》，惜俱易米以去。今观斯帙，恍逢旧识，缅怀聚散，益不胜其怅惘于芸藏之流转耳。"潘先生说他见过多种劳权劳格钞本，所以他对这两人的笔迹很熟悉，两部书他都转让给他人了。

潘景郑《劳权手钞云山日记跋》："是本缮写精致，疑是影元出者，惟钞写时重文杂沓，而眉间亦多为写官摹体所污，经前人以笔涂乙，庶便省览。眉间别有校语，所据有元本及厉樊榭、宋芝山两家钞本，校语下注'饮香'二字，饮香何人，当待考之。此本于无意中观之市肆乱书堆中，旧黏兔园册子上，从买人乞归，觅工重装为蝴蝶式。顷携来沪上，重为展读，焚燎

之余，弥以珍视矣。"（《著砚楼读书记》）

七、黄裳存劳氏藏书

《来燕榭书跋》："余见之郭石麒许，更有劳校《小眠斋读书日札》及仪黄精舍抄《丹铅精舍目》等二种，皆零页，似将付影印者。初不欲售，只假归录副而已。后终以归余，因付装池。庚寅十月初六日记。"

劳氏藏书，论宋板元椠，终非朱氏结一庐可比，更无论瞿、杨、丁、陆四家。然劳书善钞精校细注之本，固学者之书，非古董商居奇之货也。巽卿兄弟，勤于收拾旧籍，手自钞校，孜孜不辍，上承仁和（谷林、意林）二赵，下启钱塘（松生、竹舟）二丁，流风余韵，经久不衰。

丹铅精舍所藏古籍，因劳氏兄弟精于校刊，其书历来为学界所重。光绪年间，钱塘丁氏刻《西泠词萃》，其《箫台公余词》一卷用劳氏抄本。陆心源《新刻萧台公余词跋》："余以仁和劳氏得抄本，丁松生明府将有《杭州八家词》之刻，移书借录，并嘱考订仕履，因识其颠末于后。"（《仪顾堂题跋》卷十三）

民国初年，李氏宜秋馆据丹铅精舍抄本《默斋遗稿》二卷，刻入《宋人集》乙编。归安朱孝臧辑《彊村丛书》（1922年归安朱氏刊本），其《贺方回词》二卷、《箫台公余词》一卷、《康范诗余》一卷、《日湖渔唱》一卷4种书用塘栖劳权钞本。上海涵芬楼排印《宋人小说》，《懒真子录》以劳权校本为底本。

2004年，线装书局出版《宋集珍本丛刊》，其中《古梅遗稿》六卷，用劳氏钞本；《宁极斋稿》一卷、《翠微南征录》十卷，用劳权校本。

中国国家图书馆《中华再造善本丛书》，其中《左氏古义》用劳氏丹铅精舍抄本影印。

2017年，文物出版社影印中国国家图书馆藏本《劳权抄本典雅词》。

2020年1月，中国书店出版《四部丛刊五编》，收录《蜀梼杌》，用丹铅精舍旧藏知不足斋抄本，鲍廷博校并跋，后附劳格补遗一卷、缪荃孙手写校记一卷。

《续修四库全书》所收劳氏著述及钞校本、劳氏刻本共 13 种：

1.《读书杂识》十二卷　（清）劳格撰，影印清光绪四年（1878）刻本。

2.《唐尚书省郎官石柱题名考》二十六卷卷首一卷附录一卷　（清）劳格、赵钺撰，影印浙江省图书馆藏清光绪十二年（1886）丁氏刻月河精舍丛抄本。

3.《唐御史台精舍题名考》三卷首一卷末一卷　（清）赵钺、劳格撰，影印浙江省图书馆藏清光绪六年（1880）丁氏刻月河精舍丛抄本。

4.《唐折冲府考》四卷　（清）劳经原撰，（清）劳格校补，影印湖北省图书馆藏清道光二十一年（1841）劳氏丹铅精舍刻本。

5.《左氏古义》六卷　（清）臧寿恭撰，影印国家图书馆藏清劳氏丹铅精舍抄本。

6.《孝经赞义》一卷　（明）黄道周撰，影印国家图书馆藏清劳氏丹铅精舍抄本。

7.《百宋一廛书录》一卷　（清）黄丕烈撰，影印国家图书馆藏清劳格抄本。

8.《蕙榜杂记》一卷　（清）严元照撰，影印国家图书馆藏清劳权抄本。

9.《新刊张小山北曲联乐府》三卷外集一卷补遗一卷　（元）张可久撰（清）劳平甫校，影印南京图书馆藏清劳平甫抄本。

10.《乐章集》三卷《续添曲子》一卷　（宋）柳永撰，影印国家图书馆藏清劳权抄本。

11.《洪文安公遗集》一卷　（宋）洪遵撰（清）劳格辑，影印南京图书馆藏稿本。

12.《铁崖赋稿》二卷　（元）杨维桢撰，影印上海图书馆藏清劳权家抄本。

13.《尔雅匡名》二十卷　（清）严元照撰，影印中国科学院图书馆藏清嘉庆二十五年劳氏震无咎斋刻本。

第四章　结一庐藏书楼

　　结一庐是余杭历史上最著名、收藏最精良的藏书楼，位于杭州市余杭区塘栖镇，主人朱学勤（字修阳）一生好学，过目不忘，博通古典，政事之余，常喜搜罗古籍善本，与丰顺丁禹生、长沙袁漱六，并称为"士大夫三大藏书家"，闻名于海内外。

第一节　结一庐藏书源流

　　结一庐藏书大多来自长洲的"艺海楼"，亦有于英法联军攻入北京时，购得怡亲王府散出之书。叶昌炽《藏书纪事诗》："咸丰庚申，英人焚淀园，京师戒严，持朱提一笏至厂肆，即可载书兼两，仁和朱修伯先生得之最多。长子澂字子清，次潜字子涵。先后以道员需次江宁。子清亦好聚书，家藏既富，又裒益之，精本充牣，著《结一庐书目》。庚寅，子清殁，遗书八十柜，尽归张幼樵副宪。"

　　朱学勤长期在军机处担任要职，与各地藏书家交往密切，大兴徐星伯（松）、仁和韩小亭（泰华）书散出，修伯不惜重金，得书甚多。闲暇时携蚨至琉璃厂书肆。怡府之书，藏之百余年，至端华诛，其书始散落民间，朱学勤与聊城杨绍和、常熟翁叔平、吴县潘文勤得之最多。长洲顾氏艺海楼、南昌彭氏知圣道斋及汉南叶氏之遗书亦多归朱学勤所有，又与同里劳格为

94

友，相互借抄，劳氏兄弟之精抄精校、丹铅精舍所藏善本，有流入结一庐者。

其长子子清，亦好聚书，搜访尤勤，冷摊小市，无所不到，故收藏益富。《结一庐书目》先有钞本流传于世，四卷本，以四部为次，计800余种；不分卷者，以宋版、元版、明版、旧钞、通行本为次，计921种。两种互有出入。《宋元本书目》所录仅宋版20种，元版31种，然《杭县志稿》称其宋版多至35种，元版多至50余种。后长沙叶德辉刻入《观古堂丛书》，然仍为未定之本。朱子清曾言续得之书已倍之，惜未及编入。尝约缪艺风编定《书目》，亦未果。光绪十六年（1890），朱子清卒，结一庐藏书八十柜贱售于丰润张佩纶学士。张佩纶，朱学勤之婿也。然价未清，书亦未及尽出。其精华如宋元版，大抵散出。旧钞精校，或在朱子涵先生处。而张氏《书目》有之而朱氏《书目》无者，皆朱子清江南所得。至张佩伦家书散，俱流落金陵、沪渎。又集朱修伯先生之序跋杂文，汇为《结一庐遗文》二卷，刻版行世。

光绪三十一年（1905），朱潨刻《结一庐朱氏剩余丛书》4种10册：

（宋）赵明诚《金石录》三十卷；

（唐）刘禹锡《刘宾客文集》十卷、《外集》十卷；

（唐）司空图《司空表圣文集》十卷；

（唐）张说《张说之文集》二十五卷、《补遗》五卷。

11行21字，黑口，双边。此丛书传本极多。

民国二年（1913）1月，南浔刘氏嘉业堂藏书楼以840元从书商钱长美处购入朱氏结一庐所刻版片4种。（《嘉业堂志》）其《结一庐剩余丛书》之版片亦归刘氏嘉业堂。

民国三年（1914）9月，南浔刘氏从书商钱长美处购入结一庐藏书12种，价570元。到11月，又从钱长美处购入结一庐藏书，共284种。（《嘉业堂志》）

吴庆坻《蕉廊脞录》郝莲所选清人诗条："近乌程刘翰怡得其所选国朝人诗凡五十六册，盖从朱氏结一庐散出者。"

张佩纶卒后，结一庐之遗书始流散于人间。20世纪80年代，其所幸存者，宋刻本24部、元刻本38部、明刻本178部、抄稿197部，共3274册，正式入藏上海图书馆。

第二节　塘栖朱氏人物

朱氏，本姓宋，先世随宋高宗南渡迁浙，明朝有勤诚公者以避市嚣，徙居栖水，三传至嗣梅公，出姓于朱，居丰田圩。嗣梅生六子，同居一村，数传之后，生齿渐多，第三子敬梅一支迁居东港村，第六子悦梅一支移居塘栖镇水北三分桥塊，今丁河犹有朱家角、朱家门等地名。清抄本《朱氏族谱》和木活字版《朱氏族谱》，俱藏余杭区图书馆。塘栖朱氏众多人物对结一庐藏书均有贡献。

塘栖朱氏人物主要有：

朱世荣

康熙举人，官江西南康知县，长于诗，喜藏书，著有《南窗散人诗稿》等。

朱椿

朱学勤的祖父，字勉旋，号春墅，仁和诸生县学。《唐栖志》卷十二有传，称其："家唐栖之南村丰田圩。博雅工诗，制行不苟。伯父某，任南康知县，招之不往，闭户研经，手不释卷。从游者众。所著说，多秘本，惜未梓行也。"《唐栖志》录其诗六七首。

朱以泰

朱学勤的伯父，朱椿子。字少郭，号芸甫，道光岁贡。《唐栖志》称其"读书不间寒暑"。朱以泰与钱塘孙人凤为友结亲，唱和甚多。《复见心斋诗草》卷二《二月二日朱芸甫招余父子暨武康卓雪斋、德清徐六庄超山报慈寺观梅留赠四章》诗注云："少郭亲家与雪斋倡和不下数十首。"《唐栖志》录其《长桥晚眺》《过绿野庵访慧杲上人》诸诗。

《粟香二笔》卷三："钱塘张文节太史，名淘，庚申年以母忧在籍，城破，殉难。潘伯寅尚书为刻遗集，计诗一百七十首……《朱芸甫邀至丰田村》云：几家茅屋接纵横，半掩柴扉夕照明。流水小桥人不见，稻花香里读书声。""花满间阶书满庭，小斋恰对远山青。老农日暮携锄至，说与豳风一卷听。"

钱泰吉《曝书杂记》："余欲求善本《吕氏古周易音训》，梅里李香子丈告予，仁和宋小茗咸熙尝校刊此书。小茗下世后，印本渐稀。丁酉春日，晤朱少郭以泰，为小茗同里人，因赠一册。"

朱以升

朱学勤的父亲，字次云，道光进士，历任顺义、香河诸县知事，任至昌平知州，生平专经学，居官有政声，著有《郑香室诗钞》。

张佩纶《朱公神道碑》："三世皆嗜学劬古，顺义君兄弟尤潜挈经史，求假善本，手自勘校。"

光绪《唐栖志》卷十二有传："道光戊子科优贡，辛卯科副贡，壬辰科举人，庚子科进士。官顺天顺义县知县。居官廉洁，济以仁慈。所到之处兴利除弊，不遗余力，不求令名，历任宁河、平谷、香河等县，卸篆时，民皆遮道以送，有攀辕卧辙者。仕至昌平州知州，卒于官。"

嘉庆年间，塘栖劳氏刻《尔雅匡名》二十卷，朱以升负责"缮录督梓"。见劳经源跋。

朱学勤

学勤（1823—1875），字修伯，号结一庐主，又号丁山湖钓师。咸丰三年（1853）进士，选翰林院庶吉士，入值军机处 10 余载，官至大理寺卿。在户部任职期间，撰有《国用岁出岁入总数考》，在清廷综核机务 17 年，所领军机班与同治一朝军事相始终。曾国藩以"学足论古，才足干时"称之。上书备陈"外侮之亟、国用之殚、人才之消长"。力谏修复圆明园。以为官"惠直"著称，时人比作汉朝贾谊。

朱学勤的具体事迹，本人曾撰《塘栖朱修伯先生年谱》，发表在《余杭史志》上。其子朱澍所撰《廷尉公事述》，也记得相当详细："咸丰辛亥恩科中式顺天乡试举人，壬子会试荐而不售，癸丑成进士，殿试二甲第三，朝考一等，改翰林院庶吉士。丙辰散馆，改户部主事。丁巳，派充山东司主稿及捐铜局捐纳房差。戊午五月，考取军机章京，名列第二，引见记名之日，即命入直。己未，子澍生。庚申夷人之乱，府君随恭亲王留京办事。事急，王欲南行，府君力阻之，王乃止。旋劝王擒巴酉，事方可定，王从之，和议始成。时军事旁午，凡恭拟谕旨、缮写廷寄，多出府君手。十二月题补湖广司主事缺。同治壬戌三月题补广西司员外郎缺，并充军机处帮领班，是秋分校顺天乡试，得士宋兆麟、延茂等十六人。癸亥二月题补陕西司郎中缺，五月丁戴太夫人忧。时故乡沦陷，南北道梗，不得已，权厝于京师禅院，将俟军务稍平扶枢归葬。而恭亲王以枢垣事繁，欲奏请命。府君于百日孝满后仍出办事，亲来劝解，至于再三，府君坚执不可。甲子秋，克复金陵告捷，论功赏戴花翎，府君以丁忧人员固辞，不得。乙丑服阕，府君以先大父年逾七旬，欲陈请终养，而相国文文忠公已奏请以府君随赴盛京剿办马贼，派充全营翼长，营中事无大小悉以咨府君，十一月启行。丙寅正月，再补湖广司郎中缺，先行食俸；四月，凯旋回京，充军机处领班章京，六月，论功赏给三代二品封典并三品卿衔，皆殊恩也。是年京师饥，四方兵兴未艾，难民日众，府君乃与常熟翁叔平尚书同龢创立粥厂于圆通观，捐办一切章程皆府君手定，至今尚循行之。十一月，记名以御史用。丁卯二月，户部保列京察一等，记名以道府用，寻奉旨专以道员用；三月，擢鸿胪寺少卿；六月，简充江西正考官，与副考官范鸣龢偕往，得士胡友梅等一百十九人，副榜郑景虔等十八人。友梅时年已近六旬，本为学使何地山侍郎廷谦所荐举。十一月回京覆命，仍入直军机处。戊辰，充会试磨勘试卷官。时捻匪扰近畿，统兵提督刘铭传恃功倭病不出，府君疏请严饬铭传力疾移军，捻匪卒赖铭传以平。六月，擢内阁侍读学士；七月，复因捻匪肃清告捷，论功以三品京堂开列在前；十一月，补光禄寺卿。己巳十月，充稽查右翼觉罗宗学。庚午二月擢宗人府府丞，三月丁先大父忧，八月由运河扶灵南归，九月抵家。府君去故乡近二十年，亲族中坟墓迭遭兵燹，无力培护者，府君一一代为修葺，或助以资，不下数十家。壬申服阕，未入都，恭亲王已屡遣人问讯，趣府君出，乃于是年七月回京，复入直。九月，《剿平粤捻匪方略》告成，府君疏陈不敢仰邀议叙，仍复蒙特恩赏加二品顶戴、随带加三级。癸酉秋，大雨，京畿灾，府君疏请于东南各行省盐关厘捐项下，速拨银四、五十万两以赈灾黎。朝旨允之。是月，府君每入直，行积水中，遂受湿疾，素患痰喘，至冬辄发，及春而愈，是冬复作且甚，两腿悉肿，遂以病请假。甲戌病痊，销假；十月补大理寺卿，十一月复派充稽察左翼宗学，而府君疾又作，至十二月杪日益增剧，医药罔效，光绪乙亥正月初四日巳时卒于京师寓舍。府君生于道光癸未年正月初五日卯时，享年五十有三。"

著有《结一庐文集》三十卷《读书杂识》二十卷，《枢垣日记》三十卷、《国用岁出岁入总数考》一卷、《修伯先生日记》等。

朱夫人马氏

朱学勤妻马氏，仁和乔司镇人。张佩纶《涧于集》有《朱外姑马夫人六十寿序》。

张佩纶《朱公神道碑》："配马夫人，处贫善养君姑，逮贵显，自奉弥约。浙江水灾，捐金制棉衣千领以衣寒者，诏许建坊。夫人曰：'君恩也，吾岂以饵名哉？'命二子辍其役，更以施惠乡里。"

朱澂

朱学勤长子，字子清，号复庐，同治岁贡，官江苏候补道。

张佩纶《涧于集·朱外姑马夫人六十寿序》："长子澂，仕江左不得志，藏书为东南最。"

缪荃孙《艺风藏书续记》卷五："澂字子清，江苏候补道。仁和人。

太常卿修伯先生长子也。修丈官京师时，正值庚申之变，旧刻名抄，散落厂肆，不惜重值，所得独多。子清家学涵濡，嗜古尤笃，即此一编，高出寻常收藏家万万。为光绪庚辰吾友黄再同所贻。已丑冬间，相遇沪渎，子清曾言续有所得，出此目者几及一倍。近代书目以恬裕斋为佳，宜仿为之，并有编书目之约。别去未久，子清即归道山，书亦尽归张幼樵前辈。"

朱潊

朱学勤次子，字子涵，号二楞，贡监生，官顺天府治中北路同知。

张佩纶《涧于集·朱外姑马夫人六十寿序》："其仲潊，奉太夫人居京师，莳花种竹，以娱其亲，与诸名士游，而轻世肆志焉。"

光绪三十一年（1905），朱潊刻《结一庐朱氏剩余丛书》4 种 10 册，11 行 21 字，黑口，双边。

缪荃孙《结一庐遗文序》："子涵（朱潊）亦由直隶改官江南，一日持汲古阁钞本《金石录》，张燕公、刘宾客、司空表圣三唐人文集，明钞本中多夹签，皆先生（朱学勤）手校，欲梓者经理刻成以继先志。而《燕公集》缺五卷，《刘宾客》缺外集，荃孙为假外本补足。传之，艺苑颇重其书。"

余杭区图书馆藏同治朱氏精抄本《朱氏族谱》，有朱潊跋。

第三节　塘栖朱氏著述

塘栖朱氏著有诸多著述，现择部分记述如下：

《（钦定）剿平粤匪方略》四百二十卷首二卷

（清）朱学勤总纂。

此书有同治十一年（1872）内府大字铅印本，台北艺文印书馆 1965 年影印本。首二卷有御制序文，卷首为咸丰帝圣制，正文四百一十四卷，末附《设立长江水师章程》六卷，由奕訢奉敕修、朱学勤总纂。

全书为清廷镇压太平天国运动有关奏报、上谕等档案材料之汇编，迄道光三十年五月（1850 年 6 月）至同治五年二月（1866 年 3 月），主要以原始档案为主，基本保存材料原貌，所记较《清实录》更为详尽。对研究清朝镇压太平天国运动的历史有重要价值。

《（钦定）剿平粤匪方略》二卷

（清）朱学勤总纂，钱塘丁丙节录。

《剿平粤匪方略》原本四百二十卷，此系光绪间钱塘丁松生从中辑出有关浙杭之事，厘为二卷，刻入《武林掌故丛书》第十八集《庚辛泣杭录》中。

《（钦定）剿平捻匪方略》三百二十卷

（清）朱学勤总纂。

此书有同治十一年（1872）内府大字铅印本，分三百二十卷。《清史稿·艺文志》著录，《两浙著述考》误作"二百二十卷"，朱学勤撰。

此书成于同治十一年（1872）。恭亲王奕訢奉敕领衔，朱学勤总纂。收录有关镇压捻军的皇帝谕旨及诸将臣的奉章。上起咸丰元年六月十四日（1851 年 7 月 12 日）都察院奏，下迄同治七年十二月二十三日（1869 年 1 月 25 日）荆州将军奏，按年月日排列。全面提供清军灭捻作战策略及具体过程的史料，从反面看出捻军起源、发展与败亡的全过程。

《朱氏族谱》不分卷

（清）朱世荣辑，朱燮元、朱抡元续辑。

余杭图书馆藏同治十年（1871）朱学勤精抄本，一册，朱学勤、朱潽跋，蓝格单边，10 行 20 字，有"朱学勤印""朱潽印""朱乙"三印。

谱以勤诚公为始祖，至朱世荣已七世。其家前代旧有族谱已佚，此书朱世荣初修于康熙五十年（1711），题曰《朱氏家乘全集》，其子燮元、抡元增修于乾隆九年（1744），至同治十年（1871）朱学勤抄录此本，光绪二十二年（1896）朱潽重装跋识，又百数十年，未见续增。书末所附祭朱世荣文，及像赞甚多，偶有事迹可采，皆抡元辈续修时所增订。

《枢垣日记》三十卷

（清）朱学勤撰。

缪荃孙《结一庐遗文序》：读幼樵所撰墓志，云有集三十卷，《读书杂识》二十卷，《枢垣日记》三十卷。《叶昌炽日记》卷五光绪十五年（1889）二月十二日载："朱子安治中藏有唐荆川所校《晋书》，又有《裘抒楼书目》，子安尊人《修伯先生日记》数册，述所藏所见版本甚详。"

朱学勤在枢秘十七年，历咸丰同治二朝，值祺祥政变，知其内幕颇多，今传所谓《热河密札》十二则，皆军机章京间所致，或寄于朱学勤。惜此书久佚，否则大功于史。

《国用岁出岁入总数考》一卷

（清）朱学勤撰。

《杭县志·名臣》本传："学勤在户部，著有《国用岁出岁入总数考》，敬铭领度支拨，以作《光绪会计录》，其《结一庐遗文》二卷，《国用考》全稿在焉。"

此书作于同治元年（1862）十月，时修伯官户部员外郎，光绪三十四年（1908）刻《结一庐遗文》，此书收在上卷，11行22字，69叶，凡3万余字。

《朱修伯批本四库简明目录》二十卷

（清）朱学勤批注。

北京图书馆出版社 2001 年 9 月版，影印抄本，黄永年、顾廷龙撰序。

王懿荣《四库简目标注跋》："光绪甲申长夏病中无聊，从瑞安黄仲弢同年借得，属诸城尹伯圜及族子为承照钞。闻朱修伯宗丞与其长子子澂观察，别有增益批注本，在厂中某贾手，续当借取补录。"

《汇刻书目》二十卷

（清）朱学勤朱澂增订重编。

丛书目录之辑始于嘉庆间石门顾修，然其《汇刻书目》十卷所录丛书仅 261 种，及朱学勤、朱澂父子增订已多至 567 种，重编为二十卷刊行。无序跋，卷十九为释书，卷二十为道书。

此书有光绪十五年（1889）上海福瀛书局刊本。《贩书偶记》卷八："《汇刻书目》二十册，仁和朱氏增订重编。光绪十五年夏四月刊。"《增订四库简目标注续录》："《汇刻书目》十卷，清顾修。光绪十五年上海福瀛书局刊朱学勤增订王懿荣重编本。"

又有民国八年（1919）上海千顷堂书局石印本。台北广文出版社 1972 年《书目丛编》本。

《结一庐集》三十卷

（清）朱学勤撰。

缪荃孙《结一庐遗文序》："读幼樵所撰《墓志》，云有《集》三十卷，《读书杂识》二十卷，《枢垣日记》三十卷，今所存止此，虽篇佚无多，然先生学问淹雅，器识闳通，犹可窥见万一。"又见《清代文集篇目索引》，王重民云："然张氏所称，殆总诗词为言耶。"

《结一庐遗文》二卷

（清）朱学勤撰。

光绪三十四年（1908）刻本。1 函 1 册，11 行 22 字，扉页篆题记："戊申元日家子吴俊卿谨题。"有光绪三十四年缪荃孙序，次目录。卷上为《岁出岁入总数考》，卷下为序跋碑记杂文 18 篇，乃修伯次子朱潽所辑刻。

此书今上海图书馆、浙江图书馆有藏。黄裳《清代版刻一隅》录之，谓其写刻精整，自是晚清佳刻。《贩书偶记》卷十八载之，作宣统戊申精刊本。

《清史稿·艺文志》著录，《杭州府志·艺文》卷九十四、《杭县志·艺文》皆作《结一庐文集》二卷。缪荃孙《艺风堂文续集》卷五亦作《朱修伯大理结一庐文集序》，《唐栖志·艺文》卷十六失载。

缪荃孙《结一庐遗文序》："仁和朱修伯先生生长杭州，凤闻吴瓶花、孙寿松、汪振绮之遗风。及官京秩，又值徐星伯、韩小亭、彭文勤公及怡邸之图书散落厂肆，不惜重金购藏，遂为京师收藏一大家。公子子清尤工搜访，冷摊小市，无往不到，所得益多。"

第四节　结一庐书目与题跋

今传世的两种《结一庐书目》，皆朱修伯父子生前未定之本，朱澂尝约缪荃孙编目，未果而早逝。学者相互传抄，故各本稍异。

按照朱澂好友缪荃孙的说法："修丈官京师时，正值庚申之变，旧刻名抄，散落厂肆，不惜重值，所得独多，子清家学涵濡，嗜古尤笃，即此一编，高出寻常收藏家万万。为光绪庚辰吾友黄再同所贻。已丑冬间，相遇沪渎，子清曾言续有所得，出此目者几及一倍。近代书目以恬裕斋为佳，宜仿为之，并有编书目之约。别去未久，子清即归道山，书亦尽归张幼樵前辈。"（《艺风藏书续记》卷五）

缪荃孙《云自在龛随笔》卷四称："仁和朱修伯先生广收图籍，藏弆甲于京师，其嗣子清观察搜罗更广，储庋益富。子清殁后，其家贱售之张幼樵前辈，价未清，书未亦全交。近得幼樵书目核之，朱有而张无者，或在子涵处；或系未交书。张有而朱无者，则子清在江南所得者。"

朱学勤死后，张佩纶为了买下结一庐藏书，曾书面答应朱潀，重编《结一庐书目》，可惜最终也没有实现。

结一庐的《书目》主要有：

《结一庐书目》四卷

（清）朱学勤、朱澂藏编。

此书按四部编排，收书 800 种，凡经 83 种，史 101 种，子 141，集 475 种。著录书名、卷数、作者、版本、旧藏。虽较《别本结一庐书目》收书少 120 余种，然此本仅录宋、元、明版及旧钞，乃善本书目，而别本收入所谓通行本多至 356 种，实以此本为多。如宋刻，此录五六十种，《别本》仅 20 种，且记载较详。

此书有宣统元年（1909）番禺沈宗畸刊《晨风阁丛书》本。

北京图书馆及南京图书馆藏清抄本《结一庐书目》四卷，皆题朱澂藏，收入《中国古籍善本书目》。

叶德辉《结一庐书目序》："咸丰时东南士大夫藏书有名者三人，一仁和朱修伯侍郎学勤；一丰润丁禹生中丞日昌；一吾邑袁漱六太守芳瑛。朱书多得之长洲顾氏艺海楼、仁和劳氏丹铅精舍……今朱书转归丰润张氏。（略）朱氏有《结一庐书目》四卷，编次极精，每书下注明板刻年月，钞藏姓名，惜只传钞本，不能与海内共读也。余因再三校阅，付之手民，并以江太霞太史所录《宋元目》数纸手书付后，俾侍郎一生心血，得以有托。"

别本《结一庐书目》不分卷

（清）朱学勤、朱澂藏编。

此书与四卷本编排大异，书亦多出 100 多种，然互有出入。收书 921 种，分宋版、元版、旧版（明刻）、钞本、通行本（清刻本）五类。通行本下有分四部。各记书名、卷数、撰者、版本、册数。较四卷本稍简，未及收藏者。凡宋刻 20 种，元刻 31 种，明刻 144 种，抄本 370 种，清刻 356 种。而《杭县志稿》称结一庐藏书中有宋版 35 种,元版 50 余种。末附"宋刊《史记》存佚情况"。

此书有《观古堂书目丛刊》本，《郋园先生全书》本，皆题朱学勤撰。

《嘉业堂钞校本目录》卷三载抄本《结一庐书目》一卷，题朱澂撰。

《八千卷楼书目》卷九载抄本《结一庐书目》一卷，亦题朱澂撰。

叶德辉《别本结一庐书目序》："此目钞自吴门黄颂尧茂才，以余刻本校之，刻本分四部，为四卷。此本分宋、元、明版，钞本，通行本，为五类，通连一卷。通行本，皆刻本所不载，其宋元明本钞本类亦有出入异同，必和两本参观而后可窥所藏之全豹。惟此本不逮刻本,刻本于各书刻工、时代、校勘，初次编排，非定本也。顾其中有多于刻本者，或者编目后随得随补，以故详略不同，今每类后皆有不相属之书，其踪迹固可寻索也。"

《宋元本书目》一卷

（清）朱学勤藏编。

此书所录朱氏结一庐收藏宋版 20 种，元版 31 种。与《别本结一庐书目》所录大致相符，唯稍简。附《结一庐书目》四卷后，题："光绪二十一年乙未秋九月长沙叶德辉手录上书。"

此书有《观古堂所刊书》本、《观古堂书目丛刊》本、《郋园先生全书》本。

叶德辉《结一庐书目序》："朱氏有《结一庐书目》四卷，编次极精，每书下注明板刻年月，钞藏姓名，惜只传钞本，不能与海内共读也。余因再三校阅，付之手民，并以江太霞太史所录《宋元目》数纸手书付后，俾侍郎一生心血，得以有托而传。"

《结一庐秘本书目》

（清）朱学勤藏编。

朱潜《廷尉公事述》："好购藏书籍，枢垣下直，即至坊间搜求善本，先后二十年未尝稍辍。京朝官藏书家无与埒者。尝自编《结一庐书目》《秘本书目》藏于家。熟悉本朝掌故，凡财赋盈绌、漕粮利病、兵制、河工、钱法数大政，皆提纲挈要，手辑巨编。"（《唐栖经畬堂朱氏支谱》，光绪癸卯刊本）

第五节　结一庐藏书散失与今存

朱学勤殁后，大多数藏书在长子朱澂处。朱澂去世，结一庐遗籍八十柜售与朱学勤女婿张佩纶。但"价未清，书未亦全交"。

一、结一庐藏书散失

民国时期，有一些结一庐旧藏已从张家流出。李详《药裹慵谈》卷三《张幼樵学士》："幼樵得仁和朱氏藏书，冀以晚年蹉跌，暮志不遂。辛亥之变，黠贾暴徒，剽掠其第，精钞佳椠，悉索无遗，酬以贱值，利市赢数十百倍，诚书林一厄也。"

赵万里先生曾在《古刻名钞待访记》一文中提到结一庐藏书："杭州朱氏结一庐藏书，为同治光绪年间巨擘。主人朱修伯死后，重要藏书归他的女婿张幼樵所有，后来张氏的后人移居上海。1952年春天，上海来青阁书店从张氏获得结一庐旧藏宋刻本《周易本义》《周礼疏》《六甲天元气运铃》《花间集》4种，其中《六甲天元气运铃》系术数类书，自来很少有人称引，其余三书对古典文学和历史科学的研究，都有参考价值（以上四书，现藏北京图书馆）。1958年10月，上海古籍书店又从张氏获得结一庐旧藏古代刻本抄本书102种，现藏上海图书馆，其中宋刻小字本《艺文类聚》就非常重要，书中收着大量汉魏六朝古典文学资料。根据以上情况来看，结一庐旧藏决不止此，可能还会有第三批、第四批书出现。试把《结一庐书目》重温一下，目前尚未发现的书除前面提到的蜀本《杜荀鹤文集》外，还有下列各种：《才调集》十卷（韦谷），宋刻本；《皇朝编年备要》三十卷（陈均），宋刻本；《西汉会要》七十卷（徐天麟），宋刻本；《东汉会要》四十卷（徐天麟），宋刻本；《文心雕龙》十卷（刘勰），元至正十五年刻本；《乐章集》九卷（柳永），元刻本。以上各书，以元刻本《文心雕龙》和《乐章集》最引人注意，这些书如果尚未亡失的话，是有希望早日发现的。"

中华人民共和国成立后，张氏的结一庐旧藏继续由上海书肆流出，黄裳的题跋里多次提到。黄裳《结一庐藏书的传承》："唐栖朱氏结一庐，是近代重要的藏书大家，但多少年来消息寂然，不知下落，以致赵万里撰《古刻名钞待访录》中据《结一庐书目》举出重要藏品提醒人们加以注意，留意访求。解放初期张佩纶的遗著大批出现于上海南阳路上，作为废纸处理，其中却杂有结一庐旧藏书，可以断定是为结一庐藏书归张佩纶后的最初显现迹象。"

王世伟《朱氏结一庐藏书入藏上海图书馆记》（《历史文献》第五辑，2001 年 8 月）一文，记结一庐书归宿事甚详。可惜未记此前收购一批结一庐宋本书的经过。但以内部有关人士记事，其为详确之第一手资料，云："朱氏结一庐书后几经流传，由朱学勤之外曾孙张子美保存。张子美曾在上海市黄浦区牯岭站房管所工作，'文化大革命'中，张家被查抄，其世藏古籍也交由当时的上海市文物图书清理小组保存，后又暂时移送至上海图书馆善本书库保管。1979 年，国家开始落实政策，'文化大革命'中被查抄的结一庐藏书也成为落实政策的范围。经上海图书馆和上海博物馆有关人员与张氏多次商谈，张子美表示，朱氏世藏古籍可以最低价格人民币 35 万元出售，或捐赠给上海图书馆，发给奖金 20 万元。1980 年 2 月 16 日，上海图书馆向上海市文化局提交了《关于接受张子美捐献图书的请示报告》。上海市政府十分重视，迅即批准了上海图书馆的报告，并出巨资 20 万元对张子美的善举予以重奖。这样，由张子美外曾祖父朱学勤留传下来的结一庐世藏古籍，较为完整地正式入藏上海图书馆。这是中国近代藏书历史上的一件大事。"

《朱氏结一庐藏书入藏上海图书馆记》详细记录了这批书的总数，其中有宋刻本的详目。计有：

1. 宋刻本（包括宋刻元明递修本）24 种，531 册；

2. 元刻本（包括元刻明修本）38 种，374 册；

3. 明刻本 178 种，1441 册；

4. 明抄本 11 种，84 册

总计 450 种，3274 册。

其中宋刻本是：《说苑》二十卷、《杜荀鹤文集》三卷、《古灵先生文集》二十五卷末一卷年谱一卷、《古灵先生文集》二十五卷、《名臣碑传琬琰之集》（有抄配）、《刘子》十卷（有补配）、《皇朝编年备要》三十卷、《钜宋广韵》五卷、《西汉会要》七十卷、《东汉会要》四十卷（有抄配）、《皇朝仕学规范》四十卷（有抄配）、《才调集》十卷（有抄配）、《通鉴纪事本末》四十二卷、《礼记》二十卷（有补配）、《淮海集》四十卷后集六卷长短句三卷（残本有抄配）、《赵清献文集》、《古史》六十卷、《京本点校附重言重意互注周礼》（残本）、《晦菴先生朱文公文集》一百卷、《西山真文忠公读书记》、《翻译名义集》七卷、《吕氏家塾读诗记》三十二卷、《晋书》一百三十卷、《史记集解索引》一百三十卷（残本）。

从《善本书室藏书志》《嘉业堂藏书志》的记载来看，结一庐藏书早期流入丁氏八千卷楼、刘氏嘉业堂的，基本上以旧抄本为主。嘉业堂有少量明版，今在台湾。当代许多学者以为结一庐藏书早已散落江湖，其实主体部分、特别是精华，通过张家后人，较完整地保留在了上海图书馆。

二、结一庐藏书今存情况

结一庐藏书散失之后，中国、日本都有大量保存。目前以上海图书馆最多，中国国家图书馆、台北图书馆、日本静嘉堂文库次之。由于资料和精力所限，再考虑到本书的结构与篇幅，这里只能对各家图书馆收藏情况做举例和介绍，不能做全面摸底式著录。

（一）上海图书馆存结一庐藏书

根据《朱氏结一庐藏书入藏上海图书馆记》统计，仅仅"文化大革命"时从张家直接进入上海图书馆的结一庐旧藏的宋刻本、元刻本、明刻本、明抄本，总计 450 种，3274 册，这个数量已相当于《结一庐书目》的一半，还不包括历年从其他渠道进入上海图书馆的朱氏旧藏。重要之书如下：

《古灵先生文集》二十五卷附一卷 《年谱》一卷

（宋）陈襄撰。

宋绍兴三十一年（1161）陈辉朝向州刻本。仁和孙宗廉旧藏，钤有"寿松堂印""翰林院印""文渊阁印"及"乾隆三十八年十一月浙江巡抚三宝送到孙爷曾进呈陈古灵集一部，计十册"木记。

《杜荀鹤文集》三卷

（唐）杜荀鹤撰。宋蜀刻本。卷端下题"唐风集"。半叶 12 行，行 21 字。白口，单鱼尾，左右双边。属宋蜀刻唐人集十二行本之一。清初从毛氏归季振宜。《结一庐书目》著录。

《艺文类聚》一百卷

（唐）欧阳询辑。宋刻本，20 册，白口，单鱼尾，左右双边。藏印有：明善堂览书画印记、怡府世宝、易氏自牧、结一庐藏书印、仁和朱澂、子清真赏、徐乃昌读。

《钜宋广韵》五卷

宋陈彭年撰。宋乾道五年（1169）建宁府黄三八郎刻本。半叶 12 行，行 21 字。白口，单鱼尾，左右双边，间有单边。卷四去声配元刻本。此本原为清光绪十五年（1889）黎庶昌购自日本风吹草动山荣家，有顾云题记。后归朱氏结一庐。

《农桑辑要》七卷

（元）司农司撰。元后至五年刻明补版印。

《文心雕龙》十卷

（梁）刘勰撰。元至正十五年（1355）嘉兴郡学刻本。清怡府旧藏。

《读四书丛说》八卷

（元）许谦撰。元刻本。清孙星衍收藏。

《字诂》

清抄本，有朱学勤跋。

《孙尚书大全文集》

旧抄本，有朱学勤跋。

《乐轩先生集》

裘杼楼钞本，有朱学勤跋。

（二）中国国家图书馆存结一庐藏书

《周易本义》十二卷，《易图》一卷，《五赞》一卷，《筮义》一卷

宋建宁府刻本。版心上刻大小字数，下刻刊工姓名，字大行疏，阅读醒目，首有咸淳元年（1265）九江吴革作序。清仁和朱澂结一庐旧藏。

《陆士龙文集》十卷

宋刻本，有"朱学勤印""仁和朱澂""结一庐藏书印"等印。收入《古逸丛书三编》。

《清异录》二卷

明叶氏菉竹堂刊本。有"结一庐藏书印""复庐赘嫡沪上所得""南陵徐乃昌校勘经籍记"等印记。

《古今注释》

嘉靖刻本，有朱学勤题款。

《半岩庐遗诗》

稿本，有朱学勤跋。

（三）浙江图书馆存结一庐藏书

民国初，《结一庐剩余丛书》版片卖给刘氏嘉业堂，后归浙江图书馆。1951年，浙江图书馆对嘉业堂留存版片进行了清点，共有《金石录》232片、《张说之文集》194片、《刘宾客文集》214片、《司空表圣文集》96片。见《嘉业堂志》。

《结一庐书目》一卷

刘氏嘉业堂抄本。一册。

（四）余杭区图书馆存结一庐藏书

《朱氏族谱》

清同治十年（1871）抄本，有朱学勤跋。

（五）北京大学图书馆存结一庐藏书

《石刻补叙》

明抄本，有朱学勤跋。

（六）湖北省图书馆存结一庐藏书

《吕氏春秋》

清乾隆刊本，有朱学勤批。

（七）浙江大学图书馆存结一庐藏书

浙江大学图书馆藏的朱氏遗书，来自南浔嘉业堂藏书楼，除了结一庐藏书印外，大多有"吴兴刘氏嘉业堂藏书记""吴兴刘氏嘉业堂藏书印""刘承干字贞一号翰怡"等印。见《浙江大学图书馆古籍善本书目》（国家图书馆出版社 2016 年版）。

《仪礼注疏》十七卷

明万历二十一年（1593）北京国子监刻，清康熙二十五年（1686）重修十三经注疏本。清彭元瑞跋。有"结弌庐藏书印"

《赵清献公文集》十卷

明嘉靖四十一年（1562）汪旦刻后印本，4 册。有"臣澂私印""字曰子清""结一庐藏书印"等印。

《北堂书钞》一百六十卷

明万历二十八年（1600）陈禹谟刻本，20 册，佚名朱笔批注。

（八）复旦大学图书馆存结一庐藏书

《刘向说苑》

明刊本，有朱学勤校。

（九）南开大学图书馆存结一庐藏书

《渚宫旧事》五卷

明抄本，明晋藩藏本，钤"晋府图书"朱文方印，"结一庐藏书印""子清所藏秘笈"朱文印章。

（十）黑龙江省图书馆存结一庐藏书

《历代制度详说》十五卷

（宋）吕祖谦撰，清朱澂结一庐抄本。

（十一）安徽师范大学图书馆存结一庐藏书

《新定三礼图》二十卷

清康熙通志堂刻本，6册。有"唐栖朱氏结一庐图书记"印。

（十二）台湾傅斯年图书馆存结一庐藏书

《礼笺》三卷

清嘉庆间（1796—1820）游文斋刊本，4册。有结一庐藏书印。

《尔雅》三卷

清道光五年（1825）石经精舍重刊明景泰马谅本，1册。有"结一庐藏书印"。

《龙洲道人集》十五卷

旧钞本，2册。《结一庐藏书印》等印记。

《唐文吕选》四种十三卷

清康熙四十三年（1704）刊本，6册。有《结一庐藏书印》。

《三朝北盟会编》二百五十卷

旧钞本，24册，有朱校。有御赐清爱堂、结一庐藏书、燕庭藏书、东方文化事业总委员会藏等图书记。

（十三）台北故宫博物院图书馆存结一庐藏书

《韩诗外传》十卷

明万历间新安程荣刊"汉魏丛书"本，2册，朱学勤手校并题记。

（十四）台北图书馆存结一庐藏书

《周礼集说》十一卷《复古编》一卷

明成化十年（1474）福建巡抚张瑄刊本。有"唐栖朱氏结一庐图书记"朱文方印、"朱学／勤修／伯甫"朱文方印。

《卓澂甫诗集》九卷

明万历八年（1580）芳杜洲刊本，有"结一庐藏书印"朱文方印。曾归南浔刘承干，见《嘉业堂藏书志》卷四著录。

《宋五家词》五卷

清乾嘉间（1736—1820）钞本，有"结一庐藏书印"朱文方印。

《渚宫旧事》五卷

旧钞本，有"唐栖朱氏结一庐图书记"朱文方印。

《明初四家诗》四十一卷

明万历三十七年（1609）新都汪汝淳校刊本，有"唐栖朱氏结一庐校藏经籍记"白文方印。

《吊伐录》不分卷

旧钞本，有"唐栖朱氏结一庐图书记"朱文方印、"修伯读过"白文方印、"朱学勤印"白文方印、"修伯"朱文方印。

《会稽掇英总集》二十卷

明山阴祁氏淡生堂钞本，有"朱学勤印"白文方印、"修伯"朱文方印、"唐栖朱氏结一庐图书"朱文方印、"翰林院印"汉满朱文大方印。

《三苏先生文粹》七十卷

明覆宋刊本。朱学勤手书题记。有"唐栖朱氏结一庐图书记"朱文方印。

《沈氏三先生文集》三十九卷

明刊本，8 册。有"结一庐藏书印"朱文方印。

《乐府诗集》一百卷

元至正元年（1341）儒学刊明代修补本，12 册。有"唐栖朱氏结一庐图书记"朱文方印。

《杨氏易传》二十卷

明万历二十三年（1595）刘日升等南京刊本，2 册。有"结一庐藏书印"朱文方印。

《五经同异》三卷

旧钞本，3 册。有"唐栖朱氏结一庐图书记"朱文方印。

《埤雅》二十卷

明刊本，10 册。有"唐栖朱氏结一庐图书记"朱文方印。

《槎轩集》十卷

旧钞本，2 册。有"结一庐主"白文长方印、"朱学勤印"白文方印、"修伯"朱长方印、"唐栖朱氏结一庐图书记"朱文方印。

《重广陈用之学士真本入经论语全解义》十卷

明谢氏小草斋钞本，4 册。有"唐栖朱氏结一庐图书记"朱文方印、"朱学勤印"白文方印、"修伯"朱文方印。

《春秋辩义》四十卷

明崇祯间仁和吴梦桂校刊本，12 册。有"结一庐藏书印"朱文方印。

《康斋先生文集》十二卷

明嘉靖五年（1526）抚州刊本，16 册。有"结一庐藏书印"朱文方印、"吴兴刘氏嘉业堂藏书记"朱文长方印。

《重续千字文》二卷

清咸丰七年（1857）海虞翁氏精钞本，2 册。有"朱学勤修伯甫"朱文方印、"唐栖朱氏结一庐图书记"朱文方印。

《渔石集》四卷

明嘉靖间（1522—1566）刊本，6册。有"唐西朱氏结一庐校藏经籍记"白文方印。

《新雕宋朝文鉴》一百五十卷

明天顺八年（1464）严州府刊弘治甲子（1495）及嘉靖五年（1526）修补本17册。有"唐栖朱氏结一庐图书记"朱文方印。

《卢溪先生文集》存三十七卷

旧钞本，3册，朱澂手校。存卷一至卷三十七。

《高漫士啸台集》二十卷

明成化十九年（1483）南京户部尚书黄镐刊本，8册。有"臣澂私印"白文方印、"字曰子清"朱文方印。

《论衡》三十卷

明钞本，6册。钤"吴兴刘氏嘉业堂藏书印"，朱学勤手书题跋。

《文编》六十四卷

明嘉靖间（1522—1566）福州知府胡帛校刊本，24册。有"朱学勤印"白文方印、"修伯过读"白文方印、"明善堂览书画印记"白文长方印。

《槎轩集》

旧钞本，2册。有"金星轺藏书记"朱文长方印、"结一庐主"白文长方印、"朱学勤印"白文方印、"修伯"朱长方印、"唐栖朱氏结一庐图书记"朱文方印。

《批注伤寒论》十卷

日本覆元刊本，4册。朱蓝笔校。有"吴兴刘氏嘉业堂臧书记"、"唐西朱氏结一庐校藏经籍记"等印。

三、结一庐藏书的影响

咸丰末洪杨之灾，杭州文澜阁遭焚，《四库全书》毁失大半。光绪六年（1880），巡抚谭钟麟、布政使德馨重建。光绪八年（1882），丁氏昆仲设局东城讲舍，遍访东南各藏书家，借善本抄录，开始补钞《四库全书》。塘栖朱氏与钱塘丁氏向来有交，结一庐藏书中有许多成了文澜阁补钞版《四库全书》的底本。"如鄞郡范氏之天一阁，庐氏之抱经楼，钱塘汪氏之振绮堂，孙氏之寿松堂，海宁蒋氏之别下斋，山阴沈氏之味经堂，慈谿冯氏之醉经阁，长沙袁氏之卧雪楼，常熟瞿氏之田裕斋，宣城李氏之瞿石硐室，钱塘吴氏之清来堂，仁和朱氏之结一庐，湖州陆氏之皕宋楼，金华胡氏之退补斋，丰顺丁氏之静持斋，南海孔氏之三十有三万卷堂，凡他人插架之书，一一按索。又若预有成约，可操券而致者。虽其间或函商须时，或祭告备礼，或酬以缣帛，或易以琅函，或裹粮而往，僦屋佣钞，或航海而归，频年借补。"（郭伯恭《四库全书纂修考》）

朱氏结一庐藏书精良，其书很多成为后世刻书印书所依据的底本。

民国初，李氏宜秋馆刻《宋人集》，黄次山《三余集》四卷，据丁丙所藏朱氏结一庐旧钞本校刊。民国十一年（1922），归安朱孝藏辑《彊村丛书》（1922 年归安朱氏刊本），其中的《丘文定公词》一卷、《心泉诗余》一卷，底本就是朱氏结一庐所藏旧钞本。

1924 年，永康胡氏梦选楼刻印刊《续金华丛书》，《金华贤达传》十二卷，覆结一庐藏孝义堂本。中华书局编辑出版《四部备要》，其《刘宾客文集》三十卷《外集》十卷，据结一庐朱氏刻本校刊。

1979 年上海图书馆影印《农桑辑要》七卷，据结一庐旧藏元刻本。

1985 年，上海古籍出版社影印《集韵》，用结一庐藏述古堂影抄本。

2004 年，四川大学古籍研究所编纂《宋集珍本丛刊》，俞琰《林屋山人漫稿》一卷、附录一卷，据结一庐藏清钞本。中华书局出版《古逸丛书三编》，收入宋刻《陆士龙文集》十卷，就是朱学勤、朱澂父子旧藏，现存北京图书馆。

2003 年，北京图书馆出版社《中华再造善本》丛书影印北京图书馆藏宋刻本《周礼疏》，亦用结一庐旧藏。

第五章　余杭公共藏书

　　余杭公共藏书在民国前主要是寺院所藏佛经及一些书坊藏的少量图书。民国时期，杭县、余杭县创办县立或乡村图书馆，公共藏书开始向社会发展，但藏书数量少。中华人民共和国成立后，尤其是改革开放后，公共图书馆作为公共藏书的主渠道，在余杭城乡快速发展。藏书设施设备不断改善，藏书数量不断增加，藏书结构不断优化，为人民群众提供丰富的精神食粮，成为人民群众求知求乐的重要场所。在余杭，除公办图书馆藏书外，还有社会力量兴办的图书馆（室），成为公共藏书和图书服务的重要补充。

　　藏书之目的是用书、读书，传播科学知识，促进人类文明发展。余杭区公共图书馆在不断增加藏书的同时，通过多种渠道、优化服务手段，发挥图书资源在推动全民阅读、提升民族素质、增强文化自信中的独特作用。

第一节　民国时期余杭公共藏书

　　中华民国建立以后，杭县、余杭县政府逐渐建立各级公共图书馆，公共藏书开始在图书馆中萌发。民国十年（1921），创办于杭州井亭桥畔的杭县通俗图书馆，藏书数千册。民国十六年（1927），省教育厅提倡各县配设乡村图书馆。此后，杭县建立临平、祥符桥、丁桥、七贤桥、塘栖等乡村图书馆，各藏书数量两三千册。民国十七年（1928），余杭县民众教育图书馆建立，遂开始在馆内藏书。

民国二十年（1931），杭县"有图书馆一，公共阅报室一，乡村每区图书馆各一，民众学校共十八所。并本市区内有公共阅报处六十一所，公共运动场一所，通俗图书馆一所，通俗巡回读书上库三所，改良茶园二所，通俗讲演所六所，平民学校八所"。① 其中乡村图书馆藏书共 600 余册。民国二十三年（1934），杭县共有"公立及私立小学一百二十九所，民众学校七十六所，县立民众教育馆三，图书馆五，体育场二，民众俱乐部二，民众阅报处一百八十四，民众问字及代笔处一百三十三，分布全县各乡"。②

民国二十六年（1937），杭县临平、祥符桥、七贤桥等 5 所区立乡村图书馆共藏书 7433 册。

至民国二十九年（1940），杭县拥有县立民众教育馆 4 所，县立民众学校 3 所，县立流通图书馆 1 所，县立体育场 1 所，区立民众教育馆 1 所，乡村图书馆 6 所。民众教育馆、流通图书馆和乡村图书馆各藏书数千册至万余册。

以下简要介绍各图书馆藏书及相关公共藏书处情况。

一、杭县通俗图书馆

民国十年（1921）12 月，杭县通俗图书馆创办，馆址设于杭州井亭桥畔。民国十五年（1926），杭县通俗图书馆藏书 12514 册。

民国十六年（1927）8 月，杭县通俗图书馆改为杭县县立教育流通图书馆。馆址迁杭州水亭址杭县县政府内，由教育局长兼任馆长，设职员 2 人，每年经费 1290 元（当时货币，下同）。

杭县教育流通图书馆"曾于十七年度定造一船，运输图书流通于各乡

---

① 康熙《余杭县新志》康熙刻本。

② 嘉庆《余杭县志》嘉庆刻本。

村，但只限于教育的图书，而缺乏通俗书本。十八年度内，拟试办通俗巡回书库，仍由教育流通图书馆经营"（《浙江教育行政周刊》1929 年第 7 期《试办通俗巡回书库》）。尚有船里图书一套，"因船出发较少，收发图书仅有四十余次"。

民国十八年（1929），再迁杭州小塔儿巷。是年，除原有教育图书外，购置"儿童读物四百零四册，通俗图书四百七十二册，一般书类十一册，各种杂志二十九册，共添备图书九百十六册。用去购书洋二百十余元，又本年三月间曾奉令代购县立乡村图书馆通俗图书七百五十九册，计银一百三十七元九用二分四厘"（《中华图书馆协会会报》1930 年第 6 卷第 2 期）。次年 4 月 1 日，改为杭县县立流通图书馆，对外开放，并增设儿童读物文库和巡回流通处。民国二十六年（1937），日军侵陷杭县后停办。

二、杭县塘栖五都区通俗图书馆

民国十四年（1925）4 月创办，馆址设于塘栖东小河，负责人姚福昌，每年经费 300 元（旧币），有图书 1350 册。

三、余杭县通俗图书馆

始建不详，"阅报社附设教育局内，布置适宜，图书馆所藏图书六千八百余册，阅报社陈设沪、杭各报及《东方教育》等杂志，每日阅览人数平均二十余人"（《浙江教育》1926 年第 2 期《余杭县教育状况报告书》）。

四、余杭县县立图书馆

余杭县县立图书馆建立于民国十二年（1923），馆址设于在城镇（今余杭街道）文庙内，设馆长 1 人，职员 2 人，每年经费 844 元（旧币）。民国十五年（1926），余杭县县立图书馆藏书 22087 册。民国十八年（1929），曾因经费困难并入余杭县民众教育馆，后又分开。

民国二十五年（1936）11 月，浙江省举办文献展览会，余杭县县立图书馆将馆藏的明刻《径山志》、稿本《余杭县志补遗》、抄稿《余杭文献脞存》

《余杭文献杂钞》、抄本《严调御先生琴述》《南溪日记》《余杭严颢亭先生诗录》等书参展。

抗日战争爆发后，余杭县县立图书馆停办。

五、杭县乡村图书馆

民国十八年（1929），浙江省教育厅提倡各县配设乡村图书馆。此后，杭县逐步建立乡村图书馆。至民国二十六年（1937），杭县的临平、祥符桥、丁桥、七贤桥、塘栖5所区立乡村图书馆，职员16人，共有藏书7433册。

区立塘栖乡村图书馆　民国十六年（1927）4月4日建立，馆址设在塘栖镇冯家弄口，设馆长1人。

区立祥符桥乡村图书馆　民国十八年（1929）5月建立，设馆长1人，每年经费240元（旧币）。

区立临平乡村图书馆　民国二十年（1931）建立，馆址在临平镇瓶山头。设馆长1人。

区立七贤桥乡村图书馆　民国二十二年（1933）建立，设馆长1人，全年经费108元（旧币）。

区立丁桥乡村图书馆　民国二十二年（1933）建立，馆址在笕桥。设馆长1人，每年经费240元（旧币）。

六、杭县图书馆协会

民国二十二年（1933）9月成立。全面抗日战争爆发后，各处图书馆或停或迁，协会无形中停止活动。民国三十一年（1942），虽曾图恢复，终未告成。

七、民众教育馆

民国期间，余杭县与杭县均设民众教育馆，开展社会科学教育，指导群众文化活动。民国十七年（1928）7月，余杭县民众教育图书馆创设于仓前，次年2月改为民众教育馆。民国十九年（1930）8月，余杭县民众教育馆从仓前迁在城镇（今余杭街道）县前街孔庙内。民国三十年（1941），余杭县民众教育馆随县政府迁至太公堂，并附设游击区文化供应站，向敌占区输送、供应文化资料。民国三十五年（1946）10月，余杭县民众教育馆自太公堂迁回在城镇。沦陷时期，日伪余杭县在孙家弄也设有民众教育馆。

杭县最早的民众教育馆为民国十七年（1928）建立的良渚民众教育馆。民国十九年（1930），临平、五杭（今属运河街道）设民众茶园。临平址在北大街，内设茶座，陈列通俗连环画及报纸，还有乒乓球、弈棋等娱乐室。民国二十一年（1932），塘栖改五都图书馆为县立塘栖民众教育馆。民国二十二年（1933）6月，三墩于社庙设民众俱乐部。20世纪40年代初，临平东大街萧家弄口设民众教育馆，抗战后尚存。

中华人民共和国成立后，民众教育馆由县人民政府接管。

八、杭县教育会

民国时期的杭县教育会，虽不属专门的图书馆，藏书数量也不多，但有不少珍贵图书收藏。今余杭图书馆所藏的一些极为珍贵的善本古籍，便来源于杭县教育会。如，清康熙四十九年（1710）内府刻本《渊鉴类函》四百五十卷，目录四卷，138册，有"杭县县教育会之章"印，2008年，入选第一批《国家珍贵古籍名录》。明金阊叶瑶池刻本《五车韵瑞》一百六十卷，《洪武正韵》一卷，24册，有"杭县县教育会之章"印，收入《中国古籍善本书目》。

据民国二年（1913）《教育周报》第2期记载："杭县教育会藏有图书九十二余种，及仪器、标本等件，向由书记许某掌管，去年开大会，改举职员，后会长王晋民君，提议将会中书件，逐一检查，以谋整理。不料检查之日，许某托故他避，而图书一项，或多或少，已与原有书目不符。该会职员，得知此种情节，深为诧异，公拟将仪器、标本等件，分任检查，欲以究其底蕴而保存公物云。""又该会经费，光复以来，万分竭蹶，每月由会长筹垫，始得保存机关，目下周知事对于该会，力任维持，并闻筹有的款矣。从此会务进行，或有裨益于地方也。"(《杭县教育会纪事二则》)

表5-1　民国二十一年（1932）杭县（非学校式）文化设施情况表

	名称	区属	地址	创办时间
1	县立塘栖民众教育馆	一区	塘栖镇	二十一年三月
2	县立良渚民众教育馆	二区	良渚镇	二十一年三月
3	县立流通图书馆	杭州	小塔儿巷	十六年八月
4	县立乔皋临平乡村图书馆	三区	临平镇	十九年五月
5	县立调钦乡村图书馆	五区	祥符乡	十九年五月
6	县立上泗乡村图书馆	六区	定山乡	十九年五月
7	区立五都图书馆	一区	塘栖镇	十四年
8	县立周家浦体育场	六区	周家浦镇	二十一年十一月
9	县立三墩民众茶园	五区	三墩镇	十九年四月
10	县立乔司民众茶园	四区	乔司镇	二十年十二月
11	县立临平民众茶园	三区	临平镇	十九年十二月
12	县立凌家桥民众茶园	六区	定山乡	二十年十二月
13	县立塘栖民众茶园	一区	塘栖镇	二十年十二月
14	私立袁家浦民众茶园	六区	普宁乡	二十年一月
15	私立五杭民众茶园	三区	五杭镇	十九年三月

资料来源：民国二十一年度《杭县教育机关一览》

第二节　中华人民共和国成立后余杭公共藏书

中华人民共和国成立后，余杭境内公共藏书随着公共图书馆事业的发展而逐渐丰富。尤其是改革开放后，在历届区（县、市）委、区政府及文化主管部门的高度重视下，区（县、市）图书馆和乡镇（街道）图书馆逐渐发展壮大，形成全区公共图书藏书与服务网络，成为全区公共藏书的主渠道，藏书量逐年递增。至 2020 年，区图书馆、乡镇（街道）分馆、村（社区）图书室（农家书屋）总藏书达 278.67 万册。同时充分运用现代科技手段，提升图书借阅服务水平，方便读者图书借阅，努力使公共图书资源实现全民共享。

一、区图书馆藏书与服务

余杭区图书馆是全区公共藏书的主要场所，藏书量由少到丰，藏书种类广泛，尤藏有一批珍贵的古籍和地方文献，藏书设备不断改善。区图书馆在丰富藏书的同时，不断优化服务方式，提升服务水平，成为全区公共图书服务网络的引领者和示范者，多次被评为全国一级公共图书馆。

（一）区图书馆历史沿革

中华人民共和国成立前，区图书馆为民国时期建立的杭县通俗图书馆和余杭县县立图书馆。中华人民共和国成立后，1950 年，余杭县文化馆和杭县文化馆均设立图书室。1956 年建立杭县图书馆。1958 年，余杭县并入临安县，余杭县文化馆图书室改为临安县图书馆余杭分馆。1961 年，原余杭县从临安县析出，恢复余杭县建制，遂恢复建立余杭县图书馆，馆址在临平小陡门弄，与县文化馆合署办公，设外借处、资料室，面积 45 平方米，1966 年停止开放。1971 年冬恢复，有工作人员 2 人。1973 年迁入临平北大街新建的县文化馆内，设外借书库、资料室、古籍书库，面积 150 平方米左右。1978 年有工作人员 5 人，1981 年增设农村流通书库，1982 年又增设儿童读物书库和儿童借阅处，1985 年，有副馆长 2 人，工作人员 10 人。

1986 年 1 月，在临平邱山大街开工建设图书馆馆舍，1987 年建成开馆。新图书馆占地 4.2 亩，建筑面积 2113.5 平方米，其中书库 420 平方米，设有外借室、阅览室、资料查阅室、古籍阅览室及讲演厅等。

1987 年 1 月 1 日，余杭县图书馆独立建制，定编 17 人。是年，全年接待读者 55638 人次。1994 年撤县建市，改称余杭市图书馆。1994 年底实

1986年余杭县图书馆开馆典礼

1997年余杭县图书馆实现电脑借还服务

余杭区图书馆一楼大厅

有员工 22 人,设外借部、阅览部、采编部、辅导部。2001 年,余杭撤市设区,改称杭州市余杭区图书馆。

2005 年 11 月 9 日,位于南苑街道世纪大道 49 号的余杭区图书馆新馆建成开放。占地面积 8233 平方米,建筑面积 10931 平方米,总投资 4000余万元。区图书馆有工作人员 48 人。设办公室(后勤)、采编部、外借部、计算机部、特藏文献部、读者活动部。

区图书馆单独建立以来,在上级主管部门的关心、支持下,经过全体

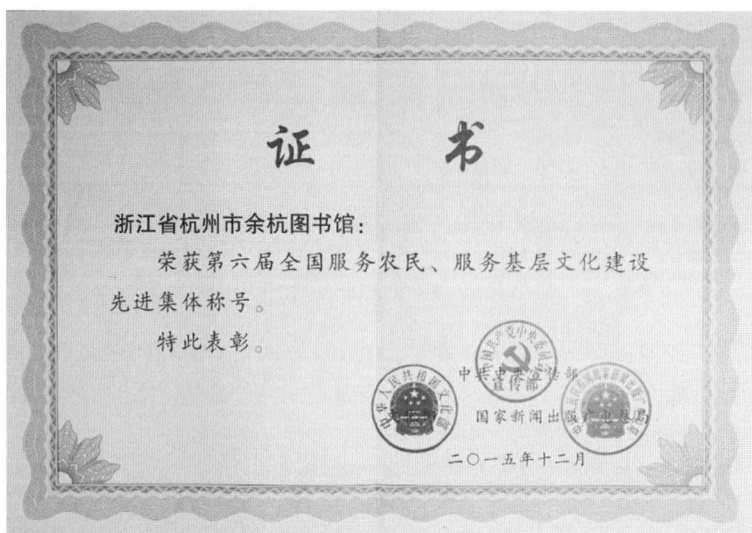

2015 年荣获第六届全国服务农民、服务基层文化建设先进集体

馆员的共同努力，取得了优异成绩，荣获诸多荣誉。1994—2017年，余杭区图书馆连续6次被文化部评估定级为"全国一级公共图书馆"。曾荣获第六届全国服务农民、服务基层文化建设先进集体，浙江省创作故事实验基地，浙江省青年文明号，杭州市社会科学普及基地，余杭区全民阅读基地等荣誉。

（二）区图书馆藏书建设

余杭区图书馆建馆以来，通过购买、受赠、征集、呈缴、交换、移交等多种方式和渠道，不断丰富馆藏。馆藏由简单到丰富，由零散到系统，纸质文献与数字文献并存，并形成古籍、地方文献特色馆藏。

1.馆藏纸质图书

图书馆藏书是服务读者的资源和基础。余杭区图书馆自建馆以来，藏书量总体呈上升趋势。1961年，藏书79261册。1966—1976年"文化大革命"期间，由于部分图书遭受破坏，藏书数量有所减少，直至1987年邱山大街新馆建成使用。1978—1990年间，年均新增图书突破1万册。1990—1999年，年均新增图书4000册左右。2001—2004年，区图书馆年均新增图书5000—10000册，其中2004年新增图书10099册。2005年起，在区委、区政府的重视下，每年购书经费增长10%，购书经费增至100万元以上，年购新书数量上升至4万册以上，馆藏图书大增。2018年起，年新增图书超过8万册。截至2020年，区图书馆图书藏量达114.994万册。

余杭区图书馆外借阅览室

表5-2 1987—2020年余杭区图书馆馆藏图书情况表

年份	藏书数（万册）	购新书（册）	订报刊（种）	购书经费（千元）
1987	8.9	11341	689	34.6
1988	9.8	14351	702	43.1
1989	11.5	11211	400	55
1990	13	9074	495	80
1991	12.2	7358	475	52
1992	13.1	3558	427	50
1993	14.2	7893	420	50
1994	14.7	5000	415	62
1995	14.2	3855	390	61.4
1996	15	2969	405	70
1997	16	3800	400	80
1998	16.7	4184	400	100
1999	17.3	3483	400	110
2000	18	6200	600	150
2001	18.9	7000	450	200
2002	19.6	5769	410	200
2003	20	7000	500	200
2004	21	10099	502	300
2005	23	19133	664	1000
2006	27.45	44532	913	1381
2007	32	32944	1515	1100
2008	35.69	36986	1300	1210
2009	40.4	47659	1300	1300
2010	46	47432	1200	1300
2011	53	38260	1200	1400
2012	59.5	64569	1210	1570
2013	65.29	57633	1205	1727

年份	藏书数（万册）	购新书（册）	订报刊（种）	购书经费（千元）
2014	71.6	60920	1101	1900
2015	77.7652	61593	1130	1900
2016	84.7641	69989	1177	1900
2017	89.9039	59194	1196	2000
2018	98.4338	66311	1090	2200
2019	106.9920	81161	1148	2700
2020	114.9944	78928	1096	3000

2. 馆藏数字资源

2000 年之后，随着信息科技和互联网的发展，图书资源向信息化、数字化服务推进，一些纸质图书资源转化为数字图书资源，或建设能够储存大量信息资源、通过网络传输的数字图书馆，使图书阅读服务更为先进和方便。

2002 年起，余杭区开始实施全国文化信息资源共享工程，通过文化信息资源网络传输系统，实现优秀文化信息共建共享。2003 年 6 月，余杭区图书馆被杭州市定为"共享工程"县级支中心，区财政投入 210 万元，为

余杭区图书馆电子阅览室

区图书馆增添"共享工程"建设设施设备。至是年底，区图书馆达到全国文化信息资源共享工程县级中心建设标准。

2005 年，区图书馆新馆建成后，不断探索数字图书馆的建设和推广，通过采购 VOD 视频点播、少儿动画资源等，丰富数字资源。2007 年，建成太炎读书网，包含书目查询、阅读推荐、数字资源使用等功能，与杭州图书馆共享知网、方正等数据库，向公众免费开放使用。太炎读书网于 2010 年荣获"浙江省文化共享工程十佳网站"称号。

2008 年 1 月 15 日，余杭区图书馆与浙江图书馆签约，正式加入"浙江省联合知识导航网"，成为其成员馆。2008 年起，余杭区图书馆充分挖掘资源，由浙江省文化厅立项，逐步建设良渚文化系列、章太炎文化系列等一批地方特色鲜明、内涵丰富的地方特色资源数据库，供读者免费查询、使用。

表5-3　2008—2018 年余杭区图书馆地方特色数据库情况表

建立时间	资源名称	主要内容
2008 年	良渚文化系列数据库	收录良渚文化论文 1000 余篇，图书 40 余册，器物图片 3000 余幅。
2010 年	章太炎文化数据库	收录章太炎文化著作 130 余册，相关照片 60 幅，视频 9 份。
2015 年	塘栖记忆数据库	分为塘栖大事记、古镇风貌、古镇人物、民间艺术、民间风俗、民间传说及文献资源七大板块，以文本、图片、音视频形式呈现。
2018 年	馆藏特色资源数字服务平台	包括余杭家谱、志书、历史文化等特色地方文献，500 余种地方特色电子图书。
2018 年	余杭红色记忆专题资源库	以"挖掘红色文化、传承红色精神"为轴线，收集整理余杭大量的红色史料，分成 7 个模块展示余杭革命历史、古址、人物等，文本达 200 余万字，视频 217 分钟，图片 610 幅，数据库达到 8GB。

2012 年 8 月，余杭区图书馆正式开通手机图书馆，读者只要用智能手机上网，输入网址 m.yu-tu.com，就能体验全新的图书馆服务方式，通过手机使用数字资源。

2014 年，余杭数字图书馆列入区人民政府民生实事工程，建成太炎读书网、手机图书馆、新浪微博、微信服务号四位一体的数字阅读载体。

2018 年后，区图书馆适应数字化新媒体时代，为读者提供丰富多彩的、健康有益的数字资源。是年，区图书馆上线新版移动图书馆，包含电子图书 100 万册，高清电子图书 3 万册，视频 2500 个系列 18400 集，音频 2013 个系列 13746 集，公开课 1037 个系列 7596 集。

截至 2020 年，余杭区图书馆拥有万方少儿数字图书馆、移动图书馆、超星期刊、爱读爱书、云图有声、墨香报纸库、连环画数据库、看展览、在线听书、中华诗词数据库、VR 文旅资源库、汇雅电子书、方正电子书 13 个数据库，可实现在 PC 端和微信端的使用，各类电子图书 150 万余册，电子报纸 400 余种，电子期刊 7100 余种，音视频 4 万余集，有声电子书 60 万余集，展览场景 5000 余个，为读者提供丰富、海量的数字资源。

2020 年 5 月 28 日，余杭区图书馆智慧城市分馆（临平图书馆）"云开馆"，配备人脸识别入馆、智能书架、智能借阅柜、智能机器人、VR 一体

临平图书馆机器人"临临"为读者提供送书服务

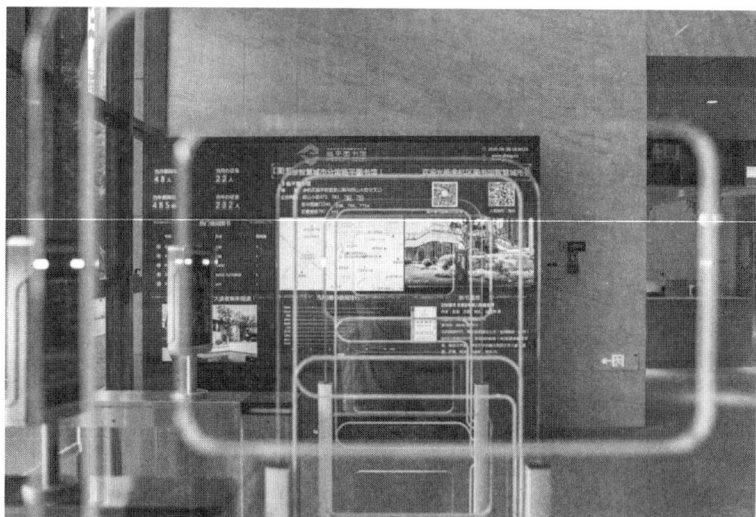

临平图书馆智慧大厅

机、自助消毒柜等，实现图书馆业务全流程智慧化。打造智汇客厅、星空影院、耳朵森林、身临其境等智慧场景，拥有电子书刊、听书等数字资源。临平图书馆围绕读者和社区全生活链服务需求，以全省图书馆联合体的资源、平台和服务能力为依托，利用数字化和新技术，为社区生态系统和生态活力建设赋能，推动社区文化生活共同体建设。

3. 特色馆藏

20世纪70年代，余杭区图书馆对特色馆藏以集中建库、分类排架为原则进行组织。1973年，新增古籍书库。1987年1月，余杭县图书馆新馆建成后，除收藏古籍外，开始有计划地收藏余杭地方文献以及历史价值比较高的图书。2005年，余杭区图书馆世纪大道新馆建成后，不断优化采购方案，改善藏书结构，突出馆藏重点，有针对性地建立特色馆藏，开展专题与特色馆藏服务。

（1）古籍文献　截至2020年年底，余杭区图书馆拥有线装古籍（含民国线装古籍）共计1067种10457册，其中馆藏善本85种1001册；馆藏家谱53种95册，为杭州地区县（区）级图书馆古籍藏量最多、种类最丰

余杭区图书馆专题文献室

富的图书馆。

馆藏古籍来源主要为两个渠道：第一，历史遗留的公共藏书，主要来源于杭县通俗图书馆、余杭县县立图书馆、杭县县教育会等公藏单位。第二，1978 年 5 月，县文物管理委员会办公室所藏古籍 10 部 243 册移交县图书馆；20 世纪 90 年代初，余杭县博物馆移交的古籍。

馆藏古籍版本类型，有抄本、刻本、木活字本、铅印本、石印本等，其中以刻本居多，木活字本均为家谱。古籍版本年代最早为明代。以内容分类，馆藏古籍中子部书籍种数最多，丛部书籍的册数最多。以古籍装帧形式分类，馆藏所有古籍均为线装。

区图书馆馆藏古籍中，有 5 部被《中国古籍善本书目》著录，有 58 部被《浙江省古籍善本联合目录》著录，有 1 部列入第一批《国家珍贵古籍名录》，1 部列入第六批《国家珍贵古籍名录》，5 部列入第二批《浙江省珍贵古籍名录》。馆藏家谱中有 21 部被《中国家谱总目》著录，22 部被《浙江家谱总目提要》著录。（详见本章第三节）

余杭区图书馆高度重视古籍抢救、保护工作，2013 年被评为第一批浙江省古籍保护达标单位，2015 年被列入第一批浙江省古籍修复站。

（2）馆藏地方文献　地方文献是余杭区图书馆最具特色的重要文献之

2013 年余杭区图书馆被评为浙江省古籍保护达标单位

一。20 世纪 80 年代后，余杭区图书馆开展地方文献征集工作，馆藏地方文献逐年增多。截至 2020 年，馆藏地方文献达 3952 种 5000 余册（件），形成独具特色的涵盖地方志、史料、统计资料、年鉴、文集、名录、资料汇编等各种类型的地方文献收藏体系。其中较有价值的有清嘉庆年间的《余杭县志》、清顺治元年（1644）沈谦撰、清光绪十年（1884）刊的《临平记》，1990 年出版的《余杭县志》，以及 2014 年出版的《章太炎全集》等。

馆藏重点地方文献有：（1）志书。近百种，包括县志、村镇志、寺观志、专业（厂矿、院、校）志；（2）年鉴。藏有综合性年鉴《余杭年鉴》（1991—2019），专业年鉴《余杭统计年鉴》（1988—2019），《余杭卫生年鉴》《余杭教育年鉴》《余杭纪检年鉴》等年鉴文献；（3）家谱。77 种，包括唐栖朱氏家谱（1903 年刻本）、禹航免涵陈氏宗谱（1890 年木活字本）等；（4）余杭历史文化研究系列丛书，包括《余杭历史文化丛书》《临平历史文化丛书》等；（5）良渚文化文献；（6）章太炎文化文献；（7）径山禅茶文献；（8）运河文献；（9）西溪文献；（10）吴昌硕文献；（11）杨乃武与小白菜文献；（12）余杭本土作家作品等。此外，还藏有余杭地方报纸、期刊及部分省市文献。

（3）其他特藏 20世纪80年代起，余杭区图书馆陆续采购高质量丛书入藏，至2020年，馆藏价值比较高的丛书有《影印文渊阁四库全书》《续修四库全书》《四库未收书辑刊》《嘉兴大藏经》（径山藏版，原版影印本）《中国历代绘画大系》《浙江文丛》等。其中馆藏的《影印文渊阁四库全书》为1986年台湾商务印书馆根据台北"故宫博物院"藏本《文渊阁四库全书》影印出版。

（三）区图书馆文献资源整理与开发利用

余杭区图书馆重视文献资料整理和开发利用，为社会服务。为让读者了解馆藏，多次举办地方文献展览；利用馆藏文献资源，有计划地进行整理开发利用，为大众提供信息服务。2012年，区图书馆获"全省公共图书馆地方文献工作示范馆"称号。

1. 古籍整理与开发利用

20世纪90年代初，余杭区图书馆对馆藏第一批8000余册古籍（含民国线装书及少量现代影印线装书）进行整理编目，于1994年装订印刷《余杭市图书馆古籍简目》。2006年，对馆藏第二批2000余册古籍（含民国时期文献）进行整理编目，于2009年完成手写《余杭区图书馆馆藏第二批古籍简目》及《余杭区图书馆馆藏第二批古籍目录提要》。2008年，整理出361种1737卷631册中医古籍，并完成余杭区图书馆馆藏古籍医家类目录简目、详目、提要的编写。2009年2月初，对库存古籍碑帖逐册做清刷、修补、著目、编写提要等整理工作，共整理出金石书法碑帖67种，并编写《馆藏古籍碑帖目录提要》，约3万余字。同年6月，完成对库存古籍小说、类书的整理工作，共整理出43种694卷180册古旧小说，37种432卷139册古旧类书，同时完成该批古籍的简目、内容提要的编写。

2012年6月，"余杭区图书馆古籍普查"项目在浙江省文化厅立项，历时两年，初步完成区图书馆古籍普查登记工作，于2014年底顺利结题。

2018—2019 年，相继出版的《杭州图书馆等十一家收藏单位民国时期传统装帧书籍普查登记目录》《西冷印社社务委员会等十家收藏单位、浙江省瑞安中学等八家收藏单位古籍普查登记目录》中，余杭区图书馆普查登记目录列入其中。该次普查工作全面摸清了馆藏古籍的数量、种类、版本、级别、存缺破损情况等基本内容，基本掌握馆藏古籍的保护情况，为进一步加强古籍保护、管理、利用奠定基础。

2. 地方文献整理与开发利用

余杭区图书馆随着馆藏地方文献逐年递增，馆藏资源不断丰富，积极开展地方文献的整理与开发利用工作。通过设立地方文献专柜、地方名人专柜，吸引读者关注、捐赠、开发、利用地方文献，同时整理书目和专题详目供读者利用。

2010 年以来，余杭区图书馆深入挖掘余杭地方文献，先后整理编写了《余杭区图书馆馆藏超山地方文献资料目录》《余杭区省级以上非物质文化遗产汇编》《余杭抗日战争那些事》《塘栖枇杷文化漫淡》《超山梅花》《余杭区图书馆馆藏家谱内容提要》《余杭区图书馆地方文献目录》等二次文献，为读者研究相关地方文化提供重要的资料。同时，余杭区图书馆重视地方文献数据库建设，精心选取切入点，有规划、分阶段地对地方特色资源进行整合加工，逐步建设浙江省文化信息资源共享工程地方特色数据资源建设项目。先后开发建设良渚文化系列数据库、章太炎文化数据库、塘栖记忆数据库、余杭红色记忆专题资源库、余杭地方文献资源库等。其中，"余杭红色记忆专题资源库"荣获浙江省文化信息资源共享工程地方特色优秀数据库。

3. 信息产品开发与利用

2008 年起，余杭区图书馆利用丰富的文献资源，围绕区委、区政府中心工作，搜集筛选具有较强针对性、政策性、借鉴性、时效性的信息，进行二次、三次文献开发，编制《信息参考》，为区委、区政府提供决策参考信息,为企事业特定用户群提供高质量信息服务。至 2020 年,相续出刊《两会专题》《防灾专题》《旅游综合体》《微博问政》《余杭"最多跑一次"改革》《数字经济,余杭先行》《改革开放以来余杭城市建设历程》等信息参考专题,共出刊 88 期。其中 2008 年编的《防灾专题》和《旅游综合体》受到时任杭州市委常委、区委书记朱金坤批示。此外,2017 年、2018 年,区图书馆编辑制作的《创建特色小镇,引领余杭新发展》和《十九大报道解读——文化自信》获浙江省文化厅全省公共图书馆开展"两会"专题信息产品合作编辑优秀奖。

（四）区图书馆读者服务工作

1. 送书下乡持续开展

1987—1995 年,余杭县图书馆每年组织开展图书下基层、下农村流通借阅活动,并积极扶持村级图书室建设。1996—2005 年,余杭区（市）图书馆深入开展图书下乡惠民活动,为乡镇（街道）赠送科普类、农科类图书和期刊,年均赠送图书期刊 500 余种。2006 年起,区图书馆每年开展"万册图书下乡"及"农家书屋"送书活动,赠送图书超 1 万册。2020 年投入

1996 年余杭市图书馆文化下乡

2020年"相约你我他，文化进万家"万册图书下基层

送书下乡专项经费76万元，送书下乡至全区20个镇（街道）农村文化礼堂、社区文化家园及176个农家书屋，赠送图书共计3.8万余册。

1996年以来，累计送书下乡50余万册，为普及科学知识，增进农村群众文化素养，促进新农村建设，发挥积极作用。

2. 精准服务手段提升

2004年10月，杭州地区公共图书馆"一证通"工程正式开通，实现杭州市包括余杭区图书馆在内的9家公共图书馆文献通借通还、资源共享，凭借书证借阅，文献外借册次为3册／证，借阅时间为30天。

2007年，《杭州地区公共图书馆服务公约》颁布，余杭区图书馆作为杭州地区公共图书馆成员单位之一，实现真正意义上的免费开放。

2009年5月，开展图书馆服务宣传周活动，余杭区图书馆、各镇乡（街道）分馆及"一证通"基层服务点面向全区市民推行使用新一代借书证，对余杭本地户籍居民，免除（退还）押金。

2012年4月23日，余杭区图书馆将文献借阅册次由6册／证提升到10册／证，借阅时间由原先的30天延长至40天。

"你点书，我买单"书店借书惠民服务深受欢迎

2014年2月18日起，文献外借册次从10册／证提高到20册／证，余杭区90余万市民卡开通借阅功能。

2017年11月，余杭区图书馆开通支付宝芝麻信用分借还服务，读者只需有实名认证的支付宝账号，信用分达到550分以上，就可进行文献借阅。同年，与余杭新华书店未来科技城店合作（创客之家），推出阅读悦享——"你点书，我买单"书店借书服务。

2019年4月23日起，余杭区图书馆与杭州市各区（县、市）公共图书馆共同推出免除逾期费举措，进一步降低读者享受图书馆服务门槛，推动全民阅读。

2020年4月，余杭区图书馆智慧城市分馆——临平图书馆推出刷脸借阅、"临里约书"线上点单、快递到家借书服务。

3.阅读活动精彩纷呈

余杭区图书馆积极倡导"爱读书、读好书、善读书"文化风尚，重视阅读推广活动的举办，让阅读成为一种信仰、一种时尚。近年来，区图书馆针对不同年龄层次读者更加深化开展专业性、普及性、多元化的读者活动，年均举办阅读推广活动 300 余次，直接参与读者达 10 万余人次。

立足传统文化，让阅读更有趣。区图书馆以"美丽洲"故事会为平台，推动读书活动兴起。2013 年以来，已连续举办故事会 8 届，共举办民间故事、非遗故事、廉政故事、少儿故事等专场故事会 116 场。同时组建一支由在全国及长三角地区有影响的故事员为骨干的故事创作、讲述团队，先后赴杭州、桐庐、柯桥等地演讲，听众达到 4 万余人。还开展"我是故事大王"选拔赛、培训等活动选拔培育故事人才。"美丽洲"故事会相继获余杭区宣传思想工作"创新奖"、西湖读书节优秀项目、"杭州最具影响力阅读活动"、省图书馆学会 2017 年优秀图书馆服务品牌最佳创意奖等荣誉。并举办两届余杭区青少年诗词大会，促进广大群众热爱诗词、弘扬传统文化。

聚焦热点亮点，让阅读更生动。区图书馆在新中国成立 70 周年、"一带一路建设"和 4·23 世界读书日、未成年人读书节、西湖读书节等，以"党建 + 阅读"推出"我们都是追梦人"全区征文大赛、"幸福余杭、礼赞祖国"我们都是讲述人等活动，邀请考古人、创业者面对面讲述奋斗故事等。举办"走近非洲"——文化艺术品展、"遇见余杭"——余杭荷兰韦尔特艺术

"我是故事大王"总决赛拜师仪式

"美丽洲"故事会文化交流专场

家眼中的大运河艺术展等读书活动。2018年起举行"美丽洲"诵读活动。

　　坚持融合发展，让阅读更诗意。区图书馆在推进文旅融合中，运用汽车图书馆开进径山千花里四季花海，踏足超山"十里梅花香雪海"。"太炎讲堂"推出"行走的阅读"研学系列活动，带领亲子家庭走进良渚博物院，走进鸬鸟抗日战争纪念馆等，体验阅读的乐趣。

　　坚持少儿推广，让阅读更精彩。区图书馆于2013年起推出"向日葵"绘本阅读故事会、"小雏鹰"童话社会活动，组建"故事妈妈"等阅读推广人队伍，至2020年底，共举办190期，5700余名小读者参加。2018年推出的"七彩童年"暑期夏令营，包括阅读部落、公益培训、少儿电影放映等丰富的活动。

　　2020年，面对"新冠"疫情的影响，余杭区图书馆将阅读推广的重心转移到线上，举办"书香余杭　云上阅读"、"春之声"云朗读大赛、"我的站疫"阅读马拉松线上快闪赛、"美丽洲"云端故事会等活动。以书香抗疫方式，传递阅读的力量。

"行走的阅读"研学活动

余杭区图书馆"向日葵"绘本阅读故事会

4.特殊人群读书服务

2005 年，余杭区图书馆购置盲文图书 1116 册，以名著、中医、针灸盲文图书为主，为盲人提供阅览和送书上门服务。为让更多视障人群享受到便捷、多样化的阅读服务，区图书馆引进"心声·音频馆"音频库资源。音频资源量共有 12000 余小时、61765 集，分为评书曲苑、相声小品、名

余杭区图书馆开展爱心助盲活动

曲赏析、影视同声、传奇故事、心声励志、健康新生、文学素养和欢乐少儿9个方面。2018年，又采购2台22寸电子助视器，1台安装阳光读屏软件的计算机以及一批听书机、录音机等设备。2019年全国图书馆服务宣传周期间，区图书馆向区残联盲人协会免费赠送了15台盲人听书机及一批盲文读物，并请专业人员进行现场指导使用。

此外，余杭区图书馆关注监狱服刑人员的读书问题，积极为监狱服刑人员提供各种内容丰富、形式多样的服务，增强了服刑人员出狱后的社会技能，为服刑人员提供了多种形式的知识、文化服务，使图书馆成为沟通服刑人员和文化世界的纽带。近年来，余杭区图书馆先后在浙江省第四监狱、浙江省四监武警支队建立的馆外集体流通点，在浙江省二监武警支队开通"一证通"服务，实现通借通还，有效地把监狱与公共图书馆连接起来，使图书馆不仅服务于整个社会的广大群众，也使服刑人员享受到平等的社会服务，重拾信心，早日回归社会。

二、基层公共图书馆服务网络体系建设

中华人民共和国成立后，余杭县（市、区）十分重视公共图书馆服务网络体系建设，在不断推进县（市、区）图书馆建设同时，大力发展乡镇（街道）公共图书事业，形成上下相连接的全区公共图书服务网络体系，从而提升全区公共图书藏量，不断满足广大群众对精神文化的新需求，促进余杭文明建设。

从20世纪70年代初至2020年，余杭区公共图书馆服务网络体系建设，大致经历了三个阶段。

（一）第一阶段（1973—1999年）：乡镇图书馆创办、培育与发展

1972年开始，余杭农村人民公社文化站逐步建立，图书室作为文化站的"门面"，遂逐渐产生和发展。1973年3月，和睦公社（今属闲林街道）文化站创办图书室，有图书2000余册，后在该公社各生产大队发展图书室，实行公社和大队图书流通。1978年，全县建立公社图书室30个，生产大队图书室66个，图书流通站20个。

20世纪80年代，农村集镇文化中心建设兴起，乡镇图书馆（室）培育发展。至1987年，全县50个乡镇普遍建立图书馆（室），有的乡镇图书馆（室）藏书3000册以上。1988年，亭址镇集镇文化中心图书室藏书达6000余册；九堡镇（今属杭州市江干区）图书室藏书5000余册，连环画400本。

1993年始，乡镇公共藏书呈快速增长之势，仓前、闲林、博陆、九堡、亭趾5镇文化站图书室藏书超万册。1996年，彭公乡（今属瓶窑镇）建成余杭市第一个乡级万册图书馆。该乡图书馆投资4万元，藏书1.28万册，并创立农民读书协会，成为1996年度余杭市农村十件大事之一。1997年，临平镇、余杭镇、瓶窑镇建成万册图书馆。至1999年，余杭市"万册图书馆"乡镇达9个。当年，余杭市首家村级图书室在瓶窑河中村建成开放。与此同时，搬迁新址的余杭镇图书馆新开辟电子阅览室，配有电脑10台，办公

电脑 2 台,读者借阅图书需办理图书 IC 卡,成为余杭市首家电脑化管理的乡镇图书馆。

(二)第二阶段(2000—2010 年):全区公共图书馆总分馆制创新探索

2000 年开始,余杭区加强基层文化建设,创建省、市"东海文化明珠"乡镇,带动基层图书事业发展。2006 年,余杭区为提升基层图书室建设水平和服务功能,以实施全区公共图书馆总馆、分馆制为载体,开始探索构建区、乡镇(街道)、村(社区)三级公共图书资源共享服务网络。区图书馆为总馆,乡镇(街道)图书馆为分馆,并延伸至村(社区)图书室。按照"成熟一个,发展一个"的原则,实行区负责乡镇(街道),乡镇(街道)负责村(社区)的环环相扣的管理体系,对有条件的点位纳入杭州地区公共图书馆"一证通"工程,实现"统一采编、统一配送、统一流通"。当年,塘栖镇、余杭镇率先开展总分馆制试点工作,之后逐年发展。至 2011 年,实现全区乡镇(街道)图书分馆"一证通"服务全覆盖,图书总分馆制建设基本完成。

崇贤街道分馆

仓前街道分馆

塘栖镇分馆

公共图书馆总分馆制的实施,大大提升了乡镇(街道)图书分馆的阵地服务效益,极大地便利了农村群众的文化需求。2008 年,塘栖镇、余杭镇、径山镇、运河镇、闲林镇图书分馆被评为杭州图书信息服务"一证通"工程优秀基层服务点。外借图书册次递增明显,其中,塘栖镇分馆馆藏图书 11657 册,2008 年外借图书 24923 册次,2009 年外借图书达到 31957 册次,借阅增长 28.22%。余杭镇分馆馆藏图书 12807 册,2008 年外借图书 14667

册次，2009年外借图书达到17501册次，增长幅度为19.32%。截至2010年6月，全区19个乡镇（街道）图书馆平均每个藏书在1—2万册。

2006年后，村（社区）图书室加快发展。2009年开始，各行政村全面实施农家书屋工程，统一挂牌。同年，运河镇新宇村、仓前镇苕溪村、闲林镇云栖村、余杭镇洪桐村等12个"农家书屋"通过杭州市文化广电新闻出版局验收，挂牌成立。2010—2020年，余杭区村（社区）图书室（农家书屋）发展至367个。其中一部分村（社区）图书室实行"一证通"联网服务。

（三）第三阶段（2011—2020年）：全区公共图书服务质量大提升

全区各镇（街道）实现图书分馆全覆盖，总分馆网络体系建成后，使基层图书馆跳出低水平重复建设、重复采购的模式，进入可持续发展的新路子。至2020年，20个镇（街道）图书分馆总藏量为60.54万册，村（社区）农家书屋（图书室）367个，总藏量103.25万册。

2010年后，区文化广电新闻出版局和区图书馆从体制机制、设施建设、服务供给等方面入手，积极构建覆盖城乡、便捷实用、普遍均等公共图书馆服务体系，提高公共图书馆的服务质量和管理效益，以切实解决城乡居民"借书难、看书难"的问题，保障城乡居民享有基本文化权益。

（1）完善体制机制，制定考核奖励等相关制度。余杭区先后出台的《关于加快推进"文化余杭"建设的实施意见》《关于加快构建现代公共文化服务体系的实施意见》《关于加快推进全民阅读建设书香余杭的实施方案》等系列政策文件，为全民阅读、书香余杭建设提供重要支撑。2010年起，余杭区图书馆出台《余杭区公共图书馆分馆考评暂行办法》，对镇街分馆实行考核，对考核中达到优秀、合格的分别给予5000元、3000元的奖励。2012年，余杭区文化广电新闻出版局出台《余杭区公共图书馆镇街图书分馆考核细则》，对考核中达到优秀、良好、合格的分馆，分别给予10000元、6000元、3000元的奖励。同年，出台《余杭区公共图书文献流转管理办法》，区图书馆每季度对镇（街道）图书分馆进行500册图书文献流转工作，实现文献资源共享。2014年10月，由余杭区质量技术监督局发布《乡镇综合文化站公共服务规范》地方标准，将图书分馆建设要求予以纳入。2015年起，出台《余杭区公共图书馆镇、街道分馆专职图书管理员专项补助暂行办法》，对面积在500平方米以上，符合《余杭区乡镇（街道）综合文化公共服务规范》地方标准"图书报刊借阅服务"要求，经考核后，进行专项补助，经费用于专职管理员的工作补贴。2019年，塘栖镇图书分馆、崇贤街道图书分馆、南苑街道图书分馆、星桥街道图书分馆、径山镇图书分馆达到补助标准，给予每个点位6万元的补助。

2020年，按照省市"最多跑一次"改革向公共图书馆延伸扩面的要求，中共余杭区委全面深化改革委员会办公室、区文化和广电旅游体育局联合出台《余杭区公共图书馆服务大提升行动方案（2020—2022年）》，积极推进公共图书馆服务便利化、智慧化、人性化、特色化、规范化水平，提出按照省、市、区公共图书馆"管理一体化、业务一张网、服务一朵云"的要求，整合全区公共图书馆资源，深化总分馆体系，强化数字赋能、全面优化便利措施，显著提升服务效能的目标。

（2）提升设施建设水平，服务网络延伸拓展。2010年后，一些规模较大的镇（街道）除了设立图书借阅室、电子阅览室之外，还设立了培训、讲座、展览及少儿阅览等区域，环境优雅、空间舒适。2018年起，在余杭区实施"文化西进"中，规划新建（改建）的瓶窑、径山、黄湖、鸬鸟、百丈等镇综合文化站中设立的图书分馆面积平均达到800平方米以上。崇贤街道图书分馆投入300万元，重新装修后于2018年对外开放，面积达到1200平方米，设立了成人、少儿、电子阅览区、培训等区域，成为当地市民群众学习好去处。东湖北沙分馆于2020年6月建成开放，面积500平方米，融合阅览、听书、活动举办等多种服务功能。正在建设、装修的的南苑街道分馆面积700平方米，星桥街道、乔司街道分馆面积1000平方米，空间设计更加大气、布局合理，增加了更多服务元素，也于2021年与读者见面。2017年以来，崇贤街道、塘栖镇、径山镇、良渚街道相继被评为浙江省书香城镇。

余杭区委、区政府提出"书香余杭"建设后，全区公共图书馆服务网络体系提质增效，除包括镇街分馆外，还出现24小时自助图书馆、书香余杭图书漂流点、汽车图书馆、主题分馆等多种建设模式。2015年10月，位于南苑街道南苑街141号的余杭区首个24小时自助图书馆建成开放，配备2000余册图书，实行"刷卡进门、自助借还"的服务模式。2018—2019年，区图书馆与区机关事务中心、临平街道办事处、杭州金都房产集团有限公司合作等单位及社会力量合作，共建区政府、临平街道、金都夏宫、临平街道庙东社区、星桥街道隆昌社区、东湖街道星光社区、塘栖镇水北社区7个24小时自助图书馆。崇贤街道沾桥村、崇文社区也相继完成24小时自助图书馆建设并投入使用。加上图书馆大门东侧，共计24小时自助图书馆达到10个。平均每个自助图书馆配置社科、自科、少儿等图书3000—5000册，及自助借还机、电子书阅读机、便携式阅读机等智慧化设备。全天候、智慧化、无人值守的24小时自助图书馆成为一道亮丽的风景线，成为余杭市民群众阅读求知的新选择，每晚亮起的阅读灯温暖着一座城。

星桥街道隆昌社区24小时自助图书馆

2017 年起，推出"书香余杭·图书漂流点"。相继建立区政府、区行政服务中心、高铁站、开元名都、临平大酒店、麦道大厦、城建大厦、九洲大厦、金鑫大厦、永安大厦及西子国际等 20 个书香余杭·图书漂流点。每个点位配备图书 100 册，读者不用借书证，也无需押金，只要简单填写借还信息即可将书带回家。

书香余杭·永安大厦图书漂流点

书香余杭·区行政服务中心图书漂流点

书香余杭·城建大厦图书漂流点

2019年1月，余杭首辆汽车图书馆"小蓝胖"投入使用，配备图书1500册。该汽车图书馆不定期开进各镇（街道）、村（社区）和学校、企业、景区等开展图书借还服务，打造市民家门口的图书馆，为读者提供更便捷、高效的图书服务，打通图书馆服务"最后一公里"。至2020年12月，汽车图书馆出车339次，借阅图书6万余册次，接待读者4万余人次。2021年1月，第二辆汽车图书馆到位并投入使用。

2019年以来，余杭区图书馆积极探索主题分馆建设，2020年4月23日世界读书日，余杭区图书馆智慧城市分馆——临平图书馆试运行，5月28日举办开馆仪式。该馆以"开放、融合、赋能、共赢"为理念，面积2800余平方米，藏书8万余册。在数据运用、场景挖掘、运营模式、社区生态链融合等多个方面予以探索，构建出终身学习的新场景，配备人脸识别入馆、智能书架、智能借阅柜、智能机器人、VR一体机、自助消毒柜等，打造"智汇客厅、星空影院、耳朵森林、身临其境"等10余个智汇场景。在临平深厚文化底蕴的基础上，倡导"山水临平、智慧创新"的书香生活方式，为临平老城区植入更多的知识创造活力。临平图书馆成为读者竞相

"留在余杭 书香过大年"汽车图书馆活动

汽车图书馆进社区

汽车图书馆进军营

体验的网红图书馆，并入选浙江公共场所服务大提升 9 月"亮点项目"，获评 2020 美好生活长三角公共文化空间创新设计大赛网络人气奖。至 2020 年 12 月，先后接待北京市文旅局、省文旅厅、全省公共图书馆馆长等省内外参观 91 批次 1791 人次。

2020 年，余杭区智慧城市分馆——临平图书馆、崇贤街道分馆、塘栖镇水北社区 24 小时自助图书馆成功创建"杭州书房"。

（3）总分馆上下联动，阅读活动整体推进。余杭区图书馆发挥总分馆服务体系中的引领、示范作用，提升服务质量，构建阅读推广联动体系，采用总分馆联动模式，带动分馆活动开展，覆盖更多人群。在区文化和广电旅游体育局的部署下，每年面向各镇街举办阅读推广活动，做到总馆策划引领、分馆组织实施，有效延伸公共图书馆的服务触角，将阅读推广活动延伸到基层。各镇街图书分馆积极打造特色鲜明的阅读品牌。崇贤街道图书分馆举办秋实讲堂,讲述身边的好人好事、文明礼仪、崇贤本土文化等,并以崇贤图书分馆为"盟主",两个 24 小时自助图书馆和 11 个农家书屋为"盟员",打造"崇贤享阅联盟"。临平街道分馆打造"寻找临平匠心"活动,传承余杭传统文化,创建"书林韵事"漫画品牌,成立主题漫画社,探索图书馆与艺术教育的融合。塘栖分馆开设"桃李学社"名优教师讲座、"大运河故事会""塘栖作家新书分享会""寻找大运河宝藏"名胜古迹讲座等活动,深受读者欢迎。

第三节　余杭区图书馆馆藏古籍善本

至 2020 年,余杭区图书馆馆藏线装古籍(含民国时期传统装帧书籍)共计 1072 种 10462 册。其中 47 种馆藏古籍善本收入 1988 年版《余杭县志》;5 种收入 1996 年版的《中国古籍善本书目》;有 85 种古籍善本收入 2005 年版《余杭通志》第三卷第二十编(文化)中;58 种收入 2017 年版《浙江省古籍善本联合目录》。有 1 部收入第一批《国家古籍珍贵名录》,1 部收入第六批《国家珍贵古籍名录》,5 部收入第二批《浙江省珍贵古籍名录》。

一、馆藏古籍善本目录

依据《浙江省古籍善本联合目录》,余杭区图书馆馆藏古籍善本为 58 种,其中经部 10 种,史部 13 种,子部 18 种,集部 15 种,丛部 2 种。具体书目如下:

经部:

1.《周易传义》十卷

编号 330000-1707-0000010　A0012　经部 / 易类 / 传说之属

(宋)程颐传　(宋)朱熹本义　明刻本　二册

2.《尚书后案》三十卷附后辨一卷

编号 330000-1707-0000011 A0013 经部／书类／传著之属

（清）王鸣盛　清乾隆四十五年（1780）礼堂刻本　五册　存三十卷（一至三十）

3.《诗经审鹄要解》六卷

编号 330000-1707-0000004 A0001 经部／诗类／传说之属

（清）林锡龄辑　清乾隆九年至十四年（1744—1749）刻本　六册

4.《周礼补亡》六卷

编号 330000-1707-0000001 A0002 经部／周礼类／传说之属

（元）丘葵　明抄本　三册　存三卷（一、三、六）

5.《周礼节训》六卷

编号 330000-1707-0000074 A0070 经部／周礼类／传说之属

（清）黄叔琳辑　（清）姚培谦重订　清乾隆四十三年（1778）刻本二册

6.《读礼通考》一百二十卷

编号 330000-1707-0000013 A0016 经部／三礼总义类／通礼杂礼之属

（清）徐乾学撰　清康熙三十五年（1696）冠山堂刻本　二十三册　缺三卷（一百十八至一百二十）

7.《五礼通考》二百六十二卷首四卷总目二卷

编号 330000-1707-0000096 A0015 经部／三礼总义类／通礼杂礼之属

（清）秦蕙田撰　清乾隆十八年（1753）金匮秦蕙田味经窝刻本

七十二册　缺五卷（一百零六至一百零八、一百四十至一百四十一）

8.《读左日钞》十二卷补二卷

编号 330000-1707-0000075 A0074 经部／春秋左传类／传说之属

（清）朱鹤龄辑　（清）黄宗羲　（清）顾炎武订　清康熙二十年（1681）刻本　九册　缺四卷（三、十至十二）

9.《四书考异》七十二卷

编号 330000-1707-0000076 A0084 经部 / 四书类 / 总义之属 / 传说

（清）翟灏 清乾隆三十四年（1769）刻本 十二册

10.《说文解字》十五卷标目一卷

编号 330000-1707-0000015 A0017 经部 / 小学类 / 文字之属 / 说文 /
传说

（汉）许慎 （宋）徐铉等校定 清初海虞毛氏汲古阁刻本 陈泰题签
并记 八册

史部：

1.《二十一史》二千五百六十七卷

编号 330000-1707-0000104 A0019 史部 / 纪传类 / 正史之属

宋元明三朝刊明南京国子监递修印本 十九册 缺二十五卷（一至
十三、三十一至三十六、四十三至四十八）

2.《晋书》一百三十卷

编号 330000-1707-0000016 A0018 史部 / 纪传类 / 正史之属

（唐）房玄龄等撰 明刻本 二十六册 存三十二卷（三、七至八、
十一至十二、二十四至二十五、三十七、四十三至四十五、五十一至
五十四、五十六、五十九、六十三至六十四、六十六至六十七、六十九、
八十七至八十八、九十八、一百四、一百十四、一百十七至一百十八、
一百二十一至一百二十二、一百二十五）

3.《明史稿》三百一十卷目录三卷

编号 330000-1707-0000092 A0045 史部 / 传记类 / 正史之属

（清）王鸿绪撰 清雍正敬慎堂刻本 八十册

4.《战国策》十卷

编号 330000-1707-0000464 史 B0033 史部 / 杂史类 / 通代之属

（宋）鲍彪校注 （元）吴师道重校 清刻本 七册 缺一卷（三）

5.《忠贞录》三卷附录一卷

编号 330000-1707-0000009 A0011　史部 / 传记类 / 杂传之属

（明）李维樾　（明）林增志编　清远碧楼刘氏抄本　一册

6.《（浙江余杭）塘栖朱氏族谱》不分卷

编号 330000-1707-0000078 A0200　史部 / 传记类 / 总传之属 / 家乘

（清）朱世荣纂修　（清）朱燮元　（清）朱抡元　（清）朱廷琼续修

清同治十年（1871）朱学勤抄本　清朱学勤、清朱潜题记　一册

7.《校录四明志征》□□卷

编号 330000-1707-0000014 A0004　史部 / 地理类 / 杂志之属

明抄本　一册　存二卷（二十六至二十七）

8.《（乾隆）余姚志》四十卷

编号 330000-1707-0000024 A0027　史部 / 地理类 / 方志之属 / 郡县志

（清）唐若瀛修　（清）邵晋涵纂　清乾隆四十六年（1781）刻本　八册

9.《海盐杂记》不分卷

编号 330000-1707-0000484 史 B0054　史部 / 地理类 / 杂志之属

清抄本　一册

10.《太湖备考》十六卷首一卷

编号 330000-1707-0000023 A0026　史部 / 地理类 / 山川之属 / 水志

（清）金友理撰　湖程纪略一卷　（清）吴曾撰　清乾隆十五年（1750）

艺兰圃刻本　八册

11.《畿辅水利考》不分卷

编号 330000-1707-0000025 A0028　史部 / 地理类 / 水利之属

（清）□□撰　清抄本　一册

12.《江南水利考》不分卷

编号 330000-1707-0000026 A0029　史部 / 地理类 / 水利之属

（清）□□撰　清抄本　一册

13.《断狱》二卷

编号 330000–1707–0000536 子 B0006 史部／政书类／律令之属／治狱

清抄本 一册

子部：

1.《薛氏医按》二十四种

编号 330000–1707–0000029 A0032 子部／医家类／类编之属

（明）吴琯编 明万历刻本 四册 存一种

2.《伤寒论注》四卷

编号 330000–1707–0000038 A0269 子部／医家类／伤寒金匮之属／伤寒论

（清）柯琴撰 清乾隆刻本 一册 存一卷（一）

3.《类症普济本事方》十卷

编号 330000–1707–0000082 A0271 子部／医家类／方书之属／成方药目

（宋）许叔微撰 清乾隆四十二年（1777）云间王氏刻本 一册 存二卷（一至二）

4.《绦雪园古方选注》三卷

编号 330000–1707–0000018 A0022 子部／医家类／方书之属／成方药目

（清）王子接注 清扫叶山房刻本 四册

5.《喉科》不分卷

编号 330000–1707–0000940 B0374 子部／医家类／喉科口齿之属／通论

（清）南吕月辑 清光绪三十二年（1906）钞本 一册

6.《济阴纲目》十四卷（附《保生碎事》一卷）

编号 330000–1707–0000081 A0272 子部／医家类／妇科之属／产科

（明）武之望撰 （清）汪淇笺释 保生碎事一卷 （清）汪淇辑 清

雍正天德堂刻本　一册　存一卷（济阴纲目一）

7.《医书集锦》不分卷

编号 330000-1707-0000935　子 B0369　子部 / 医家类 / 综合之属 / 杂著

（民国）紫绅公抄录　民国钞本　一册

8.《烟草谱》八卷首一卷末一卷

编号 330000-1707-0000005　A0006　子部 / 农家农学类 / 农艺之属 / 作物种植

（清）陈琮辑　清嘉庆刻本　管伟跋　一册

9.《治平类纂》三十卷

编号 330000-1707-0000006　A0007　史部 / 政书类 / 通制之属

（明）朱健撰　（明）朱徽订　清康熙二年（1663）刻本　十五册　缺二卷（四至五）

10.《山海经广注》十八卷　读山海经语一卷　杂述一卷　图五卷

编号 330000-1707-0000030　A0033　子部 / 小说家类 / 异闻之属

（清）吴任臣撰　清乾隆五十一年（1786）金阊书业堂刻本　四册　缺一卷（读山海经语）

11.《天中记》六十卷

编号 330000-1707-0000007　A0008　类丛部 / 类书类 / 通类之属

（明）陈耀文辑　明刻本　一百十八册

12.《潜确居类书》一百二十卷

编号 330000-1707-0000008　A0009　类丛部 / 类书类 / 通类之属

（明）陈仁锡辑　明崇祯三年至五年（1630—1632）潭城徐观我刻本五十三册　存九十五卷（一至二十一、四十七至一百二十）

13.《博物典汇》二十卷

编号 330000-1707-0000003　A0005　类丛部 / 类书类 / 专类之属

（明）黄道周撰　明崇祯刻本　十八册　缺三卷（一至二、七）

14.《五车韵瑞》一百六十卷　洪武正韵一卷

编号 330000-1707-0000002 A0003 类丛部 / 类书类

（明）凌稚隆辑　明金阊叶瑶池刻本　二十四册

15.《渊鉴类函》四百五十卷　目录四卷

编号 330000-1707-0000028 A0031 类丛部 / 类书类 / 通类之属

（清）张英 （清）王士祯等辑　清刻本　一百三十八册　缺七卷（二十至二十二、一百四十二至一百四十五）

16.《类书纂要》三十三卷

编号 330000-1707-0000753 子 B0548 类丛部 / 类书类 / 通类之属

（清）周鲁辑　清康熙三年（1664）姑苏三槐堂刻本　十二册

17.《格致镜原》一百卷

编号 330000-1707-0000085 A0304 类丛部 / 类书类 / 专类之属

（清）陈元龙撰　清刻本　十七册　存七十卷（八至四十一、六十一至七十三、七十八至一百）

18.《子史精华》一百六十卷

编号 330000-1707-0000087 A0303 类丛部 / 类书类 / 专类之属

（清）允禄、张廷玉纂　清刻本　四十五册　缺八卷（七十四至七十六、一百十一至一百十五）

集部：

1.《明诗综》一百卷

编号 330000-1707-0000042 A0043 集部 / 总集类 / 选集之属

（清）朱彝尊编 （清）汪森等缉评 （清）雍正刻本　三十九册

2.《今文短篇》四卷　首一卷

编号 330000-1707-0000036 A0042 集部 / 总集类 / 选集之属

（清）诸匡鼎编 （清）诸璧发、诸玺发 （清）方象瑛　参校

（清）康熙刻本　二册

3.《陶靖节诗集》四卷

编号 330000-1707-0000098　A0355　集部 / 别集类 / 汉魏六朝别集

（晋）陶潜撰　（清）蒋薰评阅　（清）周文焜订　（清）乾隆二年（1737）最乐堂刻本　二册

4.《读杜心解》六卷首二卷

编号 330000-1707-0000100　A0378　集部 / 别集类 / 唐五代别集

（清）浦起龙讲解　（清）浦敬畴　受读　清刻本　二册

5.《欧阳文集》五十卷

编号 330000-1707-0000031　A0034　集部 / 别集类 / 宋别集

（宋）欧阳修撰　明嘉靖二十二年（1543）李冕刻本　五册

6.《高季迪先生大全集》十八卷

编号 330000-1707-0000033　A0036　集部 / 别集类 / 明别集

（明）高启撰　（清）康熙竹素园刻本　四册

7.《袁中郎先生批评唐伯虎彙集》四卷、《唐六如先生画谱》三卷、《袁中郎先生批评唐伯虎传赞》一卷　纪事一卷

编号 330000-1707-0000052　A0040　集部 / 别集类 / 明别集

（明）唐寅著　（明）袁宏道评　（明）唐寅辑　（明）何大成校

明刻白玉堂印本　三册

8.《白茅堂文集》四十六卷

编号 330000-1707-0000282　A0358　集部 / 别集类 / 清别集

（清）顾景星撰　清抄本　一册

9.《陈检讨集》二十卷

编号 330000-1707-0000034　A0037　集部 / 别集类 / 清别集

（清）陈维崧撰　（清）程师恭注　清康熙刻本　六册

10.《香屑集》十八卷　首一卷　末一卷

编号 330000-1707-0000613　集 B0019　集部 / 别集类 / 清别集

（清）吾堂（黄之隽）集 （清）古愚（陈邦直）校注 清雍正刻本四册

11.《古盐官曲》一卷

编号 330000-1707-0000745 集 B0099 集部/曲类/曲艺之属

（清）查岐昌著 手钞本 一册

12.《观余吟草》一卷

编号 330000-1707-0000303 A0395 集部/别集类/清别集

（清）江蓝著 清抄本 一册

13.《倦庵吟草》二卷

编号 330000-1707-0000303 A0394 集部/别集类/清别集

（清）江蓝著 清抄本 一册

14.《偶然吟稿》一卷

编号 330000-1707-0000307 A0397 集部/别集类/清别集

（清）凌明德撰 清宣统抄本 一册

15.《词综》三十八卷

编号 330000-1707-0000316 A0402-1、A0402-2 集部/词类/总集之属

（清）朱彝尊 （清）汪森增定 （清）柯崇朴编次 （清）周筼辨伪 清嘉庆七年（1802）青浦王氏三泖渔庄刻本 十册

16.《庚辰病吟草》一卷、《观余吟草》一卷、《倦庵吟草》二卷、《师竹山房吟草》一卷 附词曲一卷

编号 330000-1707-0000301 A0393 集部/词类/别集之属

（清）江蓝著 清抄本 三册

丛部：

1.《文苑三绝》

编号 330000-1707-0000305 A0010 类丛部/丛书类/汇编之属

（明）□□编　明万历四十六年（1618）刻本　四册　存二种

2.《楚蒙山房集》六种

编号 330000–1707–0000040 A0039 类丛部 / 丛书类 / 自著之属

（清）晏斯盛撰　清乾隆新喻晏氏刻本　三十七册　存四种

二、馆藏珍本古籍内容提要

余杭区图书馆馆藏的珍本古籍主要指列入《国家珍贵古籍名录》和《浙江省珍贵古籍名录》以及《中国古籍善本书目》收录的古籍。余杭区列入上述名录（书目）的古籍为 8 种，现将其内容提要记述如下：

1.《渊鉴类函》四百五十卷　目录四卷

清康熙四十九年（1710）内府刻本，一百三十八册。缺卷二十至二十二、一百四十二至一百四十五。有"杭县县教育会之章"印。2008 年列入第一批《国家珍贵古籍名录》。

《渊鉴类函》是一本百科全书，有四十五千部类之多，内容包罗万象，涵盖天、岁时、政术、礼仪、产业、珍宝、车、五谷、药、鸟、兽等诸多方面，资料丰富。《四库总目提要》评道："广其条例，博采元、明以前文章事迹，胪纲列目，荟为一编，务使远有所稽，近有所考，源流本末，一一灿然。计其卷数，虽仅及《太平御览》之半，然《御览》以数页为一卷，此则篇帙既繁，兼以密行细字，计其所载，实倍于《御览》。盖自有类书以来，如百川之归巨海，九金之萃鸿钧矣。与《佩文韵府》《骈字类编》皆亘古所无之巨制，不数宋之四大书也。"

2.《周礼补亡》六卷

（元）丘葵撰　明抄本　三册　存三卷（一、三、六）

原题"清源钓矶丘葵吉甫学"，书皮题"邱吉甫周礼　借书园本　钉六本计一套"。今存《天官冢宰第一》《春官宗伯第三》《各官司空第六》三卷。钤有"借书园本""秀水朱氏潜采堂图书""秀水朱彝尊锡鬯印""竹垞真赏""朱彝尊印""锡鬯""林汲山房藏书""曹溶""钮莱翁"等诸印。

《四库全书》存目。此明借书园精抄，不知所据何本，虽已残缺，而卷六《冬官》是本书精华所在，幸存其中；又经曹倦圃、朱锡鬯等书林名家递藏，弥足珍贵。是书被《中国古籍善本书目》著录，2015 年列入第二批《浙江省珍贵古籍名录》，2020 年列入第六批《国家珍贵古籍名录》。

3.《文苑三绝》

（明）傅振商编，明万历四十六年（1618）刻本，四册，存二种。

卷首有万历末年君雨氏《文苑三绝引》。君雨氏乃明人傅振商子君雨，汝阳人。万历丁未（1607）进士，官至南京兵部尚书。著有《古论玄著》八卷、《杜诗分类》五卷、《缉玉录》五卷、《古文选要》四卷、《珠渊异宝》十二卷，刊于万历间。

今存《楚辞》二卷，前有《史记·屈原传》，二册。《檀孟批点》二卷，原题："宋信州谢枋得批点，明新都杨慎附注。"书口记"檀云篇上""檀支篇下"，二册，上下卷共二百十四条。末有"嘉靖乙卯岁仲冬望前后学建阳蔡惟英跋"，据《引》文，所缺者当是《考工记》。

2015 年列入第二批《浙江省珍贵古籍名录》。此书为海内孤本，明末以来诸家书目题跋所未见著录，《中国丛书综录》失载，《中国古籍善本书目》仅据此本著录。

4.《校录四明志征》□□卷

明抄本，一册，存二卷（二十六至二十七）。

原书不著撰人姓名，所存此册为卷二十六、卷二十七续传，书根题"四明志征八"。

该书《四库全书》未收，所记或摘引人物传，悉为明代人，凡涉及明代诸帝，均另行顶格，或空格书写。各类传记后，皆留空纸，似是未竟之稿。书中多引《董山遗事》《董山文类》诸书。2015 年列入第二批《浙江省珍贵古籍名录》。

5.《（浙江余杭）塘栖朱氏族谱》不分卷

（清）朱世荣纂修，（清）朱燮元、朱抡元、朱廷琮续修。

清同治十年（1871）朱学勤抄本，清朱学勤、朱潽题记。一册。

末有朱学勤、朱潽跋。朱学勤跋："同治十年十一月裔孙学勤重录于都门宣武城南之寓次，寄付合族珍藏，勿致遗失。"有"朱学勤印""朱潽印""朱乙"三印。

2015 年列入第二批《浙江省珍贵古籍名录》。

6.《（乾隆）余姚志》四十卷

（清）唐若瀛修，（清）邵晋涵纂，清乾隆四十六年（1781）刻本，八册。

原题"大清乾隆四十三年三月知余杭县事三原唐若瀛一峰氏撰"，有乾隆四十六年余姚令李汝麟序，正文前有"重修余姚志图"。2015 年列入第二批《浙江省珍贵古籍名录》。

7.《五车韵瑞》一百六十卷　洪武正韵一卷

（明）凌稚隆辑，明金闾叶瑶池刻本，二十四册。

有"杭县县教育会之章"二印。音韵书，每一韵之下先列小篆字，然后随韵隶事。其排篆之序，曰经、曰子、曰集、曰杂。是书被《中国古籍善本书目》著录。

8.《烟草谱》八卷　首一卷　末一卷

（清）陈琮辑，清嘉庆刻本，管伟跋，一册。

9 行 19 字，白口，左右双边。有"管山亭印"。管山亭，即管伟，字伟之，号山亭，海宁人。光复后，塘栖成立杭县修志馆，聘管伟担任分纂工作，遂寓居塘栖。"文化大革命"中抄没。此书流传绝少，仅见罗振常《善本书所见录》有载。

是书被《中国古籍善本书目》著录。

第四节　社会力量兴办的公共图书馆

余杭社会力量兴办公共图书馆的历史由来已久，民国二十三年（1934）8月，杭县乔司镇居民凌积余等人发起，创建私立的良友图书馆。20世纪90年代开始，余杭区社会力量兴办公共图书馆十分踊跃，其中私人创办的图书馆（室），有力补充了国办、集体办公共图书馆的建设力量，使余杭区形成公办、民办并举，公共图书馆服务提供主体多元化、提供方式多样化的格局。现将其中部分社会办图书馆（室）简介如下：

一、西南山少儿图书馆

创办于2001年7月，由云会中学退休教师庞汝勋举办。馆址位于仁和街道云会村西南山。以少儿读物为主。免费开放。现有图书刊物万余册，每天为少年儿童开放借阅。

庞汝勋，德清城关镇人，长期在余杭区云会小学教书，退休后心系教育，自筹经费20万元，创办免费"乡村图书馆"。该图书馆还适时举办以爱国主义、社会主义价值观为内容的小型图片展览。多次与当地学校协作，联合举办多种有益的读书活动。2003年组织读者参加全国少年交通安全知识竞赛，获优秀组织奖；2005年，组织学生读者参加全国少儿"让历史告诉我们——纪念抗战胜利60周年知识竞赛"，获两个一等奖和优秀辅导奖；2005年，组织学生读者参加全国第七届小学生纠正错别字知识竞赛，其中一名学生成"纠错大王"。5名常到该图书馆读书的学生，分别考入北京大学、清华大学、同济大学等院校。

2007年10月，庞汝勋在第二次全国图书馆论坛上做交流发言。2011年，庞汝勋被提名为"感动余杭"人物。2020年，97岁高龄的庞汝勋说："我要活到100岁，把这个图书室一直开下去。"

二、竹影书屋

位于余杭街道碧景路 13 号。举办人为余杭太炎中学退休教师孙石林。2012 年,孙石林为实现"办书屋,培养孩子们的读书习惯,丰富孩子的人生,点亮他们的生命"的愿望,自筹资金 44 万元,筹建"竹影书屋"。2013 年元旦,书屋向社会免费开放。该书屋藏书 2 万余册,涵盖社会科学、哲学、文学和少儿读物等门类。每天 8 小时开放,区图书馆将其纳入"一证通"体系,实行免费借阅。

2014 年,该书屋开展"读好书、做好人、圆好梦"竹影漂流书屋进校园活动,覆盖余杭街道 3 所小学、6 个校区共 104 个班级。2015 年,书屋再次开展该项活动,在余杭街道 3 所小学、6 个校区共 108 个班级中开办微型图书馆 108 个。

至 2015 年,该书屋累计接待读者 35 万余人次。2016 年 3 月,孙石林被诊断患有肺癌,住院治疗。在街道和社区帮助下,他新租用碧景路 69 号店面房作为书屋新址。2019 年 11 月,孙石林老师因病去世,享年 77 岁。

孙石林及其家庭先后被评为浙江书香之家、浙江省公共图书馆优秀阅读推广人、全国优秀农家书屋管理员、全国书香人家等。

三、大屋顶书馆

2018 年 3 月 22 日开馆,设在杭州良渚文化村良渚文化艺术中心内,由万科杭州旗下文化品牌"大屋顶"共建并运营。该馆藏书 5 万余册,以文学、历史、哲学图书为主,兼具文艺和学术气质。该馆创办后,推出"伴读者计划",不定期邀请作家、学者和艺术家到馆,将阅读的真意带给每一个人。

四、融设计图书馆

2015 年,由品物流形工作室设计师张雷、Jovana Zhang(塞尔维亚)与 Christoph(德国)联合创办发起的"From 余杭"计划以设计图书馆的形式在杭州余杭五常落地。2018 年 4 月，"From 余杭融设计图书馆"搬迁至余杭区黄湖镇青山村东坞礼堂。是中国第一座面向社会免费开放的传统材料图书馆，也是全国第一家研究和传承国内传统材料的图书馆。该馆分中国传统图书馆、馆藏设计图书、设计概念店和设计展空间四部分。

五、麦粒书香共享图书馆

位于余杭街道城南路 38-2 号，2018 年 6 月 15 日开馆，由新余杭人孙继伟创办。该馆藏图书 1 万余册，涵盖经营管理、生活、少儿、亲子教育、社科、文学等多个类别。它是一家以整合图书资源，共享给热爱阅读人士的公益性图书馆。通过对闲置书籍资源的整合，让书籍得以有效利用；以书为载体，也让更多的爱心变成现实。

六、福临共享图书馆

位于余杭街道福临花苑小区，2018 年 7 月开馆。由余杭街道福临花苑小区一些志同道合的年轻人发起创办。发起者为金辉。该馆书籍由发起者和热心人捐赠，社区无偿提供场地。该图书馆有藏书 5000 余册，会员 140 余名。

表5-4　2012—2020 年余杭区书香荣誉情况表

序号	获得荣誉	获奖单位/个人
1	第六届全国服务农民、服务基层文化建设先进集体	余杭区图书馆、乔司街道三角村
2	全国示范农家书屋	余杭区余杭街道竹影书屋
3	全国优秀农家书屋管理员	孙石林
4	全国书香人家	孙石林家庭
5	浙江书香之家	孙石林、徐仲年、沈浙英、孙石林、叶华醒、贺慧芬家庭
6	浙江省书香社区	余杭街道凤联社区、良渚街道东莲村、东湖街道茅山社区、南苑街道水景社区

续表

序号	获得荣誉	获奖单位/个人
7	浙江省书香城镇	余杭区崇贤街道、塘栖镇、径山镇、良渚街道
8	浙江省"书香企业"	杭州市余杭区美丽洲智库新闻研究中心
9	浙江省公共图书馆优秀阅读推广人	孙石林、罗素洁
10	浙江省"优秀农家书屋管理员"	嵇萍、朱玲、孙石林、赵晓锋、唐美红、孙增琦
11	杭州市西湖读书节十大"书香家庭"	楼科敏家庭、叶天法家庭、贺慧芬家庭、胡樾家庭、张尤栋家庭
12	杭州市西湖读书节十大"书香社区"	余杭街道凤联社区、东湖街道茅山社区、南苑街道水景社区、塘栖镇水北社区
13	杭州市西湖读书节十大"书迷"	施建华、张自恒
14	"书香余杭"全民阅读推广人	郭羽、张健、丰国需、鲁明宏、孙石林、卫芳、马云锋、孙继伟、张允斌、陈宏、陈智博、屈励、梅群芳、曹燕、裘梦石

第六章　余杭典籍的流传与保存

因历史上战乱频发，以及文化交流活动开展，余杭众多典籍流失在国内外。根据有关学者和区图书馆近年来的研究整理发现，除中国外，日本、美国、欧洲诸国收藏余杭文献较多，主要收藏于美国国会图书馆、越南国家图书馆、日本内阁文库、英国剑桥大学馆、美国哈佛大学哈佛燕京图书馆、美国普林斯顿大学东亚图书馆、日本静嘉堂文库、日本东京大学东洋文化研究所、日本京都大学、日本早稻田大学、日本驹泽大学和中国台北图书馆、台北博物院、台湾大学、台北傅斯年图书馆、香港大学冯平山图书馆等。其中美国柏克莱加州大学东亚图书馆是收藏元代余杭大普宁寺（瓶窑南山）刻印的《大藏经》（普宁藏）最多的海外图书馆。

明清时期，余杭一些著名的藏书楼如塘栖劳氏丹铅精舍、丁河朱氏结一庐，民国年间仓前章太炎、亭趾姚虞琴、余杭褚德彝的一些藏书，以及清代《唐栖志》手稿本、塘栖著名学者劳格的著作原稿、现存最早的余杭人诗集——永颐《云泉诗集》原刊本，现藏于台北的图书馆。而宋元时期径山寺的出版物、研究径山茶宴的重要原始文献《百丈清规》《茶苑清规》则在日本有保存，有的余杭文献已被列为"日本国宝"。

由于资料和精力所限，再考虑到本书的结构与篇幅，这里仅对各家图书馆收藏余杭典籍情况做举例和简介，期待以后做全面摸底式的著录。

第一节　国内图书馆保存的余杭典籍

据有关资料，余杭众多典籍在国内多家图书馆均有保存。现将保存于国内图书馆（博物院）的部分余杭典籍，以书目备列于下：

一、中国国家图书馆

中国国家图书馆是目前国内外收藏余杭典籍数量最多的地方，仅仅塘栖劳氏丹铅精舍的旧物就有 80 种，相当一部分是民国大藏书家傅增湘的藏书。根据《北京图书馆善本书目》《中国古籍善本书目》等书著录，中国国家图书馆收藏的余杭典籍数量在 200 种以上。

《春秋辨义》四十卷

（明）塘栖卓尔康撰。崇祯刻本，《中国古籍善本书目》著录。

《卓氏遗书》二卷

（明）塘栖卓发之辑。天启刻本。《北京图书馆善本书目》卷二著录。

成化《杭州府志》六十三卷首一卷

（明）仁和夏时正纂。成化十一年（1475）刊本，《中国古籍善本书目》著录。

万历《余杭县志》十卷

（明）戴日强纂修。明万历四十四年（1616）刊本。

《沈伯含集》二十卷附录一卷

（明）塘栖沈朝焕撰。明万历年间刻本。《中国古籍善本书目》著录。

《漉篱集》二十五卷《遗集》一卷

（明）塘栖卓发之撰。崇祯九年（1636）传经堂刻本，《中国古籍善本书目》著录。

《卓珂月先生全集》十六卷

（明）塘栖卓人月撰。崇祯十年（1637）传经堂刻本。《中国古籍善本书目》著录。

《雁楼集》二十五卷

（清）塘栖徐士俊撰。康熙五年（1666）刻本，《中国古籍善本书目》、王重民《中国善本书提要》著录。

《西湖竹枝词续集》一卷

（清）塘栖徐士俊、余杭陆进合编。顺治刊本。

《传经堂集》十卷

（清）塘栖卓天寅辑。康熙刻本。《北京图书馆善本书目》著录。

《周礼疏》

宋两浙东路茶盐司刻本，《中国版刻图录》著录。各册钤"结一庐藏书印""子清真赏""复庐浏览所及"等印。此书《结一庐书目》卷一著录："周礼注疏五十卷，计三十六本。唐贾公彦疏，宋庆元间吴兴沈宾之校刊本。每半页八行，行大十六字至十九字，小二十二字至二十七字不等，不附音释。明晋府藏书。"塘栖朱学勤旧藏，学勤子朱澂卒后，归张佩纶所有，由张氏世守。20世纪50年代，此书从张家流出，归北京图书馆。有《中华再造善本丛书》影印本。

二、上海图书馆

上海图书馆收藏塘栖朱氏结一庐藏书在500种以上（详见第四章），塘栖劳氏丹铅精舍藏书38种以上（根据《中国善本古籍目录》）。余杭章炳麟藏本，如明末刻本《皇明资治通纪》三十卷、天启刻本《万历三大征考》三卷、稿本《惠氏四世传经图》一卷、稿本《叶尔羌纪程》不分卷，俱有章炳麟跋。

《上海图书馆善本题跋辑录》著录的余杭文献50余种，包括塘栖劳氏兄弟、朱学勤父子、余杭章炳麟、褚德彝、杭县姚虞琴等名家旧藏。上海图书馆保存的余杭典籍主要有：

《东明寺志》三卷

释湛潜撰。清康熙十三年（1674）刻本。孤本。收入《中国古籍善本书目》。

《结一庐书目》四卷

清抄本。

《古易音训》二卷

（清）塘栖宋咸熙辑。嘉庆七年（1802）宋咸熙自刻本。

《学诗偶见录》不分卷

（清）沈近思撰，清抄本，收入《中国古籍善本书目》。

《春秋辨义》四十卷

（明）塘栖卓尔康撰。崇祯刻本，《四库全书》著录。收入《中国古籍善本书目》。

《孙补山相国两江总督奏稿》

（清）临平孙士毅撰。稿本。

《结一庐日记》

（清）塘栖朱学勤撰。稿本，二册。

《游径山记》一卷

（清）朱文藻撰。清抄本。

《径山志》十四卷

（清）宋奎光撰。明天启四年（1624）李烨然刻本。

《大涤洞天记》三卷

元邓牧编，清徐康抄本，徐康校跋，收入《中国古籍善本目录》。

《临平记》三卷

清四勿斋抄本。

《毛氏要义》三十卷

清劳氏震无咎斋抄本，有劳颋跋，收入《中国古籍善本书目》。

《卓氏藻林》八卷

（明）塘栖卓明卿辑。万历八年（1580）吴郡王世懋妙香室刻本，收入《中国古籍善本书目》。

《三百篇鸟兽草木记》不分卷

（清）塘栖徐士俊撰。稿本，收入《中国古籍善本书目》。

《月会约》

（明）余杭严武顺撰，明陶珽编《说郛续》本，清顺治三年（1646）李际期宛委山堂刻，九行二十字，白口，左右双边。见《中国古籍善本书目》。

《雁楼集》二十五卷

（清）塘栖徐士俊撰。康熙五年（1666）刻本，四册。八行二十字，白口，四周单边，无鱼尾，版心镌书名。题"西湖徐士俊野君著"，收入《中国古籍善本书目》。

《稗畦集》六卷

（清）钱塘洪昇撰。清陆香圃三闲草堂抄本。

《直木堂诗集》七卷

（清）塘栖清流寺僧天岳撰。康熙睡香庵刻本，收入《中国古籍善本书目》。

《扶荔堂文选》十二卷、《扶荔堂诗选》十二卷、《扶荔词》三卷、《别录》一卷。

（清）塘栖丁澎撰。康熙五十五年（1716）刻本，收入《中国古籍善本书目》。

《信美轩诗选》一卷

（清）塘栖丁澎撰。顺治间刊本。清严津选编，刻入《燕台七子诗刻》中，收入《中国古籍善本书目》。

《沈端恪公文集》一卷　《颖水集》一卷　《暗斋诗集》一卷

（清）五杭沈近思撰。雍正七年（1729）沈迁等刊本，收入《中国古籍善本书目》。

《学古集》四卷　附《诗论》一卷

（清）塘栖宋大樽撰。嘉庆四年（1799）宋氏自刻本。

《阳台内编百咏》一卷

《外编百咏》一卷

（清）塘栖周澍撰。清抄本，有吴骞批。

《严颢亭诗选》一卷

（清）余杭严沆撰，清邹漪辑本《名家诗选》三十种，清康熙刻本，九行二十字，白口，左右双边。存二十四种二十四卷，见《中国古籍善本书目》。

《颢亭诗选》一卷

（清）余杭严沆撰，清顺治刻《燕台七子诗刻》本，清严津辑。九行十八字，白口，四周单边。见《中国古籍善本书目》。

《小谟觞馆诗集注》八卷、《文集注》四卷、《诗余注》一卷、《诗余附录注》一卷、《诗续集注》二卷、《文续集注》二卷

（清）临平孙元培、孙长熙注。清道光五年（1825）孙均刻本。有叶景葵跋。

《唐诗类苑》一百卷

（明）塘栖卓明卿辑。万历崧斋活字印本。收入《中国古籍善本书目》。

《尺牍广编》二十四卷《补编》一卷

（清）塘栖徐士俊辑、钱塘汪淇注。康熙七年（1668）刊本，收入《中国古籍善本书目》。

《古今词汇初编》十二卷

（清）塘栖卓回编。康熙塘栖卓氏刻本。

三、南京图书馆

南京图书馆收藏的大量余杭文献，最主要的来源是清末杭州丁氏八千

卷楼售予江宁图书馆（今南京图书馆）。丁氏与塘栖劳氏兄弟及结一庐朱氏都有交往，加上杭州离塘栖、临平、余杭最近，收集余杭地方著述最多。

现将南京图书馆保存的余杭部分典籍书目记述如下：

《临平安隐寺志》六卷

明末刻本，孤本

《结一庐书目》四卷

清抄本，收入《中国古籍善本书目》

《栖里景物略》十二卷

清抄本，收入《中国古籍善本书目》

《卓澂甫诗集》十卷

明刻本

《贻安堂集》八卷《外集》四卷

清刻本

《扶荔堂集》二十八卷

清刻本

《扶荔堂诗稿》十三卷

顺治刻本

《贞白斋集》一卷 《集陶杜诗》一卷

清抄本

《易纬稽览图》

清抄本，劳权题跋

《宋元明六家词》

清抄本，劳权题跋

《宋金元明十六家词》

清抄本，劳权题跋

《游志续编》

清抄本，劳格题跋

四、浙江图书馆

浙江图书馆收藏的余杭典籍书目如下：

《惜阴日记》不分卷

（清）塘栖宋咸熙撰，清抄本，二册，见《浙江图书馆物藏书目乙编》卷一。

《栖溪吕氏家乘》不分卷

（清）塘栖吕文华、吕学贤重修，清乾隆五十年（1785）修，吕学贤钞本，二册。

《栖里景物略》十二卷《补遗》一卷

（清）塘栖张之鼐撰。嘉庆间传抄本，收入《中国古籍善本书目》。

《卓氏藻林》八卷

（明）塘栖卓明卿辑。万历八年（1580）吴郡王世懋妙香室刻本，收入《中国古籍善本书目》。《浙江图书馆特藏书目（甲编）》卷三载连氏枕湖楼旧藏。

《岕老编年诗钞》不分卷，《续钞》不分卷

（清）塘栖金张撰。康熙刻本，收入《中国古籍善本书目》。《浙江图书馆特藏书目乙编补遗》著录为："《岕老编年诗》不分卷二册，清钱塘金张撰，清初刻本。"

《古今词统》十六卷

（明）塘栖卓人月选编，徐士俊参评。崇祯六年（1633）刻本，浙江图书馆存十四卷六册，清周亮工旧藏本，有孟称舜崇祯二年（1629）序，徐士俊序。

《小十诵寮诗存》四卷

（清）塘栖周南撰。嘉庆二十五年（1820）刻本。

《结一庐遗文》二卷

（清）塘栖朱学勤撰。光绪三十四年（1908）刻本。一函一册，十一行二十二字，扉页篆题记："戊申元日家子吴俊卿谨题。"有光绪三十四年缪荃孙序，次目录。卷上为《岁出岁入总数考》，卷下为序跋碑记杂文十八篇，乃修伯次子朱澍所辑刻。黄裳《清代版刻一隅》录之，谓其写刻精整，自是晚清佳刻。

《桐溪诗述》二十四卷

（清）塘栖宋咸熙辑。清刊本。

《学古集》《茗香诗论》一卷

（清）塘栖宋大樽撰。嘉庆九年（1804）刊本。

《耐冷谭》十六卷

（清）塘栖宋咸熙撰。道光年间武林亦西斋巾箱本，六册。

五、北京故宫博物院

北京故宫博物馆保存的余杭典籍主要有：

《礼经会元节要》四卷

（宋）叶时撰，夏惟宁选编，明刻本。收入《故宫珍本丛刊》。

《康熙余杭县志》八卷

（清）张思齐纂修，康熙十二年（1673）刻本。收入《故宫珍本丛刊》。

《五宗救》十卷

（明）释弘忍撰，崇祯十年（1637）刻本。收入《故宫珍本丛刊》。

六、中山大学图书馆

《栖里景物略》十二卷。

清抄本，收入《中国古籍善本书目》。

七、北京大学图书馆

《栖乘类编》十六卷

清抄本，十册。

《宛陵先生文集》六十卷　附录一卷拾遗一卷

（宋）梅尧臣撰。正统宣城太守袁旭刊本。塘栖劳氏旧藏，后归日本大仓文化财团，近年北京大学购回。

八、西北师范大学图书馆

根据《西北师范大学图书馆馆藏古籍善本目录》著录，该馆藏余杭典籍有：

《高僧传》十四卷

明万历三十九年（1611）径山寂照庵刻本。

《宋文文山先生全集》十八卷

明末博陆钟氏刻本。

九、浙江省博物馆

浙江省博物馆藏余杭文献，多是沈曾植、黄宾虹等名人旧藏。其藏余杭典籍文献有：

《竹人续录》一卷

余杭褚德彝撰。民国印本。

《松窗遗印》不分卷

余杭褚德彝撰。民国印本。

《柳洲医话良方》二卷

魏之琇撰，字玉璜，号柳洲，钱塘县瓶窑人。幼孤贫力学，才气纵横。其落花诗，一时脍炙人口，著名藏书家鲍廷博为其刊印《岭南诗钞》。所著有《柳洲遗稿》《柳洲医话》。沈曾植旧藏。

《金石学录续补》二卷　附录一卷

余杭褚德彝撰。沈曾植旧藏。

《沈端恪年谱》二卷　附录一卷

五杭沈近思。黄宾虹捐。

《珍帚斋诗草》一卷　附录书画一卷

亭趾姚虞琴撰，黄宾虹捐。

《结一庐书目》四卷

塘栖朱学勤编，黄宾虹捐。

十、天一阁

《端峰先生遗范录》

明刻本，孤本。

十一、中国人民大学图书馆

《唐栖志略稿》十三卷

手稿本，六册，收入《中国人民大学图书馆藏稀见方志丛刊》。

十二、首都图书馆

《海舟普慈禅师拈古颂古》

（明）释圆悟编，明末刻径山藏本，一册一函，收入《首都图书馆古籍善本书目》。

十三、山西省文物局

《杭州路径山兴圣万寿禅寺语录》一卷

元释继祖辑。此书是《昙芳和尚五会录》八卷中的一卷，元至正刻本，十行二十字，黑口，左右双边，藏山西省文物局。收入《中国古籍善本书目》。

十四、上海博物馆

元至元杭州路余杭大普宁寺大藏经局募刻本三种。

《佛说一向出生菩萨经》一卷

隋释阇那崛多译

《金刚场陀罗尼经》一卷

隋释阇那崛多译

《大乘庄严经论》十三卷

此三种收入第一批《上海市珍贵古籍名录》（2009 年）。

十五、苏州博物馆

《林外野言》二卷

（元）郭翼撰。清乾隆抄本，清鲍廷博、塘栖劳格批校，丁祖荫批，收入第一批《江苏省珍贵古籍名录》。

十六、南通市图书馆

《齐丘子》六卷

（五代）谭峭撰，明天启五年（1625）塘栖张鸿举刻本，收入第一批《江苏省珍贵古籍名录》。

十七、扬州市图书馆

《小墨林诗抄》一卷　《枯兰集》一卷　杂著一卷

（清）项廷纪撰，稿本，塘栖劳氏旧藏。收入第一批《江苏省珍贵古籍名录》。

十八、暨南大学图书馆

20 世纪 80 年代初，章太炎后人有意将章太炎生前藏书捐出，供学人研习，托人物色适合的收藏单位。当时陈乐素任教于暨南大学历史系，获悉消息后立即联系，通过朋友介绍找到章太炎的后代，经多次商谈其后代捐赠了章太炎的全部藏书。暨大藏章太炎遗书近 300 部，约 4000 册（其中有眉批、题跋或题签的 200 多部）。2012 年 10 月，暨南大学图书馆整理出版了《章太炎藏书题跋批注校录》。

十九、新疆大学图书馆

《弥勒佛说地藏十王宝卷》二卷

清光绪三十年（1904）余杭三官殿朱福荣刻本。

二十、南开大学图书馆

《牧牛村舍外集》四卷

塘栖宋大樽撰，收入《南开大学图书馆藏稀见清人别集丛刊》。

二十一、台北图书馆

《云泉诗集》一卷

宋塘栖释永颐撰。宋嘉定至景定间（1208—1264）临安府陈解元宅书籍铺递刊本。永颐，字山老，号云泉，南宋唐栖寺僧，《唐栖志》卷十五《人物（方外）》有传。《上天竺志》卷十五："钱唐释永颐，杭之耆宿也。淳祐十年冬十一月，闻上天竺佛光法师以左藏薛师普占廨院欲作厅，佛光勿许，辄渡江东归。颐甚高之，遣书慰曰：公幡然高举，佛祖所谓毋自辱也。"曹屺《栖水文乘》："南宋革命后，稽内翰典籍，有唐栖寺释永颐所著《云泉诗集》一卷，版存临安大街陈氏书坊中。"

《续名医类案》六十卷

（清）瓶窑魏之琇撰。清同治间（1862—1874）钱塘丁氏当归草堂绿格钞本。

昭梿《啸亭杂录》称："钱塘魏玉璜之琇《续名医类案》六十卷，世无刊本，余从文澜阁借《四库》本录一部，凡六十六万八千余言，采取繁富，间有辨论，亦皆精当。玉璜自述医案数十，其治病尤长于胁痛、胃脘痛、疝瘕等证。谓医家治此，每用香燥药，耗竭肝阴，往往初服小效，久则致死。乃自创一方，名一贯煎，统治胁痛、吞酸、吐酸、疝瘕及一切肝病，惟因痰饮者不宜。方用沙参、麦冬、地黄、归身、枸杞子、川楝子六味，出入加减投之，应如桴鼓。口苦燥者，加酒连尤捷。余仿其法，治此数证，获效甚神，特表其功用以告世之误用香燥药者。"

《朱文肃公诗集》一卷

（明）吴兴朱国桢撰。清钞本，姚景瀛题跋。

朱国桢（1558—1632），浙江吴兴（今湖州南浔）人。明万历首辅大臣。天启四年，总裁《国史实录》。著有《明史概》《大政记》《涌幢小品》《皇明纪传》等。朱国桢一生多次来往塘栖，死后，葬在超山。

线装，1册，半叶10行，行20字，单栏，版心白口，版心上方记书名，此书经著名的海宁拜经楼、南浔嘉业堂旧藏，有杭县姚景瀛、湖州周庆云、张珩手跋。藏印："姚虞琴诗画印"（白文方印）、"虞琴手翰"（白文方印）、"虞琴秘籍"（朱文方印），"吴兴刘氏嘉业堂藏书记"（朱文长方印）。

《松雨轩集》八卷

（明）仁和平显撰。

清咸丰七年（1857）塘栖劳权手钞本，四册，劳氏校并录鲍廷博题识。

显字仲微，号松雨老人。家塘栖镇东之仲墅（平宅）。洪武初，官广西滕县令，后降主簿，黔国公沐英延为西席。永乐中归里，卒年七十四，葬独山。《两浙名贤录》称其："博学多闻，风流蕴藉，诗文皆有典则，书法深稳可尚。"《唐栖志·耆旧》卷十一有传。

《唐栖志》

清仁和王同撰，手稿本。

《伤寒论》不分卷

（汉）张机撰、（晋）王叔和编。旧钞本，二册。劳格朱笔批校。九行，行二十五字。藏印记"劳季言手校"，书末识语"同治甲申季言校于西泠"。

《伤寒六书》六卷

明嘉靖十二年（1533）湖广布政使司刊本，清黄丕烈手跋，余杭褚德彝手跋。

《易学全书》五十卷

明塘栖卓尔康撰，明刻本。

二十二、台北博物院

《松雨轩集》八卷

（明）仁和平显撰。

清嘉庆间进呈影抄明刻本。阮元《四库未收书目提要》："显集初刻于滇南，是编乃其裔孙所重刊，今依样过录。暹序称其足迹半天下，有似于子长，学博而行峻，直道而屈身云云。今观其诗，及风土之同异，道途之塞，以及友朋之离合，番见于篇，盖得于远游者之助为多耳。"

此书卷一，五言古诗；卷二，七言古诗；卷三，七言古诗；卷四，五言律诗；卷五，七言律诗；卷六，七言律诗；卷七，七言律诗；卷八，五言绝句、七言绝句。有宣德五年（1430）张洪序；景泰元年（1450）柯暹序；嘉靖十九年（1540）陈霆《重刻松雨轩诗集序》。

《皇元风雅》十二卷

清咸丰八年（1858）塘栖劳氏丹铅精舍抄本，劳氏手校，朱墨笔校注。线装，十二册。无界栏行格。九行，行二十字。跋云："咸丰戊午夏丹铅精舍校写。"

《礼经会元》四卷

（宋）良渚叶时撰。元至正二十五年（1365）杭州路儒学刊本。

二十三、台北傅斯年图书馆

《续宋宰辅编年录》

（清）劳格辑，稿本，乌丝栏。

《宋史宰辅表》

（元）脱脱等撰；（清）劳格校补。清道光三十年（1850）劳氏影钞本。

《礼经会元》四卷

（宋）良渚叶时撰。明刊本。

叶时，字秀发，号竹野愚叟。钱塘人（今良渚镇群建村叶家头）。南宋孝宗淳熙十一年（1184）进士。宁宗嘉泰二年（1202）召为太常寺主簿。开禧元年（1205）除秘书丞，迁监察御史。嘉定元年（1208）迁右谏议大夫，此时，外戚韩侂胄以权重倾朝，凌于左右丞相之上。叶时上书弹劾，奏称"侂胄专政无君，罔上不道"应予枭首，以谢天下，六年被罢。理宗朝。理宗初以显谟阁学士出知建宁府，后历官知福州兼福建路安抚使、吏部尚书，以宝文阁学士提举崇福宫。卒谥文康。著有《竹野诗集》。此本《四库全书》据内府藏本著录，《总目提要》："以其大旨醇正，多能阐发体国经野之深意，故数百年来，讲礼者犹有取焉。"

二十四、台湾大学图书馆

《灵芬馆诗初集》

清嘉庆十二年（1807）临平孙均刊本。

《灵芬馆诗三集》

清嘉庆十二年（1807）临平孙均刊本。

《灵芬馆诗话》

清嘉庆二十一年（1816）临平孙均刊本。

二十五、香港大学冯平山图书馆

《宋史记》九十四卷

钞本，三十册。印记"仁和朱复庐校藏书籍"。

《清容居士集》五十卷

钞本，二十册。印记"唐栖朱氏结一庐图书记"。

二十六、香港中文大学中国文化研究所文物馆

《淳化阁帖》十卷

南宋刻石，南宋拓泉州本，余杭褚德彝题签。

第二节　国外图书馆保存的余杭典籍

余杭是东南著名的文化之邦。南宋时，余杭径山寺为东南三山五刹之首，众多日本僧人负笈来学，带回大量古代典籍。宋元以来，随着人文交流活跃，大量余杭书籍被带到朝鲜、日本及东南亚诸国，据日本《商舶载来书目》记载，享保九年（1724）中国商船"计字号"载《径山志》一部一轶抵日本，后归江户时代加贺藩主前田纲纪等珍藏，现存日本尊经阁文库，国内未见。许多国内早已失传的余杭古籍，如元代原刻原印的《洞霄图志》等书都至今仍在日本的图书馆中保存完好。

明末清初，余杭人陈元赟东渡日本，传播中国的政治、经济、社会、地理、医学、民俗文化，后来被日本学术界誉为"介绍中国文化之功劳者"。清末民初，许多外国学者来到中国研究、"淘宝"，当时国内社会动乱，大量珍贵文献被购买出国。这些流失在外的余杭文献都得到较好地保护和利用。

值得一提的是，除了余杭文献被带到日本、朝鲜、越南等国以外，宋径山寺僧宗杲的《大慧普觉禅师书》、明代塘栖卓明卿的《卓氏藻林》、余杭陶华的《伤寒六书》等书籍，多次在日本翻刻出版，为中日文化交流做出了重要贡献。

现将部分保存于国外图书馆的余杭典籍备列于下。

一、美国国会图书馆

在美国国会图书馆保存的余杭典籍有：

《礼经会元》四卷

（宋）良渚叶时撰。元刻明印本。

《卓氏藻林》八卷

（明）塘栖卓明卿撰。明万历间刻本。

《伤寒六书》六卷

（明）余杭陶华撰。明刻本。

二、美国哈佛大学哈佛燕京图书馆

在美国哈佛大学哈佛燕京图书馆保存的余杭典籍有：

《径山游草》一卷

《洞霄游草》一卷

《龙门游草》一卷

（明）钱塘徐胤翮、徐胤翀、徐胤翘撰，明万历刻本。

徐胤翮字孟凌、徐胤翀字仲凌、徐胤翘字幼凌，万历年间钱塘人。目录页题"钱塘徐胤翮孟凌、徐胤翀仲凌、徐胤翘幼凌全著"。《径山游草》收诗64首，《洞霄游草》收诗32首。《四库全书总目》《中国古籍善本书目》未著录。此书编入《美国哈佛大学哈佛燕京图书馆藏中文善本汇刊》第一辑。

三、美国柏克莱加州大学东亚图书馆

在美国柏克莱加州大学东亚图书馆保存的余杭典籍有：

《天目中峰和尚广录》

（元）释明本撰。元至元中余杭大普宁寺刻本。

《宗镜录》一百卷

（宋）余杭僧永明延寿。元至元径山兴圣万寿禅寺刊本。

四、美国斯坦福大学图书馆

《浙江采集遗书总录》十卷

乾隆三十九年（1774）刻本，10册，有"唐栖朱氏结一庐图书记"朱文方印，见《美国斯坦福大学图书馆藏中文古籍善本书志》。

五、美国普林斯顿大学东亚图书馆

《道行般若波罗蜜经》

明万历三十五年（1607）径山寂照庵刊本。

《礼经会元》四卷

（宋）良渚叶时撰。旧钞本。

六、日本静嘉堂

《四库未收宋词八种》

旧钞本，塘栖丹铅精舍劳权校本，劳跋。

七、日本宫内寮

《宋文文山先生全集》二十一卷首一卷

（宋）文天祥著，（明）钟越评阅。明崇祯二年（1629）钟跃庵刻本。日本宫内厅书陵部藏本，内阁文库、蓬左文库也有藏本。10行21字，白口，四周单边。有崇祯二年（1629）钟越、李之藻、钟天均三序。

又有明崇祯三年（1630）重刻本，日本东洋文库藏。见《日本藏宋人文集善本钩沉》著录。

八、日本国立公文书馆内阁文库

《新集医家蕴奥》四卷

（明）何天恩集。明万历三年（1575）古朴堂刊本。日本国立公文书馆内阁文库藏。三册，存卷一、三、四。版框约高17厘米，宽114厘米。每半叶12行，行22字。白口，无鱼尾，四周单边。该书残存卷一、卷三、卷四，然各卷之前均残脱数十叶，故无法依据序言、卷首确定书名、作者，仅卷一、三之末题有书名"新集医家蕴奥"。卷四之末载"万历三年丙子岁古朴堂刊行"。另卷一"伤寒门"署为"余杭古朴山人何天恩集"，卷四"求嗣门·兰桂满庭芳统论"之下亦署焉"古朴子撰"。卷四之末有隆间诸友人所撰"胡先生赠古朴歌""叶先生赠古朴诗""朱先生赠古朴诗""古朴别号序"诸篇。综合诸篇文字，推测该书作者即何天恩。

何天恩，号古朴山人，余杭进贤里人。幼颖悟，读书学诗，博览群书，尤精医学。撰《求嗣秘要》《修真正术》《草堂吟料》《珠玑类萃》《星命关键》等书。其号"古朴"，乃因进贤里何君堂背有千寻之朴树，荫蔽数亩，故借以为名号及堂号。该书不见于中国古代书目著录。日本《医籍考》始载此书。今惟日本内阁文库存此孤本。

《太初脉辩》二卷

（明）孙光裕集著。明崇祯九年（1636）序，醉古居藏板。日本国立公文书馆内阁文库藏。2册。版框约高22厘米，宽144厘米。每半叶11行，行24字，白口，无鱼尾，四周单边。

孙光裕，字太初，号浮碧山人，又号浮碧主人，生卒年不详。明末余杭人。幼年失怙，倚母养，受道训，曾究心儒学。然遭事变，忧危百出，孙氏及家人屡被病魔缠身。遂于攻读之余，兼习医书，渐知医药。于脉学、病机及本草之学颇有心得。著《太初脉辩》（1635）、《血症全集》。该书不见于中国古代书目著录，惟日本《医籍考》著录之。今国内无存，仅日本存明刻本。

《血症全集》一卷

（明）孙光裕集著。日本江户时期抄本。日本国立公文书馆内阁文库藏。一册。抄本高23.4厘米，宽16.5厘米。每半叶8行，行20字。无边框行格。首为沈绳炽序及孙光裕"失血小引"（均无撰年）。次为正文，卷首题署为"血症全集／禹航孙光船太初甫集著／友人沈应辰期生甫校正"

该书不见于书目著录，国内亦未见该书有藏。日本内阁文库存。

九、日本京都大学

《伤寒六书》六卷

（明）余杭陶华著。此书全称《新镌陶节庵家藏伤寒六书》。

陶华（1369—1463），字尚文，号节庵，明余杭人。幼业儒，遇异人授石函遗旨，遂精医学。陶华深切脉理，旁察病源，随证制方，不拘古法，每遇奇疾，应手而痊。所著有《伤寒六书》等书。

全书分六部分，各为一卷，卷一：《伤寒琐言》；卷二：《伤寒家秘论》；卷三：《杀者槌法》；卷四：《伤寒一提金》；卷五：《伤寒证脉药截江网》；卷六：《伤寒明理续论》。

十、日本早稻田大学

《卓氏藻林》八卷

（明）塘栖卓明卿辑。万历刻本，7册。

卓明卿字澂甫，号月波，万历间塘栖人，国子监生，官光禄寺署正。《两浙名贤录》称其："初薄章句，与豪子弟学骑射剑术，已乃折节儒门，博综百氏，所交倾海内豪杰。著有《卓氏藻林》《唐诗类苑》《文集》《续集》《先游稿》行于世。"《弇州山人续稿》卷七十四有传。

此书《四库全书》据内府藏本存目，《总目提要》卷一百三十八称："是编捃撷类书，分门辑录，颇有简择而取材丰富。谈迁《枣林杂俎》谓是吴兴王氏之本，明卿窃取之，考明卿尝攘张之象《唐诗类苑》刊行，则是说似亦有据矣。"

《伤寒六书》六卷

（明）余杭陶华撰。明刻本，有正统十年（1445）序，4册。

十一、日本东京大学东洋文化研究所

《释门正统》八卷

（宋）良渚僧宗鉴著。日本元禄三年（1690）浅野久兵卫刊本，今藏日本东京大学东洋文化研究所。宗鉴法师，钱塘良渚人。少习儒业，善作文章。剃度后修天台三观之教。此书续吴克己《释门正统》，扩成八卷，全书仿《史记》体例，设本纪、世家、诸志、列传、载记五科。宗鉴除了在书中明文批驳禅宗的法统说之外，通过《释门正统》的纪传体例，来举扬天台，贬抑他宗，达成其为本宗争正统的目的。《释门正统》八卷，收入《卍字续藏》，在第一三〇册，1995 年 4 月台北新文丰出版社出版。

《长生殿传奇》二卷

（清）钱塘洪昇撰

清康熙年间刊本，一帙四册，今藏日本东京大学东洋文化研究所双红堂文库。

洪昇（1645—1704），字昉思，号稗畦，清初钱塘人，太学生。西溪洪氏是余杭的名门世家，洪昇早年追随著名"西泠十子"之一的临平沈谦门下，学习词曲，与临平潘云赤、王绍曾、钱塘俞士彪等号称"东江八子"，与清初塘栖金张、余杭严定隅等诗人都有交往。洪昇在京城国子监读书多年，结交了一大批著名诗人，朱彝尊、陈维崧、赵执信、吴雯等人都是他的诗友，遂"以诗鸣长安，交游宴集，每白眼踞坐，指古摘今，无不心折"（《长生殿序》）。洪昇著有《啸月楼集》、《稗畦集》、传奇《长生殿》、杂剧《四婵娟》，还有传奇《回文锦》《回龙记》《锦绣图》《闹高唐》《孝节坊》《天涯泪》《青衫湿》《长虹桥》8 种。

十二、日本大阪府立图书馆

《伤寒六书》九卷

（明）陶华撰。明溥济堂刻本。4 册。版框高 20 厘米，宽 13 厘米。每半叶 10 行，行 20 字。白口，上黑鱼尾，四周单边。上书口为各子书简称，鱼尾下为卷次，下书口为"溥济堂"。原书无总名，今按学界惯例称之为《伤寒六书》。原装订册序与书口所示卷次不同，今按卷次调整册序。六书之中，有陶华序者惟《伤寒明理续论》《伤寒琐言》（1445）。各子书卷首除题书名外，均无署名。

该书见于《明史·艺文志》及明代《万卷堂目》《医藏书目》等书志著录。国内今存明嘉靖、万历间刻本较多。然明代溥济堂刻本国内仅见一部，日本亦藏一部。收入中华书局《中医珍善本古籍丛刊》第14册。

十三、韩国首尔大学

《煮泉小品》一卷

（明）仓前田艺蘅撰，明陶珽编《说郛续》本，顺治三年（1646）李际期宛委山堂刻，今藏首尔大学奎章阁韩国学研究院。

田艺蘅，字子艺，号香宇。明钱塘人，田汝成之子，10岁随父过采石矶，赋诗有佳句。明嘉靖年间岁贡生，但举业偃蹇，七举不遇。仅官安徽休宁县训导，后罢归。明嘉靖三十四年（1555）正月初七，倭寇入侵，数万众掠塘栖镇。田艺蘅从巡抚阮鹗守杭州武林门。瓶窑镇系余杭紧关隘口，四月，知县吴应征分拨乡义兵2000名，又调石濑、双溪兵并力防守瓶窑镇，悉听生员田艺蘅操练调遣，督练乡兵。著有《香宇集》三十四卷。时人评田艺蘅，以为"诗文在六朝初唐间"。

《徐氏笔精》卷七："艺蘅字子艺，号香宇。性放旷不羁，善酒，任侠，喜著书，生平所著文集前后数十卷，《老子指元》一卷、《煮泉小品》一卷、《梅花新谱》一卷、《诗女史》二十卷、《留青日札》四十卷。晚岁以贡为新安博士，归常衣绛衣，挟二小鬟游湖上，或逢友人，则令小鬟进酒促坐谈谑。时时挟内人遍游诸山，日暮无驴，觅得其一，乃与内人共跨一驴入城。"

十四、越南国家图书馆

《女小学》

（清）余杭严蘅辑。越南成泰十四年（1902）刊本，今藏越南国家图书馆。

严蘅，字端卿，同治年间余杭人。海州知州严达之女，适钱塘陈元禄。严蘅工诗词，著有《懒想盒残稿》《红烛词》《女世说》。

十五、英国剑桥大学

根据《英国剑桥大学馆藏中国古籍目录》的记载，该大学保存余杭典籍有：

《径山游草》一卷

（清）吴焯撰

《九华日录》一卷

（清）周天度撰

《卓光禄集》三卷

（明）卓明卿撰

《结一庐书目》四卷　附《别本结一庐书目》一卷

（清）朱学勤撰

《劳氏碎金》三卷　附录一卷

（清）劳经原等撰

《云泉诗稿》一卷　补遗一卷

（宋）永释颐撰

《临平记》四卷　附录一卷

（清）沈谦撰

《临平记补遗》四卷　续一卷

（清）张大昌撰

《唐栖志略槁》二卷

（清）何琪撰

《钱塘县志》十卷

（明）聂心汤撰

附　录

一、丹铅精舍今存书目

经部

《易纬稽览图》二卷

（汉）郑玄注。清何氏梦华馆钞本。劳权跋。（南京图书馆）

《毛诗注疏》二十卷

（汉）毛苌传、郑玄笺、唐陆德明音义、唐孔颖达疏。明崇祯毛氏汲古阁刻十三经注疏本。清劳格批校。（中山大学图书馆）

《左氏古义》六卷

（清）臧寿恭撰。丹铅精舍钞本。劳格校并跋（中国国家图书馆）

《孝经赞义》

（明）黄道周撰。丹铅精舍钞本。（中国国家图书馆）

《郑志》三卷，补遗一卷

（魏）郑小同撰。丹铅精舍钞本（台北图书馆）

《圣宋皇祐新乐图记》三卷

（宋）阮逸、胡瑗撰。劳格钞本。（上海图书馆）

《尔雅匡名》二十卷

（清）严元照撰。嘉庆二十五年丹铅精舍刊本。（中国国家图书馆）

《尔雅匡名》二十卷

（清）严元照撰。嘉庆丹铅精舍刊本，3册。劳权朱墨校注。（台北图书馆）

《輶轩使者绝代语释别国方言》十三卷

（晋）郭璞注。乾隆四十七年抱经堂刊本。劳权校。（浙江大学图书馆）

《周秦刻石释音》一卷

（元）吾邱衍撰。清抄本。劳格校。（上海图书馆）

《集韵》十卷

（宋）丁度等撰。清康熙四十五年曹扬州使院刻本。清劳权袁廷梼校。存八卷（一至八）。（上海图书馆）

史部

《五代史补》五卷

（宋）陶岳撰。

《五代史阙文》一卷

（宋）王禹偁撰。明末毛氏汲古阁刊本。劳权校并跋。（中国国家图书馆）

《宋史宰辅表》一卷

（元）脱脱等撰，（清）劳格校补。清道光三十年劳格据清乾隆四年官刊本影钞本。（台北傅斯年图书馆）

《蜀梼杌》不分卷

（宋）张唐英撰。知不足斋钞本，鲍廷博校跋。劳格校。

《补遗》一卷

（清）劳格辑。稿本。（中国国家图书馆）

《蜀梼杌》二卷

（宋）张唐英撰。劳权钞本并校。（中国国家图书馆）

《江南野史》十卷

（宋）龙衮撰。钞本。劳权校并跋。（上海图书馆）

《神宗皇帝即位使辽语录》一卷

（宋）陈襄撰。劳权钞本。（中国国家图书馆）

《金国南迁录》一卷

题（金）张师颜撰。劳格钞本并校。劳权校并跋。（上海图书馆）

《安禄山事迹》三卷

（唐）姚汝能撰。劳权钞本。（中国国家图书馆）

《李相国论事》六卷

（唐）李绛撰。钞本。劳格校补并跋。（中国国家图书馆）

《吴庆伯先生行状》一卷

（清）章抚功撰。丹铅精舍钞本。劳权校。（中国国家图书馆）

《周两塍先生行状》一卷

《墓志铭》一卷

（清）杨峒撰。丹铅精舍钞本。劳权校。（中国国家图书馆）

《郭天锡日记》不分卷 附录一卷

（元）郭畀撰。劳权钞本。劳格校并辑附录一卷。（南京图书馆）

《四民月令》一卷

（汉）崔寔撰。（清）严可钧辑。稿本。劳格校补。（上海图书馆）

《中吴纪闻》六卷

（宋）龚明之撰。崇祯毛氏汲古阁刊本。劳权校并跋。（中国国家图书馆）

《淳熙严州图经》三卷

（宋）陈公亮撰。丹铅精舍钞本。劳格校并跋。（台北图书馆）

《东城拾遗》一卷

（清）陈光熙撰。劳权钞本。劳权校。（中国国家图书馆）

《永嘉见闻录》四卷

（清）孙同元撰。　钞本。劳格校补。（上海图书馆）

《洛阳伽蓝记》五卷《集证》一卷

（北魏）杨衒之撰。道光十三年吴若准刊本。劳权录卢文弨校。（中国国家图书馆）

《游志续编》一卷

（元）陶宗仪辑。清迟云楼钞本。劳权劳格校。（上海图书馆）

《游志续编》一卷

（元）陶宗仪辑。丹铅精舍钞本。劳格校并跋。（南京图书馆）

《大元海运记》

（清）胡敬辑。丹铅精舍钞本。劳权校并跋。（南京图书馆）

《匡庐游录》二卷

（清）黄宗羲撰。钞本，2册。首有黄氏题词，末有清乾隆三十八年（1773）黄璋跋。附注：劳权之印、燕喜堂等印记。（台湾傅斯年图书馆）

《中兴馆阁录》十卷《续录》十卷

（宋）陈骙等撰。影宋钞本，4册，缺卷一。劳权校并跋。（台北图书馆）

《南宋馆阁录》存五卷

（宋）陈骙撰。清钞本。劳格校。（台北图书馆）

《续宋宰辅编年录》一卷

（清）劳格辑。乌丝栏稿本。（台北傅斯年图书馆）

《脉望馆书目》四卷

（明）赵琦美藏。丹铅精舍钞本。劳权校。（中国国家图书馆）

《万卷堂藏艺文目》不分卷

（明）朱睦㮮撰。咸丰四年丹铅精舍乌丝栏钞本。劳权校跋。（台北博物院）

《恬裕斋藏书记》四卷

（清）瞿镛撰。清钞本。劳权校。（南京图书馆）

《百宋一廛书录》一卷

（清）黄丕烈撰。劳格钞本。（中国国家图书馆）

《南濠居士文跋》四卷

（明）都穆撰。知不足斋钞本，鲍廷博校跋。劳权跋（中科院图书馆）

《小眠斋读书日札》不分卷

（清）汪沆撰。清钞本。劳权校并跋。（中国国家图书馆）

《宝刻丛编》二十卷

（宋）陈思辑。清钞本。劳格校。（中国国家图书馆）

《宝刻类编》八卷

道光十八年刘氏嘉荫刻本。劳格校并跋。（中国国家图书馆）

《周秦刻石释音》一卷

（元）吾邱衍撰。清钞本。劳格校。（上海图书馆）

《读鉴琐言》二卷

（清）叶廷琯撰。清钞本。劳格校补并跋。（苏州图书馆）

子部

《六韬逸文》不分卷　附《文韬司马法逸文》

（清）孙同元辑。嘉庆五年刻本。劳格校并补。（浙江大学图书馆）

《齐民要术》十卷

（北魏）贾思勰撰。劳格校宋本。（日本静嘉堂文库）

《伤寒论》不分卷

（汉）张机撰、（晋）王叔和编。旧钞本，2册。朱笔批校。（台北"中央图书馆"）

《湛园题跋》一卷

（清）姜宸英撰。乾隆三年黄叔琳刻本。劳权校并跋。（中国国家图

书馆）

《五代名画补遗》一卷

（宋）刘道醇撰。丹铅精舍钞本。劳权校并跋。（上海图书馆）

《鬼谷子》三卷

嘉靖二十四年兰格钞本，3 册。卢文弨手校又严元照、徐鲲、劳权手校并跋。（台北图书馆）

《鬼谷子》三卷

乾隆五十四年江都秦恩复刊本，3 册。劳权劳格各手并跋。（台北图书馆）

《南窗纪谈》一卷

（宋）徐度撰。明钞本。劳权校并跋。（日本静嘉堂文库）

《南窗纪谈》一卷

（宋）徐度撰。清钞本。劳权劳格校。（上海图书馆）

《懒真子》五卷

（宋）马永卿撰。万历间刻《稗海》本。劳权校。（中国国家图书馆）

《懒真子集证》五卷

（清）劳格、胡　撰。稿本。（南京图书馆）

《避暑录话》二卷

（宋）叶梦得撰。道光二十五年叶钟刻本。劳格跋。（北京大学图书馆）

《丞相魏公谭训》十卷

（宋）苏象先撰。旧钞本。劳权校。（南京图书馆）

《西溪丛语》二卷

（宋）姚宽撰。嘉靖二十七年锡山俞氏鹅鸣馆刻本，1 册。鲍廷博校。劳权校跋。 劳氏手书题并过录赵素门题记。（台北图书馆）

《河南邵氏闻见前录》二十卷《后录》三十卷

（宋）邵伯温、邵博撰。明末毛氏汲古阁刊本。劳权劳格校。（上

海图书馆）

《江邻几杂志》一卷

（宋）江休复撰。万历间刻《稗海》本。劳格校跋并补。（中国国家图书馆）

《墨庄漫录》十卷

（宋）张邦基撰。万历间刻《稗海》本。劳格校。（中国国家图书馆）

《涧泉日记》三卷

（宋）韩淲撰。乾隆四十二年杭州府刻聚珍版丛书本。卢文弨校注并跋。劳格校。（中国国家图书馆）

《敬斋古今注》十二卷《补录》一卷

（元）李治撰。丹铅精舍钞本。劳权校并跋。（中国国家图书馆）

《东观余论》不分卷

（宋）黄伯思撰。宋刻本。钱谦益校。劳权跋。（中国国家图书馆）

《东观余论》二卷《附录》二卷

（宋）黄伯思撰。明末毛氏汲古阁刻本。劳权校并跋。（中国国家图书馆）

《古今注释》七卷

（明）朱明来撰。嘉靖刻本。劳格校并跋。（中国国家图书馆）

《蕙棉杂记》一卷

（清）严元照撰。劳权钞本。（中国国家图书馆）

《礼耕堂丛说》一卷

（清）施国祁撰。劳格钞本。（中国国家图书馆）

《云溪友议》十二卷

（唐）范摅撰。旧钞本。2册。嘉禾沈双湖旧藏。劳权校并题记。（台北图书馆）

《唐摭言》十五卷

（五代）王定保撰。旧钞本。厉鹗校并跋。劳权题识。（中国国家图书馆）

《温公琐语》一卷

丹铅精舍钞本。劳权校。（中国国家图书馆）

《漫堂随笔》一卷

丹铅精舍钞本。劳格校。（中国国家图书馆）

《真率记事》一卷

丹铅精舍钞本。劳权校。（中国国家图书馆）

《封氏见闻录》十卷

（唐）封演撰。乾隆五十七年江都秦黉刊本，劳权、劳格合校。（台北图书馆）

《画墁录》一卷

（宋）张舜民撰。万历间刻《稗海》本。劳权校并跋。（中国国家图书馆）

《云烟过眼录》二卷《别录》二卷

（宋）周密撰。旧钞本。严元照校跋。劳格校跋。（中国国家图书馆）

《春渚纪闻》十卷

（宋）何薳撰。明末毛氏汲古阁刻本。劳格校补。（北京大学图书馆）

《慎子》一卷

（清）严可钧辑。稿本。劳格校补。（上海图书馆）

《资暇集》一卷

（唐）李匡乂撰。旧钞本。劳格校并补。（上海图书馆）

《清异录》二卷

（宋）陶谷撰。康熙刻本。劳权校。（上海图书馆）

《坦斋通编》一卷

（宋）邢凯撰。清钞本。劳格校。（上海图书馆）

《齐东野语》二十卷

（宋）周密撰。明末毛氏汲古阁刻本。劳权校目。（上海图书馆）

《丁晋公谈录》一卷

（宋）丁谓撰。钞本，1册，劳格手校。（台湾傅斯年图书馆）

《外史新奇》十二卷

（清）李清撰。清劳权抄。（上海图书馆）

《林外野言》二卷

（元）郭翼撰，清乾隆抄本。清鲍廷博、劳格批校、丁祖荫批。（苏州博物馆）

《剧谈录》二卷

（唐）康骈撰。明末毛氏汲古阁刻本。劳权校跋。（中国国家图书馆）

《剧谈录》二卷

（唐）康骈撰。清刻本。卢文弨校跋。劳格校。（中国国家图书馆）

《辑逸十种》十四卷

（清）严可钧辑。稿本。劳格校补。（上海图书馆）

《大唐类要》存四卷

（唐）虞世南辑。明钞本。劳权校并跋。（中国国家图书馆）

《北堂书钞》一百六十卷

（唐）虞世南辑。劳格校。（中国国家图书馆）

《北堂书钞》一百六十卷

（唐）虞世南辑。万历二十八年陈禹谟刊本，16册。劳权校并跋。（台北图书馆）

《一切经音义》二十五卷

（唐）释玄应撰。乾隆五十一年刻本。桂馥校。劳权劳格校。（上海图书馆）

《新译大方广佛华严经音义》二卷

（唐）释慧苑撰。清抄本，劳格校。（上海图书馆）

集部

《李遐叔文集》四卷

（唐）李华撰。传钞四库全书本，4册。劳权校并跋。（台北图书馆）

《姚少监诗集》十卷

（唐）姚合撰。明末毛氏汲古阁刻本《六唐人集》。劳权校跋。（中国国家图书馆）

《司空表圣文集》十卷

（唐）司空图撰。劳格钞本，校并跋。劳权跋。（中国国家图书馆）

《皇甫持正文集》六卷

（唐）皇甫湜撰。清钞本。劳权校并跋。（中国国家图书馆）

《笠泽丛书》四卷补遗诗一卷

（唐）陆龟蒙撰。雍正九年陆钟辉水云渔屋刻本。劳权劳格校。（中国国家图书馆）

《李文公集》十八卷

（唐）李翱撰。明末海虞毛氏汲古阁刊本《三唐人集》，4册，劳格手校。9行，行19字。左右双栏。版心白口，近人罗振常手书题记（台北中央图书馆）

《白莲集》十卷　附《风骚旨格》一卷　又见《结一庐书目》卷四

（唐）释齐已撰。嘉靖柳大中抄本。钱谦益点记，季振宜、金氏文瑞楼旧藏。劳权跋。（中国国家图书馆）

《禅月集》二十五卷　又见《结一庐书目》卷四

（唐）释贯休撰。明柳大中抄本。钱谦益校。（上海图书馆）

《寇忠愍公诗集》三卷

（宋）寇准撰。康熙吴调公辨义堂刻本。鲍廷博校。劳权校跋。（中国国家图书馆）

《元献遗文》一卷

（宋）晏殊撰。道光二十四年劳格钞本，校并补。（南京图书馆）

《武溪集》二十一卷

（宋）余靖撰。成化九年刻本。黄丕烈跋。（中国国家图书馆）

《金氏文集》二卷

（宋）金君卿撰。丹铅精舍钞本。（上海图书馆）

《宛陵先生文集》六十卷　附录一卷拾遗一卷

（宋）梅尧臣撰。正统宣城太守袁旭刊本。（北京大学图书馆）

《陶邕州小集》一卷

（宋）陶弼撰。旧钞本。劳格校。（日本静嘉堂文库）

《宝晋英光集》八卷

（宋）米芾撰。劳权钞本并校。（南京图书馆）

《陵阳先生诗集》四卷

（宋）韩驹撰。钞本。劳权校并跋。（中国国家图书馆）

《西渡诗集》一卷　补遗一卷

（宋）洪炎撰。丹铅精舍钞本。劳权校补并跋。（南京图书馆）

《郴阳百咏》一卷

（宋）阮阅撰。钞本。劳格校。（中国国家图书馆）

《雪溪集》五卷

（宋）王铚撰。旧钞本。劳格校。（日本静嘉堂文库）

《新注朱淑真断肠诗集》十卷《后集》存四卷

（宋）朱淑真撰。咸丰间劳权钞本，4册。劳氏手校。（台北图书馆）

《侍郎葛公归愚集》十卷

（宋）葛立芳撰。钞本。劳权校。（上海图书馆）

《夹漈遗稿》三卷

（宋）郑樵撰。鲍廷博钞本。（中国国家图书馆）

《方是闲居士小稿》

　　（宋）刘学箕撰。清四库传抄本,有劳格、玉海楼印。（浙江大学图书馆）

《梁溪遗稿诗钞》一卷

　　（宋）尤袤撰。康熙三十九年尤侗刻本。劳格校。（上海图书馆）

《梁溪遗稿》一卷

　　（宋）尤袤撰。清钞本。劳格校补。（南京图书馆）

《高东溪先生文集》不分卷,附录一卷

　　（宋）高登撰。旧钞本,2册。劳权、劳格手校。（台北图书馆）

《盘洲文集》八十卷　附录一卷

　　（宋）洪适撰。清钞本。劳权校补。（上海图书馆）

《洪文安公遗集》一卷

　　（宋）洪遵撰。劳格辑。稿本。（南京图书馆）

《洪文敏公文集》八卷

　　（宋）洪迈撰。劳格钞本。（南京图书馆）

《翠微南征录》十一卷

　　（宋）华岳撰。钞本。鲍廷博校。劳权校并跋。（中国国家图书馆）

《后村先生大全集》存十三卷

　　（宋）刘克庄撰。旧钞本。劳格校。（台北图书馆）

《默斋遗稿》二卷

　　（宋）游九言撰。丹铅精舍钞本。劳权校补。（南京图书馆）

《履斋遗集》四卷

　　（宋）吴潜撰。劳格钞本。（台北图书馆）

《履斋遗集》存二卷

　　（宋）吴潜撰。劳格钞本。（台北图书馆）

《彝斋文编》四卷　补遗一卷

　　（宋）赵孟坚撰。丹铅精舍钞本。劳权校跋。（上海图书馆）

《古梅吟稿》六卷

（宋）吴龙翰撰。咸丰七年劳权钞本。（中国国家图书馆）

《存雅堂遗稿》十三卷

（宋）方凤撰。顺治刊本。鲍廷博校，劳权校。（上海图书馆）

《紫岩于先生诗集》三卷

（宋）于石撰。旧钞本。沈廷芳跋。劳权校跋。（日本静嘉堂文库）

《宁极斋稿》一卷　附《慎独叟遗稿》一卷

（宋）陈深陈植撰。知不足斋钞本。鲍廷博校跋。劳权校跋。（中国国家图书馆）

《野趣有声画》二卷

（元）杨公远撰。清钞本，2册。鲍廷博校，费晓楼旧藏。劳权校跋。（中国国家图书馆）

《月屋漫稿》一卷

（元）黄庚撰。丹铅精舍钞本，1册。劳权手校并题记。（台北博物院）

《月屋漫稿》一卷

（元）黄庚撰。传钞四库全书本，1册。劳权手校并补录。（台北博物院）

《秋声集》九卷

（元）黄镇成撰。咸丰元年劳权钞本。（南京图书馆）

《蜕庵诗集》二卷　补遗一卷

（元）张翥撰。清钞本。劳格校补。（中国国家图书馆）

《五峰集》六卷《文集》一卷《雁山十记》一卷《补遗》一卷

（元）李孝光撰。知不足斋钞本。鲍廷博跋。劳格校。（中山大学图书馆）

《五峰集诗》十三卷

（元）李孝光撰。清钞本。劳格校补并跋。（中国国家图书馆）

《栲栳山人诗集》三卷

（元）岑安卿撰。乾隆四十七年宝墨斋刻本。劳权校补并跋。（北京大学）

《句曲外史贞居先生诗集》八卷，补遗一卷，遗诗一卷

（元）张雨撰。旧钞本，四册，劳氏补。劳权校并跋尾。（台北傅斯年图书馆）

《佩玉斋类稿》十卷　补遗一卷

（元）杨翮撰。劳权钞本。校并跋。（南京图书馆）

《铁崖赋稿》二卷

（元）杨维桢撰。丹铅精舍钞本。劳权校。劳格校跋。（上海图书馆）

《杨铁崖赋稿》二卷

（元）杨维桢撰。劳氏钞校本。（南京图书馆）

《吕敬夫诗》六种六卷

（元）吕诚撰。清初钞本，2册。何焯题记。劳权校。（台湾图书馆）

《张来仪先生文集》一卷　补遗一卷

（明）张羽撰。旧抄本。黄丕烈跋。劳格校补。（上海图书馆）

《白石山房逸稿》六卷　附录一卷

（明）张丁撰。清抄本。劳权校补并跋。（南京图书馆）

《危太朴集》不分卷

（明）危素撰。明蓁竹堂钞本。隆庆叶恭焕跋。劳格校。（中国国家图书馆）

《松雨斋集》八卷　附录一卷

（明）平显撰。咸丰七年劳权钞本。（台北图书馆）

《虞山人诗》三卷

（明）虞堪撰。清钞本。鲍廷博跋。劳格校跋。（中国国家图书馆）

《王氏二妙诗集》十三卷

（明）王沂王佑撰。传钞万历刊本，5册。咸丰九年劳权校并跋。（台北图书馆）

《白云稿》五卷

（明）朱右撰。明初刊本，4册；存卷一至卷三。（台北图书馆）

《小青焚余集》一卷

题（明）冯小青撰。咸丰九年劳权钞本。（中国国家图书馆）

《鲒琦亭集》三十八卷

（清）全祖望撰。《全谢山先生年谱》一卷（清）董秉纯撰。清抄本，清杨凤苞校，莫友芝签校，劳权签校。（上海图书馆）

《释略／何求老人残稿》一卷

（清）吕留良撰。旧钞本，1册。劳权手校。（台北图书馆）

《何学士集》二卷《尺牍》一卷《题跋》一卷

（清）何焯撰。劳权钞校本。（上海图书馆）

《茗柯文初编》一卷《二编》二卷《三编》一卷《四编》一卷

（清）张惠言撰。嘉庆十四年刻本。劳权校。（上海图书馆）

《小谟觞馆诗集》八卷《诗余》一卷《文集》四卷《文续集》二卷

（清）彭兆荪撰。嘉庆十一年韩江寓舍刻本。劳格抄补。（上海图书馆）

《小墨林诗钞》

《小墨林杂著》

（清）项莲生撰。手稿4册。钱塘许乃普旧藏。（扬州图书馆）

《窦氏联珠集》五卷

（唐）窦氏撰。许永镐家钞本，许永镐跋。黄丕烈校补并跋。劳权校跋。（中国国家图书馆）

《乐府诗集》一百卷目录二卷

（宋）郭茂倩编。明末毛氏汲古阁刻本。劳权校跋。（上海图书馆）

《皇元风雅前集》六卷《后集》六卷

（元）傅习，孙存吾同编。咸丰八年丹铅精舍钞本。劳权校。（台北博物院图书馆）

《中州启》四卷

（元）吴宏道编。影钞元大德刊本。劳权校跋。（台北图书馆）

《大雅集》八卷

（元）赖良编。旧钞本。劳格校。（台北图书馆）

《玉山名胜集》八卷《外集》一卷

（元）顾瑛编。清抄本。劳权校并跋。劳格校。（南京图书馆）

《骚坛白战录》一卷

（明）司马泰编。丹铅精舍钞本。劳格校跋。（中国国家图书馆）

《浩然斋雅谈》三卷

（宋）周密撰。乾隆浙江刻武英殿聚珍版丛书本。卢文弨校、劳权校。（上海图书馆）

《韵语阳秋》二十卷　存十七卷

（宋）葛立芳撰。正德二年江阴葛谌刻本，5册，缺卷三至卷五。叶修朱笔批校、叶树廉手跋。（台北图书馆）

《宋元明六家词》六卷

劳权钞本。校并跋。（南京图书馆）

《宋金元明六家词》十七卷

劳权钞本。校并跋。（南京图书馆）

《宋金元明六家词》六卷

劳权钞本。校并跋。（日本静嘉堂文库）

《四库未收宋词》八种

旧钞本。劳权校。（日本静嘉堂文库）

《典雅词》十卷

劳权钞本。校并跋。（中国国家图书馆）

《清真倡和集》八卷

题吉庵居士辑。道光二十五年王氏活字印本。劳权劳格校。（上海图书馆）

《自怡轩词选》八卷

（清）许宝善评选；俞鳌编；清嘉庆元年（1796）许氏刊本，严元照、劳权手批校并跋。（台北图书馆）

《梅苑》十卷

（宋）黄大舆编。康熙四十五年曹寅扬州使院重刊本，劳格朱笔批校并手书题记。（台北图书馆）

《乐章集》三卷　《续添曲子》一卷

（宋）柳永撰。劳权钞本并校。（中国国家图书馆）

《片玉词》十卷　拾遗一卷

（宋）周邦彦撰。劳权钞本并校。（中国国家图书馆）

《演山先生词》二卷

（宋）黄裳撰。清钞本。劳权校。（中国国家图书馆）

《漱玉词汇钞》一卷

（宋）李清照撰。道光二十年刻本。劳权校补。（日本静嘉堂文库）

《相山居士词》一卷

（宋）王之道撰。清钞本。劳权校跋。（中国国家图书馆）

《石林词》一卷

（宋）叶梦得撰。清文澜阁四库全书本，1册。（台北图书馆）

《和清真词》一卷

（宋）方千里撰。劳权钞本。校并跋。（中国国家图书馆）

《和清真词》一卷

（宋）杨泽民撰。劳权钞本。校并跋。（中国国家图书馆）

《涧泉诗余》一卷

（宋）韩淲撰。清钞本。劳权校跋。（日本静嘉堂文库）

《鹤山长短句》一卷

（宋）魏了翁撰。清钞本。劳权校跋。（中国国家图书馆）

《西麓续周集》一卷

（宋）陈允平撰。劳权钞本。校并跋。（中国国家图书馆）

《日湖渔唱》一卷

（宋）陈允平撰。劳权钞本。（台北图书馆）

《天籁集》二卷

（元）白朴撰。清钞本。劳权校。（上海图书馆）

《新刊张小山北曲联乐府》三卷《外集》一卷《别集》一卷

（元）张可久撰。附录《乔梦符乐府》一卷（元）乔志甫撰。

咸丰六年丹铅精舍精钞本。近人袁克文手书题记、劳氏墨笔校语（台
北中央图书馆）

《新刊张小山北曲联乐府》三卷《外集》一卷《补遗》一卷

（元）张可久撰。劳权钞本。校补并跋。（南京图书馆）

《秋水词》

（清）严绳孙撰。旧钞本。劳权校并跋。（台北图书馆）

《荔墙词》一卷

（清）汪曰桢撰。清乌程汪氏清稿本，周学濂、蒋敦复手书题记，
又张文虎、劳权手校并跋。（台北图书馆）

《云林堂词集》四卷　附《海沤剩词》一卷

（清）倪稻孙撰。清嘉道间刊配补钞本，劳权手校并题记。（台北
图书馆）

二、结一庐善本书目

一、宋刻本（20 种）

《周礼注疏》五十卷　宋庆元间沈中宾刊　三十六册

《春秋经传集解》三十卷　附春秋名号归一图二卷春秋年表一卷　俱宋淳熙间种德堂刊　三十二册

《皇朝编年备要》三十卷　宋陈均编宋绍定间刊　三十册

《通鉴纪事本末》四十二卷　宋袁枢撰宋宝佑间刊　四十二册

《通鉴总类》二十卷　宋沈枢撰宋嘉定间刊　二十册

《说苑》二十卷　宋咸淳间刊　十册

《皇朝仕学规范》四十卷　宋张镃编　宋淳熙间刊　十册

《六甲天元运气钤》二卷　宋赵从古撰 宋刊　二册

《艺文类聚》一百卷　宋绍兴间刊　二十册

《翻译名义集》七卷　宋释法云撰　宋绍兴间刊　十四册

《西汉会要》七十卷　宋徐天麟撰　宋嘉定间刊　二十册

《东汉会要》四十卷　宋徐天麟撰　宋宝佑间刊　十六册

《唐风集》三卷　北宋刊本四册

《古灵先生文集》二十五卷附录一卷　宋陈襄撰　绍兴间刊　十册

《古灵先生文集》　宋刊本　八册

《友林乙稿》一卷　宋史弥宁撰　宋刊本　一册

《才调集》十卷　宋刊六卷　五册

《花间集》十卷　宋绍兴间刊　四册

《史记集解》残本一百一十三卷　宋乾道间蔡梦弼刊　二十一册

《陆士龙集》十卷　五册

二、元刻本（31 种）

《易斋启蒙翼传》四卷　元胡一桂撰　三册

《周易参义》十二卷　元梁寅撰　六册

《春秋经传句解残》十二卷　宋林尧叟撰　五册

《读四书丛说》八卷　元许谦撰　八册

《六书正讹》五卷　元周伯琦撰　五册

《汲冢周书》十卷　元至元刊本　二册

《古今纪要》十卷　宋黄震撰　十册

《战国策校注》十卷　元吴师道撰　六册

《两汉诏令》二十三卷　宋林虑等撰　六册

《十七史纂古今通要》十七卷后集三卷　元胡一桂等撰　十二册

《黄氏日钞》九十七卷　宋黄震撰　六十册

《理学类编》八卷　元张九韶撰　元至正间刊　六册

《农桑辑要》七卷　元至元中官撰　元延佑七年刊　四册

《难经本义》二卷　元滑寿注　一册

《针灸资生经》七卷　宋王执中撰　元刊　八册

《仁斋直指》二十六卷附录七卷　宋杨士瀛撰　六册

《风俗通义》十卷　元刊大字本　五册

《齐东野语》二十卷　宋周密撰　六册

《释氏稽古录》四卷　元释觉岸撰　元至正间刊　四册

《注陆宣公奏议》十五卷　宋郎晔注　元至正间刊　六册

《和靖先生诗集》四卷　宋林逋撰　一册

《赵清献公文集》十六卷　宋赵抃撰　宋刊元印　六册

《简斋诗集》十六卷　宋陈与义撰　四册

《香溪先生文集》二十二卷　宋范浚撰　四册

《方是闲居士小稿》二卷　宋刘学箕撰　元至顺刊　二册

《汉泉漫稿》十卷　元曹伯启撰　二册

《乐府诗集》一百卷　宋郭茂倩编　元至正刊　十二册

《文心雕龙》十卷　元至正刊　三册

《诗人玉屑》二十卷　宋魏庆之编　十册

《金石例》十卷　元潘昂霄撰　二册

《道院集要》三卷　宋晁迥撰　三册

三、明刻本（144 种）

《周易会通》十四卷　元董真卿撰　明洪武刊　十六册

《书传会选》六卷　明刘三吾等撰　味经堂刊　六册

《吕氏家塾读诗记》三十二卷　宋吕祖谦撰　明嘉靖刊　二十四册

《诗缉》三十六卷　宋严粲撰　明味经堂刊　十二册

《周礼郑氏注》十二卷　明嘉靖刊　六册

《仪礼郑氏注》十七卷　明嘉靖刊　六册

《大戴礼记》十三卷　明袁氏刊宋本　一册

《春秋集传纂例》十卷辨疑十卷　明嘉靖间刊　四册

《春秋师说》三卷　元赵汸撰　明刊　四册

《埤雅》二十卷　宋陆佃撰　明经厂刊　十册

《五音集韵》十五卷　金韩道昭撰　明成化刊　六册

《古今韵会举要》三十卷　元熊忠撰　明嘉靖刊　十册

《史记》一百三十卷　明王氏刊　八十册

《贞观政要》十卷　元戈直注　明经厂本　五册

《战国策注》十卷　宋鲍彪撰　明嘉靖刊　八册

《孝肃包公奏议》十卷　宋包拯撰　明正统刊　五册

《历代名臣奏议》三百五十卷　明黄淮等编　永乐刊　一百六十册

《名臣碑传琬琰之集》一百七卷　宋杜大珪编　八册

《南唐书》三十卷　宋马令撰　明嘉靖刊　二册

《宋名臣言行录》前集十卷后集十四卷续集八卷外集十七卷　宋朱子等撰 缺别集二十六卷　二十册

《嘉泰会稽志》二十卷宝庆续志八卷　宋施宿等撰　明正统刊　十二卷

《齐乘》六卷　明嘉靖刊　四册

《武林旧事》六卷　宋周密撰　明正德刊　一册

《史通》二十卷　明刊校本　四册

《盐铁论》十卷　明宏治刊宋本　四册

《新序》十卷说苑二十卷　明经厂刊　六册

《新序》十卷　明仿宋刊本　六册

《说苑》二十卷　明仿宋刊本　十册

《申鉴》五卷　明黄省曾注　正德刊　一册

《二程全书》六十五卷　明宏治刊　十册

《迩言》十二卷　宋刘炎撰　明嘉靖刊　三册

《木钟集》十一卷　宋陈埴撰　明宏治刊　二册

《经济文衡》七十五卷　明正德刊　十二册

《北溪字义》二卷附严陵讲义一卷　宋陈淳撰　明正德刊　四册

《辨惑编》四卷附录一卷　元谢应芳撰

《续编》七卷附录卷二　明顾亮撰　明成化刊　六册

《内经素问》十二卷灵枢经十二卷　明居敬堂刊　十二册

《瑞竹堂经验方》十五卷　元萨里弥实撰　明成化刊　三册

《卫生宝鉴》二十四卷补遗一卷　元罗天益撰　明永乐刊　四册

《鹖冠子》二卷　宋陆佃注　明重刊宋本　二册

《人物志》三卷　明仿宋本　一册

《容斋随笔》十六卷二笔十六卷三笔十六卷四笔十六卷五笔十卷　宋洪迈撰　明刊宋本　三十二册

《绀珠集》十三卷　明天顺刊　五册

《艺文类聚》一百卷　明刊小字本　十二册

《龙筋凤髓判》四卷　明刊校本　一册

《初学记》三十卷　明安国刊本　十二册

《事类赋》三十卷　宋吴淑撰　明正统刊本　四册

《事物纪原》二十卷　宋高承撰　明正统刊本　四册

《海录碎事》二十二卷　宋叶廷珪撰　明嘉靖刊　二十四册

《西京杂记》二卷　明活字本　二册

《世说新语》三卷　明袁褧重刊宋本　三册

《泊宅编》十卷　宋方勺撰　明仿宋刊　二册

《锦绣万花谷》前集四十卷后集四十卷续集四十卷　十六册

《辍耕录》三十卷　明陶宗仪撰　玉兰草堂刊　四册

《山海经》十八卷　明仿宋尤氏刊本　三册

《清异录》二卷　宋陶谷撰　一册

《楚辞章句》十七卷　明芙蓉馆重刊宋本　六册

《楚辞集句》八卷辨证二卷后语六卷　明仿宋刊　二册

《曹子建集》十卷　明嘉靖仿宋刊本　二册

《陆士衡集》十卷　明正德仿宋刊本　一册

《分类补注李太白集》三十卷　宋杨齐贤集注　明嘉靖仿宋本　八册

《高常侍集》十卷　明正德刊本　一册

《岑嘉州诗集》七卷　明成化刊本　二册

《颜鲁公文集》十五卷附录三卷　明安国刊　四册

《韦苏州集》十卷　明弘治刊　一册

《济美堂柳集》四十五卷外集二卷附录五卷　十六册

《李文公集》十八卷　明成化刊本　六册

《李文公集》十八卷　明刊　吕晚村手评　四册

《欧阳行周集》十卷　明天顺刊　一册

《李文饶文集》二十卷别集十卷外集四卷　宋本明嘉靖刊　四册

《元氏长庆集》六十卷补遗六卷　明刊校本　十册

《白氏长庆集》七十一卷　明刊校本　十册

《樊南文集》二十卷外集一卷别集一卷　明刊校宋本　三册

《孙可之集》十卷　明正德刊　一册

《皮子文薮》十卷　明正德刊　三册

《云台编》三卷　明严嵩刊郑谷　一册

《卢纶诗集》二卷　明正德刊　一册

《武溪集》二十卷　宋余靖撰　明刊　四册

《范文正公全集》四十八卷　宋范仲淹撰　明刊　六册

《司马传家集》八十卷　宋司马光撰　明初刊　十四册

《赵清献公集》十卷附录一卷　宋赵抃撰　明嘉靖刊　四册

《元丰类稿》五十卷附录一卷　宋曾巩撰　明成化刊　十册

《宛陵集》六十卷附录一卷　宋梅尧臣撰　明正统刊　六册

《节孝集》三十卷附录一卷　宋徐积撰　明嘉靖刊　八册

《欧阳文忠公集》一百五十二卷附录五卷年谱一卷　明天顺刊　四十二册

《欧阳文粹》二十卷　宋陈亮撰　明刊　六册

《嘉祐集》十五卷　明嘉靖刊　二册

《临川集》一百卷　明嘉靖刊　四十册

《东坡全集》一百十五卷　明嘉靖刊　二十四册

《龙云文集》三十二卷　宋刘弇撰　明弘治刊　四册

《宗忠简公集》 宋宗泽撰　明正德刊　一册

《卢溪文集》五十集　宋王廷珪撰　明刊 六册

《竹洲文集》二十卷附录一卷　宋吴儆撰　明弘治刊　六册

《鄂州小集》六卷附录二卷　宋罗愿撰　明洪武刊　三册

《晦庵先生文集》一百卷别集七卷　宋朱熹撰　明刊小字本　四十册

《止斋先生文集》五十二卷附录一卷　宋陈傅良撰　明正德刊　四册

《梅溪先生文集》五十四卷 宋王十朋撰　明正统刊　十册

《象山先生文集》二十八卷外集四卷语录四卷　宋陆九渊撰　明嘉靖刊 八册

《石湖居士集》三十四卷　宋范成大撰　明弘治刊 十册

《石屏诗集》十卷　宋戴复古撰　明弘治刊　六册

《洺水文集》三十卷　宋程珌撰　明嘉靖刊　六册

《龙川文集》三十卷　宋陈亮撰　明成化刊　六册

《西山先生文集》五十一卷　宋真德秀撰　明嘉靖刊　十四册

《秋崖小稿》八十三卷　宋方岳撰 明嘉靖刊　八册

《石堂先生遗稿》二十二卷　宋陈普撰　明嘉靖刊　六册

《晞发集》十卷附录一卷　宋谢翱撰　明弘治刊　二册

《稼邨类稿》三十卷　元王义山撰　明正德刊　六册

《云林诗集》六卷附录一卷　元贡奎撰　明刊　二册

《马石田文集》十五卷附录一卷　元马祖常撰　明弘治刊　十二册

《道园学古录》五十卷　元虞集撰　明景泰刊　十六册

《圭斋文集》十六卷　元欧阳元撰　明嘉靖刊　四册

《秋声集》四卷　元黄镇成撰　明嘉靖刊　二册

《青阳文集》六卷附录二卷　元余阙撰　明正德刊　二册

《东维子集》三十卷附录一卷　元杨维桢撰　明刊　六册

《潜溪集》十八卷附录一卷　明宋濂撰　天顺初刊　十二册

《宋学士集》七十一卷　明正德刊　十二册

《诚意伯文集》十八卷　明刘基撰　嘉靖刊　十二册

《华川文集》二十四卷附录一卷　明王祎撰　正统刊　四册

《东皋录》五卷　明释妙声撰　洪武刊　二册

《胡仲子文集》十卷　明胡翰撰　洪武刊　五册

《蚓窍集》十卷　明管时敏撰　永乐刊　一册

《斗南老人集》六卷　明胡奎撰　明初刊　八册

《全室外集》九卷续集一卷　明释宗泐撰　永乐刊　四册

《玉台新咏》十卷　陈徐陵撰　明仿宋刊　一册

《唐文粹》一百卷　宋姚铉撰　明刊校宋本　十六册

《宋文鉴》一百五十卷　宋吕祖谦撰　明天顺刊　二十四册

《崇古文诀》三十五卷　宋楼昉编　明刊　十六册

《笺注唐贤绝句三体诗法》二十卷　宋周弼选　元释圆至注　明经厂本　四册

《两汉文鉴》四十一卷　宋陈鉴编　明刊　十六册

《三谢诗》一卷　宋唐庚编　明刊　一册

《古赋辨体》十卷　元祝尧编　明安南国刊　十册

《国朝文类》七十卷　元苏天爵撰　元刊明印本　十二册

《风雅翼》十四卷　元刘履编　明刊　六册

《元音》十二卷　明孙原理编　明初刊　四册

《文心雕龙》十卷　明刊校本　四册

《韩诗外传》十卷　明通津草堂刊　二册

《周礼》十二卷仪礼十七卷　明嘉靖刊本　十册

《史记》一百三十卷　明柯氏刊本　三十册

《史记》一百三十卷　明秦藩刊　十六册

《论衡》三十卷　明通津草堂刊　十册

《周易正义》九卷略例一卷释文一卷　明永乐甲申刊　十册

《书传》六卷图一卷序一卷　宋蔡沈撰　明正统刊　六册

《读四书丛说》八卷　元许谦撰　明正德刊　八册

《金陀粹编》二十八卷续编三十卷　宋岳珂撰　元刊明印本　十二册

《翠屏集》四卷　明张以宁撰　正德刊　四册

四、旧钞本（370 种）

《周易经传集解》三十六卷　宋林栗撰　明钞本后缺四卷　八册

《周易集说》四十卷附《易图纂要》一卷　宋俞琰撰　四册

《读四书丛说》六卷　元许谦撰　影元本　二册

《春秋五礼例宗》十卷　宋张大亨撰　一册

《春秋分纪》九十卷附《例要》一卷　宋程公说撰　影宋本　二十四册

《春秋纂言》十二卷《总例》五卷　元吴澄撰　十册

《春秋金锁匙》一卷　元赵汸撰　吴兔床手校　一册

《论语全解》十卷　宋陈祥道撰　小草斋钞本　五册

《皇佑新乐图记》三卷　宋阮逸撰　一册

《字诂》一卷　黄生撰　嘉荫簃钞本　一册

《集韵》十卷　宋丁度撰　钱遵王影宋精钞本　五册

《切韵指掌图》一卷　宋司马光撰　一册

《书义主意》六卷附《群英书义》二卷　元王充耘撰　影元钞本　一册

《旧五代史》一百五十卷目录二卷　宋薛居正等撰　十册

《大唐创业起居注》三卷　唐温大雅撰　一册

《通历》十五卷　唐马总撰孙光宪续　十二册

《皇朝通鉴长编纪事本末》一百五十卷　宋陈仲良撰　六十四册

《三朝北盟会编》二百五十卷　宋徐梦莘撰　二十四册

《蜀鉴》十卷　宋郭允韬撰　二册

《契丹国志》十七卷　宋叶隆礼撰　二册

《春秋别典》十五卷　明薛虞畿撰孙伯渊考注　二册

《渚宫旧事》五卷补遗一卷　唐余知古撰　一册

《五代史阙文》一卷　宋王禹偁撰　彭氏钞本　一册

《南烬纪闻》一卷《窃愤录》一卷　宋辛弃疾撰　叶氏钞本　一册

《太平治迹统类前集》不分卷　宋彭百川撰　十册

《襄阳守城录》一卷　宋赵万年编　叶氏钞本　一册

《南迁录》一卷　金张师颜撰　汲古阁钞本　一册

《明氏实录》一卷　明杨学可撰　一册

《钱塘遗事》十卷　明刘一清撰　一册

《唐大诏令》一百三十卷　宋宋敏求撰　彭氏钞本　十册

《广卓异记》二十卷　宋乐史撰　明钞　一册

《绍兴十八年同年小录》一卷　旧钞　一册

《宝祐四年登科录》一卷　旧钞　一册

《洪武四年会试纪录》一卷　旧钞　一册

《江南野史》十卷　宋龙衮撰　彭氏钞本　一册

《江南别录》一卷　宋陈彭年撰　彭氏钞本　一册

《江表志》三卷　宋郑文宝撰　彭氏钞本　一册

《江表志》　吴兔床校本　一册

《南唐拾遗记》一卷　毛先舒撰　吴兔床手校　一册

《三楚新录》三卷　宋周羽翀撰　彭氏钞本　一册

《吴越备史》四卷补遗一卷　宋钱俨撰　二册

《安南志略》十九卷　元黎崱撰　彭氏钞本　四册

《安南志略》　二册

《越史略》三卷　彭氏钞本　一册

《越峤书》二十卷　明李文凤撰　刘氏钞本　八册

《百夷传》一卷　明钱古训　一册

《元和郡县图志》四十卷　唐李吉甫撰　彭氏钞本　十六册

《元和郡县图志》四十卷小山堂钞本　四册

《太平寰宇记》一百九十三卷　宋乐史撰　酌雅斋精钞　三十二册

《新定九域志》十卷　宋王存等撰　影宋本　二册

《舆地纪胜》二百卷　宋王象之撰　影宋本　五十册

《乾道临安志》三卷　宋周淙撰　二册

《剡录》十卷　宋高似孙撰　二册

《乾道四明图经》十五卷　宋张津　二册

《嘉泰吴兴志》十五卷　宋谈钥撰　五册

《严州图经》三卷　宋董棻撰　影宋本　一册

《淳祐临安志》六卷　宋施谔撰　二册

《澉水志》八卷　宋常棠撰　一册

《景定严州续志》十卷　宋郑瑶撰　旧钞校本　一册

《淳祐玉峰志》三卷《续》一卷　元凌万顷撰　吴翌凤手钞　二册

《昆山郡志》六卷　元杨谦撰　吴翌凤手钞　二册

《至元嘉禾志》三十二卷　元徐硕撰　八册

《昌国州图志》七卷　元冯复京等撰　一册

《都城纪胜》一卷　宋耐得翁撰　一册

《梦粱录》二十卷　宋吴自牧撰　二册

《武林旧事》十卷　宋周密撰　精钞　一册

《宣和奉使高丽国图经》四十卷　宋徐兢撰　彭氏钞本　二册

《中兴馆阁录》十卷《续录》十卷　宋陈骙撰　影宋钞本　二册

《五代会要》三十卷　宋王溥撰　影宋本　二册

《五代会要》三十卷　彭文勤钱竹汀同校　十六册

《五代会要》三十卷　旧钞五册

《建炎以来朝野杂记》四十卷　宋李心传撰　影宋本　四册

《西汉会要》七十卷　宋徐天麟撰　明钞　六册

《东汉会要》四十卷　四册

《大唐开元礼》一百五十卷　唐萧嵩等撰　彭钞　十二册

《政和五礼新仪》二百四十卷　宋郑居中撰　明钞　二十册

《大金集礼》四十卷　金张暐撰　彭文勤手校　六册

《庙学典礼》六卷　钞本　四册

《大唐郊祀录》十卷　唐王泾撰　四册

《宋中兴礼书》三百卷《续》八十卷　徐松从永乐大典中录出　二十四册

《律文》十二卷《音义》一卷　宋孙奭等撰　影宋本　二册

《集古录》十卷　宋欧阳修撰　卢抱经手校　二册

《金石录》三十卷　宋赵明诚撰　精钞　三册

《隶续》二十一卷　宋洪适撰　何义门手校　二册

《石刻铺叙》二卷　宋曾宏父撰　明钞　一册

《宝刻丛编》二十卷　宋陈思撰　卢抱经手校　八册

《宝刻类编》八卷　卢抱经手校　二册

《名迹录》六卷　明朱珪撰　鲍以文手校　一册

《求古录》　顾炎武撰　一册

《石经考》一卷　万斯同撰　彭氏钞本　一册

《两汉刊误补遗》十卷　宋吴仁杰撰　影宋本　二册

《宝庆四明志》二十一卷《开庆续志》十二卷《延祐四明志》十七卷　宋罗濬等撰　刘氏钞本　十册

《唐五代登科记考》三十卷　徐松撰　精钞　十二册

《宋史记》九十四卷　明王维俭撰　二十八册

《政和五礼新义》二百四十卷　经钼堂钞本　四十册

《东宫备览》六卷　宋陈谟撰　一册

《金匮要略》三卷　明洪武初苏州吴迁照北宋版钞　二册

《类证普济本事方》十卷　宋许叔微撰　一册

《大唐开元占经》一百二十卷　严铁桥手校秀州邱氏钞本　八册

《玉历通政经》三卷　旧钞　一册

《天文鬼料窍》一卷　彭氏钞本　一册

《书苑菁华》二十卷　宋陈思撰　五册

《琴史》六卷　宋朱长文撰　二册

《乐庵语录》四卷　宋龚昱撰　一册

《近事会元》五卷　宋李上交撰　叶氏钞本　一册

《朝野类要》五卷　宋赵升撰　一册

《论衡》三十卷　明照宋版钞　六册

《封氏见闻记》十卷　明钞校本　二册

《封氏见闻记》十卷　彭氏钞本　一册

《麈史》　宋王得臣撰　一册

《珩璜新论》一卷　宋孔平仲撰　二册

《岩下放言》三卷　宋叶梦得撰　一册

《云麓漫钞》四卷　宋赵彦卫撰　郁冈斋钞本　一册

《佩韦斋辑闻》四卷　宋俞德麟撰钞附集后　一册

《类说》五十卷　宋曾慥撰　三十二册

《事实类苑》六十三卷　宋江少虞编　明钞　八册

《太平御览》一千卷　宋李昉等撰　明钞　一百册

《册府元龟》一千卷　宋王钦若等撰明钞宋本　二百册

《回溪史韵》二十三卷　宋钱讽撰　七册

《全芳备祖前集》二十七卷后集三十一卷　宋陈景沂撰　八册

《六帖补》二十卷　宋杨伯岩撰　萃古齐钞本　四册

《云仙散录》十卷　十笏山房钞本　一册

《鉴戒录》十卷　蜀何光远撰　彭氏钞本　一册

《分门古今类事》二十卷　彭氏照宋版钞　二册

《道德指归论》六卷　吴兔床校　明钞　四册

《关尹子言外经旨》三卷　宋陈显微撰　一册

《南华真经注疏》三十五卷　唐元成英撰　十六册

《抱朴子外篇》二十卷　明钞　二册

《道藏目录详注》四卷　明白云霁撰　一册

《重续千字文》一卷　影宋本　一册

《易序丛书》十卷　宋赵汝梅撰　三册

《坤舆格致》二卷　西洋南怀仁撰　一册

《空际格致》二卷　西洋高一志撰　二册

《地震解》一卷　西洋华龙氏撰

《道德真经集注》十八卷释文一卷　宋彭耜撰　明钞　八册

《陶隐居集》一卷附录一卷　叶林宗手钞　一册

《王无功文集》五卷　朱笥河家钞本　一册

《沈云卿文集》五卷　朱笥河家钞本　一册

《张说之文集》三十卷　朱笥河家钞本　三册

《岑嘉州集》七卷　影宋钞本　二册

《昼上人集》十卷　影宋钞本　四册

《刘随州集》十一卷　照宋版钞　四册

《权载之文集》五十卷　朱笥河家钞本　四册

《李君虞诗集》三卷　竹深堂钞本　一册

《吕和叔文集》十卷　冯钝吟钞　一册

《刘宾客文集》三十卷外集十卷　经钼堂钞　六册

《张司业集》三卷　汲古阁影宋钞　一册

《皇甫持正集》六卷　西圃蒋氏钞　二册

《李文公集》十八卷　述古堂钞　一册

《欧阳行周文集》十卷　朱笥河钞　一册

《沈下贤集》十二卷　彭氏钞　二册

《鲍溶诗集》六卷外集一卷　旧钞　一册

《李义山诗集》三卷　影宋钞　三册

《司空表圣文集》十卷　二册

《唐英歌诗》三卷　旧钞　吴融

《徐钓矶文集》十卷　明钞　二册

《广成集》十二卷　彭氏钞　二册

《徐长侍集》三十卷　宋徐铉撰　四册

《河东集》十五卷附录一卷　宋柳开撰　二册

《咸平集》三十卷　宋田锡撰　旧钞缺卷

《寇忠愍诗集》三卷　宋寇准撰　一册

《乖崖集》十二卷附钞一卷　宋张咏撰　一册

《小畜集三十卷外集七卷　宋王禹偁撰　影宋本　六册

《武夷新集》二十卷　宋杨亿撰　彭氏钞　四册

《穆参军集》三卷附录一卷　宋穆修撰　山阴陆氏钞　二册

《穆参军集》三卷　旧钞　一册

《河南集》二十七卷　宋尹洙撰明钞　二册

《孙明复小集》一卷　宋孙复撰　一册

《徂徕集》二十卷　宋石介撰　四册

《苏魏公文集》七十二卷　宋苏颂撰　旧钞缺　十册

《冯安岳集》十二卷　宋冯山撰　一册

《龙学文集》十六卷　宋祖无择撰　二册

《鄱阳集》十二卷　宋彭汝砺撰　二册

《南阳集》三十卷附录一卷　宋韩维撰　澹生堂钞　十六册

《乐全集》四十卷　宋张方平撰　二十册

《广陵集》二十卷拾遗一卷　宋王令撰　六册

《宛邱集》七十六卷　宋张耒撰　明钞　八册

《青山集》三十卷《续集》七卷　宋郭祥正撰　五册

《倚松老人集》三卷　宋饶节撰　刘氏钞　一册

《演山集》六十卷　宋黄裳撰　六册

《姑溪居士前集》五十卷《后集》二十卷　宋李之仪撰　十册

《道乡集》四十卷　宋邹浩撰　菉竹堂钞　五册

《道乡集》四十卷　宋宾王手校　六册

《溪堂集》十卷　宋谢逸撰　二册

《谢幼盘集》十一卷　宋谢逅撰　一册

《唐子西集》三十卷　宋唐庚撰　八册

《跨鳌集》三十卷　宋李新撰　二册

《梁溪集》一百三十卷附录六卷　宋李纲撰　二十四册

《松隐文集》三十九卷　宋曹勋撰　六册

《石林居士建康集》八卷　宋叶梦得撰　一册

《苕溪》集五十五卷目录三卷　宋刘正撰　二册

《龟溪集》十二卷　宋沈与求撰　四册

《栟榈文集》八卷　宋邓肃撰　三册

《默成文集》八卷　宋潘良贵撰　一册

《韦斋集》十二卷附《玉澜集》一卷　宋朱松撰　《玉澜集》其弟槔撰　一册

《陵阳先生诗》四卷　宋韩驹撰　一册

《兰陵孙尚书大全集》七十卷附录一卷　宋孙觌撰　十六册

《王著作集》八卷　宋王苹撰　小山堂钞本　一册

《欧阳修撰集》七卷　宋欧阳澈撰　四册

《东溪集》二卷附录一卷　宋高登撰　一册

《云溪集》五卷　宋王铚撰　一册

《斐然集》三十卷　宋胡寅撰　六册

《东莱集》三十卷　宋吕本中撰　四册

《嵩山居士集》五十四卷　宋晁公遯撰　彭氏钞　四册

《默堂集》二十二卷　宋陈渊撰　四册

《知稼翁集》十二卷　宋黄公度撰　知不足斋钞　二册

《拙斋文集》二十卷　宋林之奇撰　影宋钞　八册

《太仓稊米集》七十卷　宋周紫芝撰　十二册

《艾轩集》九卷附录一卷　宋林光朝撰马笏斋钞　四册

《网山月渔集》八卷　宋林亦之撰　一册

《格斋四六》一卷　宋王子俊撰　裘杼楼钞　一册

《乐轩集》八卷　宋陈藻撰　彭氏钞　二册

《攻媿集》一百二十卷　宋楼钥撰　二十册

《蠹斋铅刀编》三十二卷　宋周孚撰　二册

《慈湖遗书》十八卷　宋杨简撰　六册

《定斋集》二十卷　宋蔡戡撰　六册

《盘洲集》八十卷　宋洪适撰　彭氏钞　八册

《石屏集》十卷　宋戴复古撰　刘氏钞　四册

《北溪大全集》五十卷《外集》一卷　宋陈淳撰　五册

《梅山续集》十七卷　宋姜特立撰　小山堂钞　二册

《瓜庐集》一卷　宋薛复古撰　何义门校明钞　一册

《龙洲集》十四卷附录一卷　宋刘过撰　一册

《方泉诗》四卷　宋周文璞撰　一册

《野谷诗稿》六卷　宋赵汝燧撰　一册

《平斋文集》三十二卷　宋洪咨夔撰　六册

《方是闲居士小稿》二卷　宋刘学箕撰　影元本　一册

《浪语集》三十五卷　宋薛季宣撰　十二册

《诚斋集》一百三十三卷　宋杨万里撰　汲古阁钞　二十四册

《后村居士集》五十卷　宋刘克庄撰　十册

《默斋遗稿》二卷　宋游九言撰　一册

《臞轩集》十六卷　宋王迈撰　册

《清正遗稿》六卷附录一卷　宋徐鹿卿撰　二册

《玉楮诗稿》八卷　宋岳珂撰　一册

《兰皋集》三卷　宋吴锡畴撰　一册

《覆瓿集》六卷　宋赵必豫撰　一册

《陵阳集》二十四卷　宋牟𪩘撰　八册

《勿轩集》八卷　宋熊禾撰　二册

《古梅吟稿》六卷　宋吴龙翰撰　一册

《佩韦斋文集》十六卷　宋俞德邻撰　三册

《吾汶稿》十卷　宋王炎午撰　一册

《在轩集》一卷　宋王公绍撰　一册

《紫岩诗选》三卷　宋于石撰　刘氏钞　一册

《宁极斋稿》一卷《慎独叟遗稿》一卷　宋陈深撰　一册

《竹坡类稿》六卷　宋吕午撰　一册

《古逸民先生集》三卷　宋王炎昶撰　知不足斋钞　一册

《平庵诗稿》十六卷　宋项安世撰　八册

《斜川集》　宋苏过撰　二册

《滏水集》二十卷　金赵秉文撰　马笏斋钞　八册

《滹南遗老集》四十五卷　金王若虚撰　四册

《剡源集》三十卷　元戴表元撰　十二册

《湛然居士集》十四卷　元耶律楚材撰　二册

《湛然居士集》　龙池山房钞本　二册

《藏春集》六卷　元刘秉忠撰　一册

《淮阳集》一卷附录一卷　元张洪范撰　一册

《陵川集》三十九卷　元郝经撰　六册

《白云集》三卷　元释英撰　一册

《月屋漫稿》一卷　元黄庚撰　一册

《剩语》二卷　元艾性夫撰　一册

《养蒙集》十卷　元张伯淳撰　二册

《巴西文集》一卷　元邓文原撰　一册

《屏岩小稿》一卷　元张光观撰　一册

《存悔斋稿》一卷补遗一卷　元龚璛撰　一册

《默庵集》五卷　元安熙撰　刘氏钞　一册

《秋涧先生大全集》一百卷　元王恽撰　二十四册

《陈刚中诗》四卷　元陈孚撰　彭氏钞　一册

《玉井樵唱》三卷　元尹廷高撰　一册

《此山先生诗集》四卷　元周权撰　一册

《申斋集》十五卷　元刘岳申撰　二册

《蒲室集》十五卷　元释大欣撰　二册

《惟实集》八卷附录一卷　元刘谔撰　二册

《石田集》十五卷　元马祖常撰　文瑞楼钞　三册

《道园文补钞》不分卷　元虞集撰　翁覃溪校　八册

《道园遗稿》二卷《鸣鹤遗音》一卷　二册

《范德机诗》　元范梈撰　彭氏钞　一册

《吴礼部文集》二十卷　元吴师道撰　四册

《燕石集》十五卷　元宋褧撰　二册

《秋声集》十卷　元黄镇成撰　影明初刊本　一册

《傅汝砺文集》十一卷附录一卷　元傅若金撰　一册

《瓢泉吟稿》五卷　元朱晞颜撰　爱日精庐钞　二册

《俟庵集》三十卷　元李存撰　影明永乐刊本　三册

《滋溪文稿》三十卷　元苏天爵撰　三册

《近光集》三卷《扈从诗》一卷　元周伯琦撰　一册

《蛾术诗选》八卷　元邵亨贞撰　一册

《药房樵唱》二卷附录二卷　元吴景奎撰　一册

《栲栳山人诗》三卷　元岑安卿撰　一册

《不系舟渔集》十五卷附录一卷　元陈高撰　彭氏钞　二册

《侨吴集》十二卷　元郑元佑撰　四册

《友石山人遗稿》一卷　元王翰撰　一册

《北郭集》六卷补遗一卷　元许恕撰　一册

《青村遗稿》一卷　元金涓撰　丛书楼钞　一册

《丁鹤年诗集》三卷　旧钞　一册

《贞素斋集》八卷附录一卷《北庄遗稿》一卷　元舒頔撰　二册

《江月松风集》十二卷　元钱惟善撰　二册

《龟巢集》十七卷　元谢应芳撰　十二册

《石初集》十卷　元周廷震撰　二册

《梧溪集》七卷　元王逢撰　七册

《云阳集》十卷　元李祁撰　二册

《南湖集》六卷　元贡性之撰　一册

《佩玉斋类稿》十卷　元杨翮撰　二册

《乐志园诗集》九卷　元吕诚撰　一册

《花溪集》三卷　元沈梦邻撰　二册

《夷白斋稿》三十五卷外集一卷　元陈基撰　四册

《玉笥集》十卷　元邓雅撰　爱日精庐钞　四册

《东皋诗集》五卷　元马玉麐撰　一册

《全归集》七卷　元张庸撰　一册

《水云集》三卷　元谭处端撰　一册

《益斋先生乱藁》十卷　元高丽李齐贤撰　四册

《圭斋集》十五卷附录一卷　元欧阳玄撰　二册

《说学斋稿》不分卷　明危素撰　彭氏钞　二册

《说学斋稿》不分卷　西泠女史施淑兰手校　二册

《白云稿》五卷　明朱石撰　一册

《胡仲子集》十卷　明胡翰撰　五册

《胡仲子集》旧钞　三册

《白石山房逸稿》二卷　明张孟兼撰刘校本　一册

《始丰稿》十四卷　明徐一夔撰　二册

《白云樵唱》二卷　明王恭撰　明钞　二册

《蚓窍集》十卷　明管时敏撰　一册

《耕学斋诗集》十二卷　明袁华撰　文瑞楼钞　一册

《竹斋集》三卷续集一卷附录一卷　明王冕撰　一册

《鼓枻稿》一卷　明虞堪撰　一册

《王舍人诗集》五卷　明王绂撰　一册

《丹崖集》十卷　明唐肃撰　二册

《秋水轩诗集》一卷附录一卷　明陈汝言撰　一册

《桂轩诗集》一卷　谢常　一册

《闲居丛稿二十六卷　元蒲道源　四册

《丁卯集》三卷　一册

《卢仝诗》一卷　影宋本　一册

《玉京集》二卷 宋真宗御撰　一册

《鸿庆居士集》四十二卷　宋孙觌撰　彭氏钞　八册

《林屋山人漫稿》一卷　元俞琰　一册

《水镜元公集》一卷　元元淮　一册

《清江碧嶂集》一卷　元杜本　一册

《石屋禅师山居诗》一卷　元释洪珙　一册

《逃虚子诗集》一卷《续集》一卷　彭氏钞本　二册

《吴梅村诗集笺注》十六卷　程穆倩撰　四册

《极元集》二卷　汲古阁影宋刊本　一册

《河岳英灵集》三卷　明钞　一册

《文苑英华》一千卷　明钞　一百册

《清江三孔集》四十卷　彭氏钞　八册

《古今岁时杂咏》四十六卷　宋蒲积中撰　明万历影宋本　四册

《成都文类》五十卷　旧抄　十二册

《赤城集》十八卷　宋林表民编　六册

《宋人小集》六十一卷　旧钞　六册

　　《东观集》七卷　魏野

　　《春卿遗稿》一卷　蒋堂

　　《西渡集》一卷　洪炎

　　《雅林小稿》一卷　王琮

　　《东溪文集》一卷　高登

　　《野谷诗稿》六卷　越汝燧

　　《白石道人诗集》一卷　姜夔

　　《石屏续集》四卷　戴复古

　　《西塍集》一卷　宋伯仁

　　《秋江烟草》一卷　张弋

《义丰文集》一卷　王院

《雪溪集》五卷　王铚

《疏寮小集》一卷　高似孙

《巽斋小集》一卷　危稹

《皇华曲》十卷　邓林

《雪林删余》一卷　张之龙

《端平诗隽》四卷　周弼

《东斋小集》一卷　陈鉴之

《竹庄小稿》一卷　胡仲参

《梅花纳》一卷　李龚

《芸隐横舟稿》一卷　施枢

《瓜庐诗》一卷　薛师石

《吾竹小稿》一卷　毛诩

《靖逸小稿》一卷　叶绍翁

《雪矶丛稿》五卷　乐雷发

《癖斋小集》一卷　杜旃

《竹所吟稿》一卷　徐集孙

《西麓诗集》一卷　陈允平

《沧洲先生集》五卷　罗公升

《邕州小集》一卷　陶弼

《支离子诗》一卷　黄希旦

《采芝集》一卷　释斯植

《二妙集》二卷　金段成己撰　一册

《谷音》二卷　元杜本编　精钞　一册

《圭塘欸乃集》二卷　元许有壬撰　知不足斋钞本　一册

《圭塘欸乃集》二卷　旧钞　一册

《玉山名胜集》二卷　元顾瑛撰　彭氏钞　二册

《草堂雅集》十三卷　元顾瑛撰　十册

《大雅集》八卷　元赖良撰　二册

《乾坤清气集》十四卷　明偶桓编　二册

《元诗体要》十四卷　明宋绪编　四册

《优古堂诗话》一卷　吴开撰　一册

《娱书堂诗话》一卷　宋赵与虤撰　一册

《文则》二卷　宋陈骙撰　一册

《和石湖词》一卷　宋陈三聘撰　一册

《燕喜词》一卷　宋曹冠撰　一册

《澹庵词》一卷　宋胡铨　一册

《王周士词》一卷　宋王以凝撰　一册

《渭川居士词》一卷　宋吕胜已撰　一册

《樵歌》一卷　宋朱敦儒撰　一册

《遗山新乐府》五卷　宋元好问撰　彭氏钞　一册

《天籁词》二卷　金白璞撰　一册

《小山乐府》六卷　元张可久撰　一册

《叶儿乐府》二卷　元张可久撰　一册

《箫台公余词》一卷　元姚述先撰　一册

《相山词》一卷　宋王之道撰

《绮川词》一卷　宋倪备撰　与上合一册

《宋元词》二十一卷　旧钞　二册

《阳春集》一卷　南唐冯延已撰

《龙云词》一卷　宋刘弇

《闲斋琴趣外编》五卷　宋晁端礼

《绮川词》一卷　宋倪俦

《文定词》一卷　宋邱崈

《演山词》二卷　宋黄裳

《近体乐府》一卷　宋周必大

《龙川词补》一卷　宋陈亮

《和清真词》一卷　宋杨泽民

《日湖余唱》一卷　宋陈允中

《西麓继周集》一卷

《宁极斋乐府》一卷　宋陈深撰

《草窗词二卷》　元周密

《圭塘长短句》一卷　元许有壬

三、列入国家珍贵古籍名录的余杭古籍

至 2020 年，余杭古籍先后被列入中国《国家珍贵古籍名录》如下：

（一）第一批《国家珍贵古籍名录》中的余杭古籍

《大慧普觉禅师住径山能仁禅院语录》四卷，（宋）释蕴闻编，元官刻大藏经本，藏云南省图书馆，存一卷。

《唐诗类苑》一百卷，（明）卓明卿辑，明万历十四年（1586）崧斋活字印本，藏湖南图书馆。

《渊鉴类函》四百五十卷，目录四卷，（清）张英等辑，清康熙四十九年（1710）内府刻本，藏杭州市余杭区图书馆。

《嘉兴藏》一万二千六百余卷，明万历十七至清康熙十五年（1589—1676）刻本，藏故宫博物院，存一万零八百八十八卷。

《嘉兴藏》一万二千六百余卷，明万历十七至清康熙十五年（1589—1676）刻本，藏中国佛教图书文物馆。

（二）第二批《国家珍贵古籍名录》中的余杭古籍

《松雨轩集》八卷补遗一卷,（明）平显撰,附录一卷,清劳权抄本,劳权、袁克文跋,藏上海市吴华安、吴侃文。

《解脱道论》十二卷，（梁）释僧伽婆罗译，元刻普宁藏本，藏山西省图书馆，存一卷。

《白沙子全集》六卷，卷首一卷，附录一卷，（明）陈献章撰，清康熙四十九年（1710）何九畴刻本，章炳麟题记，藏暨南大学图书馆。

《嘉祐石经》 宋嘉祐六年（1061）刻石，明初拓本，缪荃孙、柯劭忞、叶昌炽、罗振玉等题跋，褚德彝录丁晏北宋汴学石经记并跋，吴昌硕篆书题端，藏国家图书馆，存四册（一至四）。

《嘉兴藏》一万二千六百余卷，明万历十七年至清康熙十五年（1589—1676）刻本，藏云南省图书馆，存八千七百五十七卷。

《嘉兴藏》一万二千六百余卷，明万历十七年至清康熙十五年（1589—1676）刻本，藏辽宁省图书馆，存六千五百一十九卷。

《嘉兴藏》一万二千六百余卷，明万历十七年至清康熙十五年（1589—1676）刻本，藏重庆华严寺，存五千八百三十六卷。

（三）第三批《国家珍贵古籍名录》中的余杭古籍

《附释音周礼注疏》四十二卷，（汉）郑玄注，（唐）贾公彦等疏，（唐）陆德明释文，元刻明修本，章炳麟跋，藏浙江图书馆。

《附释音春秋左传注疏》六十卷，（晋）杜预注，（唐）孔颖达疏，（唐）陆德明释文，元刻明修本，章炳麟跋，藏浙江图书馆。

《小学答问》一卷，章炳麟撰，稿本，藏四川大学图书馆。

《柳堂遗集》十三卷，（明）胡胤嘉撰，明万历刻本，藏山东大学图书馆。

（四）第四批《国家珍贵古籍名录》中的余杭古籍

《江南野史》十卷，（宋）龙衮撰，清抄本，劳权校并跋，藏上海图书馆。

《金国南迁录》一卷，题（金）张师颜撰，清劳格抄本，劳权校并跋，劳格校，藏上海图书馆。

《永嘉闻见录》四卷，（清）孙同元撰，清抄本，劳格校，藏上海图书馆。

《游志续编》一卷，（明）陶宗仪辑，清迟云楼抄本，劳权、劳格校，藏上海图书馆。

《齐丘子》六卷，（五代）谭峭撰，明天启五年（1625）张鸿举刻本，藏南通市图书馆。

《林外野言》二卷，（元）郭翼撰，清乾隆抄本，鲍廷博、劳格批校，丁祖荫批，藏苏州博物馆。

《张来仪先生文集》一卷,（明）张羽撰,补遗一卷,（清）劳格辑,清抄本,黄丕烈跋,邵恩多校,劳格校并录补遗目录,劳权校,藏上海图书馆。

《半岩庐遗诗》一卷,（清）邵懿辰撰,稿本,朱学勤、潘祖荫、孙诒经、谭献、杨文莹、吴庆坻跋,杜文澜、林启、陈豪、梁鼎芬题诗,藏国家图书馆。

《鹤山长短句》一卷,（宋）魏了翁撰,清抄本,劳权校并跋,朱孝臧、吴昌绶校补并跋,藏国家图书馆。

《春秋经传集解》三十卷,（晋）杜预撰,（唐）陆德明释文,明刻本,章炳麟跋,藏南京师范大学图书馆。

《明史抄略》不分卷,（清）庄廷𬭁撰,清吕无党家抄本,周圭璋、章炳麟、张元济、赵万里跋,藏国家图书馆。

《水经注》四十卷,（北魏）郦道元撰,明抄本,章炳麟、王国维跋,藏国家图书馆。

《正始石经》 三国魏正始年间（240—249）刻石,民国出土初拓本,王广庆、章炳麟、李健、胡韫玉题跋,藏上海图书馆。

《常丑奴墓志》 隋大业三年（607）八月二十六日刻石,清初拓本,张祖翼题签,褚德彝题端,端方、张祖翼、王瓘、杨守敬、赵于密、罗振玉、褚德彝、吴湖帆题跋,程志和、许星璧、沈铭昌、熊希龄等观款,藏上海图书馆。

（五）第五批《国家珍贵古籍名录》中的余杭古籍

《左氏古义》六卷,（清）臧寿恭撰,清劳氏丹铅精舍抄本,劳格校并跋,藏国家图书馆。

《周秦刻石释音》一卷,（元）吾邱衍撰,清抄本,劳格校,藏上海图书馆。

《齐东野语》二十卷,（宋）周密撰,明崇祯毛氏汲古阁刻津逮秘书本,劳权校并补目又录吴翌凤校跋,藏上海图书馆。

《彝斋文编》四卷,（宋）赵孟坚撰,补遗一卷,（清）鲍廷博辑,（清）

劳权续辑，清仁和劳氏家抄本，劳权校并抄补，藏上海图书馆。

《冯秋水先生评定存雅堂遗稿》十三卷，补刊一卷，（宋）方凤撰，（清）张燧辑，清顺治十一年（1654）方兆仪等刻，雍正二年（1724）补刻本（卷六至十配清抄本），鲍廷博、劳权、劳格校，叶景葵跋，藏上海图书馆。

《茗柯文初编》一卷，《二编》二卷，《三编》一卷，《四编》一卷，（清）张惠言撰，清嘉庆十四年（1809）刻本，劳权校，藏上海图书馆。

《五峰集》六卷，文集一卷，雁山十记一卷，（元）李孝光撰，补遗三卷，（清）鲍廷博辑，清鲍廷博抄本，鲍廷博、劳格批校，藏中山大学图书馆。

《铁崖赋稿》二卷，（元）杨维桢撰，清仁和劳氏家抄本，劳权校，劳格校并跋，藏上海图书馆。

《乐府诗集》一百卷目录二卷，（宋）郭茂倩辑，明末毛氏汲古阁刻本，劳权校并跋，藏上海图书馆。

《金奁集》一卷，（唐）温庭筠撰，清劳权手抄本，劳权校，曹元忠跋，藏上海图书馆。

《淳化阁帖》十卷，（宋）庄夏摹，南宋刻石，南宋拓泉州本，缪曰藻、褚德彝、吴昌硕题签，王文治题签并跋，彭绍升、潘奕隽、陆恭、顾莼跋，藏香港中文大学中国文化研究所文物馆，存三卷（六至八）。

（六）第六批《国家珍贵古籍名录》中的余杭古籍

《大慧普觉禅师年谱》一卷，（宋）释祖咏撰，宋宝祐元年（1253）径山明月堂刻本，藏国家图书馆。

《周礼补亡》六卷，（元）丘葵撰，明抄本，藏杭州市余杭区图书馆，存三卷（一、三、六）。

《尔雅正名》十九卷，（清）汪莹撰，清抄本，黄侃批并跋，章炳麟跋，藏湖北省图书馆。

《老子指玄》二卷，（明）田艺蘅撰，明嘉靖刻本，藏南京图书馆。

　　《禅月集》二十五卷，（唐）释贯休撰，明柳金抄本，藏上海图书馆（塘栖劳氏旧藏本）。

　　《白石山房逸稿》二卷，（明）张丁撰，附录一卷，清抄本，劳权校补并跋，丁丙跋，藏南京图书馆。

　　《三老讳字忌日刻石》　东汉刻石，清咸丰最初拓本，释达受、汪士骧、褚德彝跋，吴廷康题识，沈曾植观款，藏上海图书馆。

　　《沙南侯获碑》东汉永和五年（140）刻石，清同治拓本，张之洞、王懿荣等题记考释，陈介祺、潘承谋、邓邦述等跋，褚德彝、王季烈、吴湖帆等题记，吴大澂等题签，翁同龢题端，藏上海图书馆。

四、余杭刻书藏书大事记

唐

大中十二年（858） 临平陆同若浚井得石函，有《华严经》六十一卷，遂舍宅为寺，建塔以藏。

天宝初年 余杭县龙泉寺僧人"写《大藏经》，手自刊校，学者赖焉"。（唐李华《杭州余杭县龙泉寺故大律师碑》）

大历三年（768） 唐代宗命建径山寺，后径山寺开始藏经。

五 代

后晋 天福六年（914）起 钱镠之孙钱弘仪所建法昌院（位于今余杭五常街道范西村），刻印《佛说观世音经》等经卷。

宋

南宋 淳熙十年（1183）二月，余杭径山寺刻印《御注大圆觉经》，住持宝印作序。

淳熙年间（1174—1189） 余杭虞仲房刻印《说文五音韵谱》三十卷。（杨守敬《日本访书志》）

宝祐元年（1253） 径山寺明月堂刻印《径山大慧禅师年谱》一卷。（《中国古籍善本书目》）

嘉定至景定间（1208—1264） 临安府陈氏书籍铺刊印唐栖寺释永颐《云泉诗集》一卷。

景定年间（1260—1264） 僧寿滔建良渚崇福寺藏经楼。

元

至元六年（1269）《普宁藏》在杭州路余杭县瓶窑镇大普宁寺开雕。

至大德年间（1297—1307），《普宁藏》雕刻完工并出版。

至元年间（1335—1340）　径山兴圣万寿禅寺刊印余杭僧延寿所著《宗镜录》一百卷。

明

弘治十年（1497）　余杭知县冉孝隆刻印《涧谷精选陆放翁诗集》十卷、《须溪精选陆放翁诗集》八卷、《陆放翁诗别集》一卷。

嘉靖四十年（1561）　径山寺僧道兴等刻印《五灯会元》二十卷。

嘉靖年间（1522—1566）　余杭县知县周之冕刻印《炎徼纪闻》四卷，西溪洪瞻祖刻印《阴何诗集》二卷。

万历七年（1579）　刻印《径山集》三卷。

万历七年（1579）　由径山寺高僧紫柏缘起,在径山寂照庵开始刊刻《大藏经》方册（世称《径山藏》）。

万历八年（1580）　塘栖卓氏芳杜洲刻印《卓澂甫诗集》十卷。

万历十二年（1584）　塘栖卓明卿刊印《卓澂甫诗续集》。

万历十四年（1586）　塘栖卓明卿在塘栖镇东小河，用木活字刻印《唐诗类苑》一百卷。

万历十五年（1587）　塘栖卓明卿刻印《许太常归田稿》八卷。

万历十七年（1589）《径山藏》移至山西五台山妙德庵开刻，于万历二十一年（1593），再迁至余杭径山刻印。

万历二十四年（1596）　塘栖卓氏家族刻印《卓光禄集》三卷。

万历三十年（1602）　余杭严调御刻印《大乘四法经》一卷。

天启四年（1624）《径山志》十四卷刻印。

天启六年（1626）　塘栖卓氏雪堂刻印《画髓玄诠》五卷。

天启七年（1627）　余杭陈氏刻印《皇明经济文辑》二十三卷

崇祯二年（1629）　余杭严武顺刻印《水经注》四十卷。

崇祯十三年（1640） 苕川陈旦刻印《径山南石和尚语录》四卷。

崇祯十五年（1642） 西溪洪吉臣刻印《清远山人漫稿》十六卷；余杭何瑞图等刻印《黄石斋先生大涤函书》六卷。

崇祯年间（1628—1644） 安溪东明寺刻印《祖灯录》，余杭顺庆寺比丘了兴等刻印《菩提行经》四卷。

清

顺治十六年（1659） 余杭县长安乡集资、径山古梅庵刻印《过去庄严劫千佛名经》一卷。

康熙年间（1662—1722） 余杭严沆刻印《五经翼》《太上感应篇》。

康熙十八年（1679） 刻印塘栖卓回所编《古今词汇》初编十二卷、二编四卷、三编八卷。

康熙五十四年（1715） 省庵大师在瓶窑真寂寺闭关时，做《净土诗》三十首，"一时草草付工刊版"（《省庵法师年谱》）

乾隆十八年（1753） 洞霄宫住持贝本恒刻印《洞霄宫志》五卷。

乾隆五十二年（1787） 余杭官署刻印《胡忠简公经解》三种，附《文集补遗》三卷《文集附录》三卷。

嘉庆七年（1802） 塘栖宋咸熙刻《古易音训》二卷。

嘉庆十年（1805） 临平孙古云为刊刻《碧城仙馆诗钞》，京城文士争相阅读。

嘉庆十二年（1807） 临平孙均刻印《灵芬馆诗初集》四卷、《三集》四卷。

嘉庆二十一年（1816） 临平孙均刻印《百一山房诗集》十二卷、《灵芬馆诗话》十二卷、《续集》六卷。

嘉庆二十五年（1820） 塘栖丹铅精舍刻《尔雅匡名》二十卷。

道光元年（1821） 余杭严氏古秋堂刻印《三严先生作朋集》三卷。

道光五年（1825），临平孙元培、孙长熙刻印《小谟觞馆诗集注》八卷、《诗余附录注》一卷、《诗续集注》二卷、《续集诗余附录注》一卷、《文集注》四卷、《文续集注》二卷。

道光二十一年（1841） 塘栖劳氏刻印《唐折冲府考》四卷。

光绪三十一年（1905） 塘栖朱氏校刻《结一庐剩余丛书》。

中华民国

民国二年（1913） 1月，南浔刘氏嘉业堂藏书楼出资840元（旧币，下同）从书商钱长美处购入塘栖朱氏结一庐所刻版片四种。（《嘉业堂志》）

民国三年（1914） 9月，南浔刘氏嘉业堂藏书楼从书商钱长美处购入结一庐藏书12种，价570元。此后又陆续购入数百种。（《嘉业堂志》）

民国八年（1919） 余杭褚德彝出版《金石学录续补》二卷、《拾遗》一卷。

民国十年（1921） 12月，杭县县立通俗图书馆建立。

民国十二年（1923） 余杭张氏以活字本印刷《禹航张氏宗谱》。

民国十四年（1925） 在塘栖建立五都图书馆。

民国十五年（1926） 杭县通俗图书馆藏书12514册，余杭县立图书馆藏书22087册。

民国十六年（1927） 成立塘栖乡村图书馆；8月，杭县通俗图书馆改为杭县县立教育流通图书馆。

民国十七年（1928） 7月，余杭县民众教育图书馆创设于仓前。

民国十七年（1928） 杭县百忍堂以活字本印刷《禹航张氏宗谱》。

民国十八年（1929） 浙江省教育厅提倡各县配设乡村图书馆。此后，杭县、余杭县创办乡村图书馆。

同年 上海商务印书馆影印明径山寺刊本《石门文字禅》三十卷、《法苑珠林》一百二十卷，收入《四部丛刊》。

民国十九年（1930） 余杭褚德彝出版《竹人续录》。

民国二十二年（1933） 9月，杭县图书馆协会成立。抗日战争爆发后，停止活动。

民国二十三年（1934） 8月，杭县乔司镇凌积余等人发起成立私立良友图书馆。

民国二十五年（1936） 11月，余杭县图书馆、亭趾姚景瀛所藏古籍参加浙江文献展览会。

民国二十六年（1937） 杭县的临平、祥符桥、丁桥、七贤桥、塘栖5所区立乡村图书馆共藏书7433册。

民国三十七年（1948） 余杭项氏以活字本印刷《余杭项氏宗谱》一卷。

中华人民共和国

1950年 3月，塘栖民众教育馆改为杭县人民文化馆。8月，余杭县建人民文化馆，附设图书室。

1956年 杭县图书馆建立。

1961年 8月，余杭县图书馆在临平小陡门弄建立，与县文化馆合署办公，1966年停止开放。

1974年 7月，和睦公社文化站图书室建立，为余杭县第一个公社文化站图书室，并在该公社建立6个大队图书室。

1978年 4月25日，恢复县图书馆，与文化馆合署办公，开始对全县古籍进行整理。

同年 5月，县文化管理委员会将所藏古籍10部、243册（包括《文苑三绝》）移交县图书馆。

1986年 1月，位于临平邱山大街281号的余杭县图书馆新馆舍动工建设。

1987年 1月20日，县图书馆新馆舍建成开放，面积2113平方米。自此，县图书馆独立建制。

同年　余杭图书馆入藏《景印文渊阁四库全书》1500 册。

1988 年至 1989 年　县图书馆连续两年被评为浙江省和杭州市"文明图书馆"。

1991 年　余杭县图书馆编写《四库全书中余杭人生平著述简要》一辑。

1993 年　3 月，余杭县开始创办乡镇万册图书馆。至是年末，仓前、闲林、博陆、九堡、亭趾 5 镇文化站办成首批万册图书馆。

1994 年　余杭撤县建市，余杭县图书馆改称余杭市图书馆，至是年底，该馆实有员工 22 人，设外借部、阅览部、采编部、辅导部。11 月，余杭市图书馆首次被文化部评定为"全国一级公共图书馆"。

1995 年　10 月，余杭市图书馆被评为"浙江省文明图书馆"。11 月，临平人高云樵先生向余杭市图书馆捐赠个人藏书 3000 余册。

1996 年　5 月，余杭市图书馆举办首届地方文献展览。

同年　彭公乡（今属瓶窑镇）建成余杭市第一个乡级万册图书馆，并创立农民读书协会。

1998 年　余杭市图书馆再次被文化部评定为"全国一级公共图书馆"。

1999 年　余杭市开展首届"十佳藏书家庭"评选活动。

2001 年　余杭撤市设区，余杭市图书馆改称杭州市余杭区图书馆。是年，开展余杭区第二届"十佳藏书家庭"评选活动。

2002 年　11 月，余杭区图书馆举办第二届地方文献展，展出征集的文献 200 余册。

2003 年　余杭区图书馆第三次被文化部评定为"全国一级公共图书馆"。

同年　9 月 18 日，余杭区图书馆临平世纪大道新馆奠基。12 月，余杭区图书馆"一证通"工程正式运行，实现与杭州图书馆及全市区县级公共图书馆通借通还。是年，举办第三届地方文献展览，以族谱、家谱和余杭作家著作为主。

同年 举办余杭区第三届"十佳藏书家庭"评选活动。

2005年 11月，位于南苑街道世纪大道的余杭区图书馆新馆建成开放。是年，清张之鼐《栖里景物略》十二卷出版，翻印浙江图书馆馆藏嘉庆年间传抄本。此书著于清康熙年间，记载塘栖的山水、古迹、人物、佚事、题咏等，从未刊印。

同年 举办余杭区第四届"十佳藏书家庭"评选活动。

同年起，余杭区图书馆每年购新书经费增至100万元以上，购新书数量上升至4万册左右。

2006年 6月，《杭州地区公共图书馆服务公约》正式颁布，余杭区图书馆开始实行读者证免年费政策，实现真正意义上的免费开放。

同年 余杭区图书馆开始全国文化信息资源共享工程数字图书馆建设，于2007年建成太炎读书网，包含书目查询、阅读推荐、数字资源等功能，向公众免费开放使用。

同年 余杭区开始实行区、乡镇（街道）公共图书馆总分馆制。至2011年完成。

2007年 余杭区图书馆入藏《续修四库全书》（原版影印本）1800册，入藏明版《嘉兴大藏经》（径山藏版，原版影印本）。

2008年 3月，余杭区图书馆馆藏古籍《渊鉴类函》被列入文化部发布的首批《国家珍贵古籍名录》。湖南图书馆藏塘栖卓氏崧斋活字印本《唐诗类苑》一百卷，同时列入该名录。

同年 举办余杭区第五届"十佳藏书家庭"评选活动。

2009年 余杭区图书馆第四次被文化部评定为"全国一级公共图书馆"。

同年 余杭区财政对区内省级文化强镇和杭州市文化示范乡镇给予图书购置经费补助，促进公共图书藏书量增加。

2010年 11月，余杭"太炎读书网"被评为"浙江省文化信息共享工程十佳网站"。

2011 年　7 月，余杭区户籍居民的市民卡和第二代身份证正式开通图书借阅功能。10 月，余杭区图书馆"良渚文化系列数据库"项目通过验收。该资源数据库共收录良渚文化论著 765 篇，图书 40 余本，器物图片 3000 余张。

同年　12 月，余杭区图书馆被评为全省"公共图书馆地方文献工作示范馆"。

同年　齐鲁书社出版《章太炎藏书题跋批注校录》，罗志欢主编，彦坤、李恩庆、易淑琼整理。

2012 年　4 月，余杭区图书馆制定古籍普查计划，并向浙江省古籍保护中心申报"余杭图书馆古籍普查项目"并立项，于 2014 年 12 月完成馆藏线装古籍（含民国线装古籍）共计 1067 种 10457 册的普查著录工作，顺利结题。

2013 年　4 月，余杭区图书馆第五次被文化部评为"全国一级公共图书馆"。6 月，余杭区图书馆"章太炎文化数据库"项目通过验收。该数据库内含太炎年表、大师足迹、著述宏富、相关照片、视频资料。9 月，余杭区图书馆被评为第一批浙江省古籍保护达标单位。

同年　11 月，浙江省人民政府发文公布第二批浙江省珍贵古籍名录入选名单，余杭区图书馆馆藏《周礼补亡》《浙江杭州朱氏族谱》《乾隆余姚志》《校录四明志征》《文苑三绝》5 部古籍入选。余杭区图书馆入选第一批省级古籍修复站。

2014 年　余杭数字图书馆和手机图书馆平台建设列入余杭区政府实事工程。10 月，余杭区图书馆塘栖记忆数据库项目通过省共享工程项目验收。10 月 30 日，余杭区首家自助图书馆正式开馆。该馆位于临平南大街南苑街 141 号，面积 30 平方米，藏书 2000 余册，实行"刷卡进门、自助借还"的服务。

2016 年　余杭区图书馆、乔司街道三角村农家书屋被文化部评定为第六届"全国服务农民、服务基层文化建设先进集体"。4月，孙石林家庭获由国家新闻出版广电总局主办的第二届"全国书香之家"称号。

同年 国家图书馆出版社出版发行《径山藏》丛书，共计230册。

2017年 余杭区崇贤街道、塘栖镇被评为浙江省书香城镇；徐仲年、沈浙英、孙石林、叶华醒四户家庭被评为浙江省书香之家；良渚街道东莲村获浙江省书香之村（社区）荣誉称号。

同年 11月，余杭区图书馆响应余杭区委、区人民政府"书香余杭"建设号召，建设区政府、金都夏宫、临平街道24小时自助图书馆及市民之家、余杭高铁站、城管爱心驿站、开元名都等书香余杭漂流点及艺尚小镇分馆，打造15分钟阅读圈。

同年 12月，由上海人民出版社出版的《章太炎全集》在北京师范大学首发。《章太炎全集》出版历时近40年，被鉴为中华传统文化传承的一个里程碑，全17种20册，包含章太炎一生的著作、翻译、演讲、书信、谈话、年谱等共计680余万字，也是研究章太炎、中国近代史和中国传统文化的重要资源。

同年 文物出版社影印中国国家图书馆藏本《劳权抄本典雅词》出版。

2018年 余杭区图书馆建成开放区政府、金都夏宫、临平街道、临平庙东社区、东湖星光社区、星桥隆昌社区、塘栖水北24小时自助图书馆7个；新建余杭区第一人民医院、汽车北站、有孚书院、华源天盛综合办公楼等书香余杭图书漂流点8个。

同年 8月，余杭区图书馆第六次被文化部评定为"全国一级公共图书馆"。

同年 9月，余杭区图书馆新版移动图书馆+上线运行，共有电子图书100万册，高清电子图书3万册，视频2500个系列18400集，音频2013个系列13746集，公开课1037个系列7596集。10月，余杭区图书馆红色记忆专题资源库项目通过省共享工程项目验收，并被评为优秀项目。

同年　余杭区图书馆全面完成全区公共文化场地村（社区）WIFI 全覆盖建设。

同年　余杭区径山镇、良渚街道被评为浙江省"书香城镇"；东湖街道茅山社区被评为浙江省"书香社区"；贺慧芬家庭被评为浙江省"书香家庭"；杭州市余杭区美丽洲智库新闻研究中心被评为浙江省"书香企业"。

同年　12 月，《浙江省民国时期传统装帧书籍普查登记目录》出版，《余杭图书馆民国时期传统装帧书籍普查登记目录》列入其中。

2019 年　1 月，余杭区图书馆开始入藏《中国历代绘画大系》，全套包括《宋画全集》《元画全集》《战国至唐画全集》《明画全集》《清画全集》等。

同年　3 月，余杭区图书馆推出汽车图书馆流动服务，进镇街、进企业、进学校、进部队、进景区等，打通公共文化服务最后一公里。

同年　10 月，《西泠印社社务委员会等十家收藏单位、浙江省瑞安中学等八家收藏单位古籍普查登记目录》由国家图书馆出版社出版，《杭州市余杭图书馆古籍普查登记目录》列入其中。

同年　12 月，径山寺重建藏经楼落成。

2020 年 4 月 23 日，余杭区图书馆智慧城市分馆（临平图书馆）建成开放，面积 2800 余平方米，藏书 8 万余册。该馆入选浙江公共场所服务大提升 9 月"亮点项目"。8 月，余杭区图书馆同杭州市图书馆签订杭州地区公共图书馆共建共享家谱数据库合作协议书，共建家谱数据库项目合作，实现家谱数字化。

同年　10 月，文化和旅游部公布第六批国家珍贵古籍名录入选名单，余杭区图书馆馆藏古籍《周礼补亡》入选。

同年　余杭区图书馆完成"相约你我他，文化进万家"图书下基层活动，为全区 20 个镇街农村文化礼堂（社区文化家园）及 176 个农家书屋（社区图书室）送书 3.5 万余册，全部实现编目入库。

同年　《余杭历代刻书藏书》一书编撰完成。

主要引用书目

1. 康熙《余杭县新志》 康熙刻本

2. 嘉庆《余杭县志》 嘉庆刻本

3. 光绪《唐栖志》 光绪刻本

4.《临平记》 武林掌故丛刊本

5.《临平记再续》 稿本

6. 吴自牧《梦粱录》 武林掌故丛刊本

7. 俞清源《径山史志》 浙江大学出版社 1995 年版

8.《中国古籍善本目录》 上海古籍出版社

9.《国家珍贵古籍名录》 国家图书馆出版社

10. 王重民《中国善本书提要》 上海古籍出版社 1986 年版

11. 叶德辉《书林清话》 上海古籍出版社 2008 年

12. 劳权《劳氏碎金》 民国《丁丑丛编》本

13. 朱学勤《结一庐书目》四卷 观古堂书目丛刊本

14.《美国哈佛大学哈佛燕京图书馆藏中文善本汇刊》 上海辞书出版社 1999 年

15.《浙江文献展览会特刊》 1936 年 10 月浙江省立图书馆编辑：《文澜学报》第二卷第三、四期

16.《国家图书馆宋元善本图录》 浙江古籍出版社 2019 年 10 月第 1 版

17. 方广錩《藏外佛教文献》第二编（总 11 辑） 中国人民大学出版社 2008 年版

18.《浙江图书馆古籍善本书目》 浙江教育出版社 2002 年版

19.《上海图书馆善本题跋辑录》 上海辞书出版社

20.《两浙著述考》 浙江人民出版社 1985 年版

后　记

《余杭历代刻书藏书》的编撰出版，离不开余杭区图书馆馆员的精心收集、梳理大量文献资料，离不开余杭区文化和广电旅游体育局领导的大力支持，也离不开相关人士的支持与帮助。虞铭先生提供了大量珍贵详实的历史资料，并承担本书部分章节的撰写和全书统稿工作。

需要说明的是，本书撰写和定稿时，杭州市的行政区划尚未调整，因此文中包含现余杭、临平两区的内容；书稿交付出版社后，余杭与临平分而设区。历史上两区长期合一，经济文化交流频繁，相关内容不可能截然划清界限。经过深思熟虑，我们决定本书的内容不作调整。因此本书书名中的"余杭"，实际上指现余杭、临平两区。

本书的编撰出版，也得到了相关专家的鼓励和支持，以及提供专业的修改意见和建议。包括：浙江图书馆馆长、省古籍保护中心主任褚树青，浙江省社科院研究员、原省地方志办公室副主任顾志兴，上海图书馆历史文献中心古籍部主任郭立暄，浙江图书馆古籍部主任陈谊，区文广旅体局调研员胡德高，区文广旅体局专家陈顺水，在此向他们一并致谢。

此书交付之前，特别邀请区文广旅体局一级调研员冯玉宝以及陈顺水老师校阅，得益匪浅。在此特别感谢。

由于水平有限，本书中的叙述难免不尽完整，挂一漏万，希望读者批评指正。

图书在版编目（CIP）数据

余杭历代刻书藏书 / 杭州市余杭区图书馆编 . — 杭州：
浙江古籍出版社 , 2022.11
ISBN 978-7-5540-2200-9

Ⅰ . ①余… Ⅱ . ①虞… Ⅲ . ①藏书—图书史—余杭区
Ⅳ . ① G259.29

中国版本图书馆 CIP 数据核字（2022）第 044172 号

余杭历代刻书藏书

杭州市余杭区图书馆　编

出版发行　浙江古籍出版社
　　　　　　（杭州体育场路 347 号　电话：0571-85068292）
网　　　址　https://zjgj.zjcbcm.com
责任编辑　伍姬颖
文字编辑　屈钰明　吴宇琦
责任校对　吴颖胤
责任印务　楼浩凯
照　　排　杭州立飞图文制作有限公司
印　　刷　浙江全能工艺美术印刷有限公司
开　　本　710mm×1000mm　1/16
印　　张　18.5
字　　数　261 千字
版　　次　2022 年 11 月第 1 版
印　　次　2022 年 11 月第 1 次印刷
书　　号　ISBN 978-7-5540-2200-9
定　　价　128.00 元

如发现印装质量问题，影响阅读，请与本社市场营销部联系调换。